Luentoja Johanneksen evankeliumista

Herran jalanjäljet I

Dr. Jaerock Lee

Nasaret (Luuk. 2:51-52)
Jeesus vietti lapsuutensa Nasaretissa rukoillen ja etsien Jumalan tahtoa ja johdatusta.

Jeesuksen syntymäpaikka (Matt. 2:9)
Jeesus syntyi Beetlehemissä Juudean maassa noin 2000 vuotta sitten täyttääkseen Jumalan pelastussuunnitelman.

Pyhän Sergiuksen ja Bacchuksen kirkko (Matt. 2:13)
Uskotaan, että tässä paikassa Maria, Joosef ja Jeesus löysi lepopaikan matkansa lopulla Egyptiin paetessaan kuningas Herodesta.

Jeesus,
Vapahtaja,
joka jätti taivaan kirkauden taakseen
pelastaakseen syntiin hukkuneen maailman

Kiusausten vuori (Matt. 4:1)
40 päivän paaston jälkeen Pyhä Henki johti Jeesuksen erämaahan paholaisen kiusattavaksi.

Jordan (Matt. 3:13)
Kun Jeesus kastettiin Jordanissa, taivaat aukenivat ja Jumalan Henki laskeutui hänen päälleen niin kuin kyyhkynen.

Fransiskaaninen hääkirkko Kaanassa (nykyinen nimi Kafr Kanna) (Joh. 2:7-11)
Julkisen toimintansa alussa Jeesus teki ensimmäisen tunnustekonsa muuttamalla veden viiniksi hääjuhlassa.

Kapernaumin synagooga (Luuk. 4:31-32)
Minne ikinä Jeesus menikin, Hän etsi alueelta synagoogan saarnatakseen taivaan evankeliumia.

Beetsaida (Matt. 11:21)
Huolimatta siitä, että Jeesus teki monia ihmeitä Beetsaidassa, he eivät tehneet parannusta, ja Hän nuhteli kaupunkia.

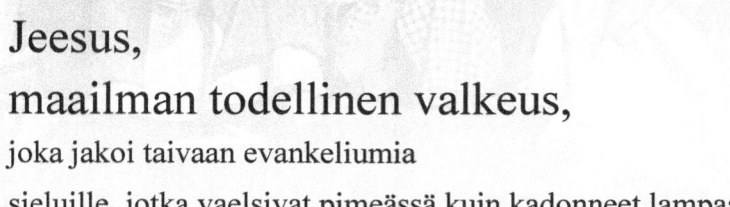

Jeesus,
maailman todellinen valkeus,
joka jakoi taivaan evankeliumia
sieluille, jotka vaelsivat pimeässä kuin kadonneet lampaat

Gennesaretin järvi
Galileassa, joka oli Jeesuksen julkisen toiminnan pääpaikka, Hän kutsui opetuslapsensa yhteen ja teki lukuisia ihmeitä.

Jeesus...
Parantaja,
joka toi vapauden
sairaille ja sorretuille
ja joka toi lohtua ja toivoa
hylätyille ja laiminlyödyille.

Ruokkimisihmeen kirkko Tabghassa (Joh. 6:11-13)
Tätä kirkkoa kutsutaan myös Kalan ja leivän ruokkimisihmeen kirkoksi sen ihmeen muistoksi, jolloin viisi tuhatta ihmistä ruokittiin kahdella kalalla ja viidellä leivällä.

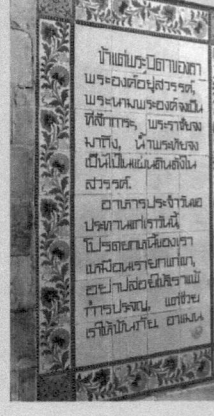

Pater Noster-kappeli (Matt. 6:9-1

Siiloan lammikko (Joh. 9:7)
Jeesus käski syntymästään sokean miehen pesemään silmänsä tässä altaassa. Mies parantui ja lähti kotiin näkevänä.

Kirkastusvuori (Luuk. 9:28-30)
Tällä vuorella Jeesus kirkastettiin ja Hän kävi syvällisen hengellisen keskustelun Mooseksen ja Elian kanssa.

Täällä Jeesus opetti Herran rukouksen opetuslapsilleen. Herran rukous on kaiverrettu kirkon seiniin noin 70 eri kielellä.

Oliivipuu
810 metrin korkeuteen kohoava Öljymäki on ollut oliivipuiden peitossa muinaisista ajoista asti.

Jeesus Kristus,
todellinen ja hyvä Paimen,

joka antoi elämänsä eksyneille rakkaudellaan

kuin hyvä paimen, joka suojelee lampaitaan elämällään

Herran jalanjäljet I

Luentoja Johanneksen evankeliumista

Herran jalanjäljet I

Dr. Jaerock Lee

Herran jalanjäljet I:
Luentoja Johanneksen evankeliumista, Kirjailija: Dr. Jaerock Lee
Julkaisija Urim Books (Edustaja: Johnny H. Kim)
73, Yeouidaebang-ro 22-gil, Dongjak-gu, Seoul, Korea
www.urimbooks.com

Kaikki oikeudet pidätetään. Tätä kirjaa tai mitään sen osaa ei saa kopioida missään muodossa, tallentaa hakujärjestelmään tai siirtää missään muodossa tai millään tavalla, elektronisesti, mekaanisesti, valokopioimalla, nauhoittamalla tai muutoin, ilman kustantajan kirjallista lupaa.

Copyright © 2020 by Dr. Jaerock Lee
ISBN: 979-11-263-0640-4, 979-11-263-0639-8(set) 04230
Kääntäjä koreasta englanniksi: Copyright © 2015 by Dr. Esther K. Chung. Julkaistu luvalla.

Julkaistu aiemmin koreaksi Urim Books, Soul, Korea, 2009

Ensimmäinen painos maaliskuussa 2020

Toimittanut: Dr. Geumsun Vin
Suunnittelu: Editorial Bureau of Urim Books
Painaja: Prione Printing
Lisätietoja varten ota yhteyttä: urimbook@hotmail.com

 **Kirjailijan kommentti**

Hänen jalanjäljissään...

Seuratessani Herran jalanjälkiä pyhiinvaelluksellani Pyhässä maassa päädyin Gennesaretin järven sinisten vetten luo. Tuntui kuin olisin matkustanut ajassa 2000 vuotta taaksepäin Herramme aikaan. En voinut ohittaa yhtään pikkukiveä enkä ruohonkortta tuntematta kunnioitusta sen tärkeyttä kohtaan. Aina kun suljin silmäni muutamaksi sekunniksi, tuntui kuin olisin voinut selvästi kuulla Herran äänen. Ja katsoessani pyhiinvaeltajien jalkojen takana nousevaa pölypilveä heidän ottaessaan askeleitaan seuraten Herran jalanjälkiä, menneisyys ja nykyisyys kietoutuivat toisiinsa yhdeksi verkoksi ja tunsin kuin olisin seissyt juuri siinä paikassa, missä Herra toteutti toimintansa. Ehkä se johtui vilpittömästä halustani seurata Hänen jalanjälkiään.

Raamatussa on neljä evankeliumia, jotka seuraavat askeleita, jotka Herra otti toimintansa aikana. Nämä evankeliumit ovat: Matteus, Markus, Luukas ja Johannes. Neljän evankeliumin joukosta Johanneksen evankeliumi, jonka kirjoitti Johannes – joka oli niin läheinen Herran kanssa, että häntä kutsuttiin Herran "opetuslapseksi, jota Jeesus rakasti" ja joka koki kaiken omakohtaisesti – sisältää syvimmän hengellisen merkityksen. Juuri Johanneksen evankeliumi osoittaa selvimmin, että pelastus tulee yksin Jeesukselta Kristukselta ja että Hän on todellinen Jumalan Poika.

Joka kerta, kun luen evankeliumeja, tunteet valtaavat minut. Erityisesti silloin, kun luen Johanneksen evankeliumia ja Pyhä Henki valaisee siihen tallennetun Sanan syvän hengellisen merkityksen, en voi olla jakamatta sitä kaikkien kanssa, jotka tunnen. Aivan kuten Herra pyysi apostoli Pietaria "ruokkimaan Minun lampaitani" myös minä tunsin pakottavaa tarvetta ruokkia kaikkia uskovia Johanneksen evankeliumista löytyvillä syvällisillä hengellisillä salaisuuksilla. Siksi aloitin 221 saarnan sarjan Johanneksen evankeliumista heinäkuussa vuonna 1990.

Luentoja Johanneksen evankeliumista: Herran jalanjäljet I & II vangitsee selvästi Jeesuksen kuvan 2000 vuoden takaa niin kuin Hänet näki Johannes, joka todisti Jeesuksen elämää omakohtaisesti. Ja iankaikkisuuden läpi kuljettaessa paljastuvat ajan alun salaisuudet kuten myös tieto Jeesuksen alkuperästä ja Hänen rakkaudestaan ja kaitselmuksestaan, joka lopulta johti meidän pelastukseemme.

Olipa Jeesus temppelissä, kokouspaikassa, vuorilla tai pelloilla, opetti Hän ihmisiä käyttämällä esimerkkejä jokapäiväisestä elämästä niin, että kaikki pystyivät helposti ymmärtämään Häntä. Hänen sanomansa koski pääasiassa Jumalaa, Hänen tehtäväänsä Vapahtajana ja iankaikkista elämää. Vaikka ylipappi tai fariseukset eivät pystyneet ymmärtämään Hänen sanomansa hengellisistä merkitystä, hyvät ihmiset kuten Nikodeemus, samarialainen nainen Sykarin kaivolla ja Lasarus löysivät uuden elämän Herran sanoman kautta. Jakaessaan elämän sanomaa, jota ei voinut kuulla missään muualla, toi Herra lohdutusta ja toivoa sairaille, köyhille ja laiminlyödyille. Ne ihmiset, jotka kuitenkin kieltäytyivät ymmärtämästä

Herran rakkautta, käänsivät selkänsä Jeesukselle, koska Hän ei muistuttanut sellaista Messiasta, jota he odottivat. Samat ihmiset huusivat lopulta Hänen ristiinnaulitsemisensa puolesta. Mitä sitten luulet Jeesuksen ajatelleen Hänen riippuessaan ristillä?

Kun tajuamme Jeesuksen tekemän uhrauksen – kaikenlaisen kivun ja tuskan kestäminen, koska risti oli ainoa tapa täyttää Jumalan johdatus – me voimme vain kumartua nöyrästi hänen edessään. Hänen syntymästään Hänen tekemiinsä ihmetekoihin, Hänen tuomaansa sanomaan, Hänen kärsimykseensä ristillä ja lopulta hänen ylösnousemukseensa, kaikki Jeesuksen teot olivat merkittäviä. Kun tajuamme jokaisen tapauksen takana olevan hengellisen merkityksen, voimme todella ymmärtää Jumalan syvän rakkauden meihin.

Ikuisen elämän salaisuus, joka löytyy Johanneksen evankeliumista, koskee meitäkin tänään. Jos me avaamme sydämemme ja vastaanotamme Sanan hyvällä sydämellä, löydämme uskomattoman aarteen, ja jos elämme Sanan mukaan, Jumala vastaa rukouksiimme ja antaa meille uskomatonta siunausta ja voimaa.

Haluaisin kiittää erityisesti Geumsun Viniä, Käännöstoimiston johtajaa ja henkilökuntaa, jotka ovat niin tunnollisesti työskennelleet kovasti tämän kirjan julkaisemiseksi ja toivon, että kaikki, jotka lukevat tämän kirjan, kokevat Jumalan suuren rakkauden. Rukoilen myös, että seuratessasi Herran jalanjälkiä ja eläessäsi hänen opetustensa mukaan, saat vastaukset kaikkiin rukouksiisi, ja että Jumala lahjoittaa sinulle uskomattomia siunauksia ylhäältä!

Tammikuu 2009
Jaerock Lee

 Esipuhe

Miten Johanneksen evankeliumi syntyi

1. Johanneksen evankeliumin kirjoittajasta

Johanneksen evankeliumin kirjoittaja on apostoli Johannes. Vaikka Johanneksen evankeliumissa ei ole mainintaa sen kirjoittajasta, voimme helposti tehdä johtopäätöksen, että kirjoittaja on Johannes. Siksi, että "opetuslapsena, jota Herra rakasti" (Joh. 13:23, 19:26, 20:2, 21:7, 20), Johannes koki Herran elämän omakohtaisesti.

Johannes oli Sebedeuksen ja Salomen poika ja Jaakobin nuorempi veli. Johannes oli veljensä Jaakobin kanssa yksi ensimmäisistä Jeesuksen opetuslapsista. Tulisen luonteensa takia Johannesta kutsuttiin "ukkosenjylinän pojaksi." Hän oli kuitenkin niin Herran rakastama, että hän sai mahdollisuuden todistaa Jeesuksen hengellistä muodonmuutosta

Kirkastusvuorella ja Jairuksen tyttären herättämistä kuolleista. Ja kun juutalaiset vangitsivat Jeesuksen ja kaikki muut opetuslapset olivat paenneet pois peläten, Johannes jäi Herran luo, kunnes Hän kuoli ristillä. Ja koska Jeesus näki Johanneksen luotettavuuden, Jeesus uskoi Neitsyt Marian Johannekselle hetkeä ennen kuolemaansa ristillä.

Todistettuaan Kristuksen ylösnousemuksen ja saatuaan Pyhän Hengen, Johannes oli muuttunut ihminen. Hän omisti elämänsä evankeliumin levittämiselle (Ap. t. 4:13) ja vietti viimeiset vuotensa Efesoksessa. Keisari Domitianuksen ankaran tyrannian aikana Johannes sitten karkotettiin Patmoksen saarelle. Kokonaan graniitista oleva Patmos on karu maa, jossa juomavettä on niukasti ja kasvillisuutta kasvaa tuskin lainkaan.

Päivällä Johannes joutui työskentelemään louhoksessa ankarissa olosuhteissa roomalaisten sotilaiden valvonnan alla. Ja yöllä, kun oli kylmä ja nälkä, Johannes laittoi kaiken energiansa rukoukseen. Jos nytkin vierailemme luolassa, jossa Johanneksen sanotaan rukoilleen joka päivä, voimme edelleen nähdä hänen kädenjälkensä, jotka kertovat meille, millaiset olosuhteet olivat, kun Johannes oli siellä. Domitianuksen kuoleman jälkeen Johannes palasi Efesokseen ja kuoli siellä. Kirjoituksissaan (joihin kuuluvat Johanneksen evankeliumi, Johanneksen 1., 2. ja 3. kirje ja Ilmestyskirja) Johannes mainitsee rakkauden yli 120 kertaa, minkä vuoksi häntä usein kutsutaan "rakkauden apostoliksi."

2. Miksi Johanneksen evankeliumi kirjoitettiin

Apostoli Johannes toteaa selkeästi Joh. 20:31:ssä, miksi hän kirjoitti Johanneksen evankeliumin.

"Mutta nämä ovat kirjoitetut, että te uskoisitte, että Jeesus on Kristus, Jumalan Poika, ja että teillä uskon kautta olisi elämä hänen nimessänsä."

Siihen aikaan monet juutalaiset vihasivat Jeesusta ja kiistivät jyrkästi hänen olevan Kristus lopulta tappaen hänet ristillä. Mutta sen mukaan, mitä hän näki omakohtaisesti, apostoli Johannes todisti selkeästi, että Jeesus on tosi Jumalan Poika ja että hän on Kristus.

Johanneksen evankeliumin teema on "Kristus, rakkaus, elämä ja maailman valkeus." Ja se kertoo meille Kristuksesta, joka tuli tähän maailmaan antamaan meille elämän,

Kristuksesta, joka tuli valaisemaan pimeyden, ja Kristuksesta, joka näytti Jumalan rakkauden maailmalle uhraamalla itsensä.

3. Mikä tekee Johanneksen evankeliumista niin erityisen

Yleisesti ottaen kolme evankeliumia, jotka tallentavat Jeesuksen toiminnan ja opetukset (Matteus, Markus ja Luukas), ovat samanlaisia sisällöltään, rakenteeltaan ja näkökulmaltaan; siksi näitä evakeliumeja kutsutaan synoptisiksi evankeliumeiksi. Johanneksen evankeliumissa on kuitenkin ehdottomasti jotain, joka erottaa sen muista evankeliumeista.

Ensinnäkin synoptiset evankeliumit tallentavat Jeesuksen toiminnan päätapahtumapaikan ollen Galilea, kun taas Johanneksen evankeliumi tallentaa Jeesuksen toiminnan keskittyen pääasiassa Jerusalemiin ja Juudeaan.

Toiseksi lehtimajanjuhla mainitaan vain kerran synoptisissa evankeliumeissa (Matt. 26:1-5, Mark. 14:1 ja Luuk. 22:1-2), kun taas Johanneksen evankeliumi mainitsee lehtimajanjuhlan kolme kertaa (Joh. 2:13, 6:4 ja 11:55) merkiten sitä, että Jeesuksen toiminta kesti yhteensä kolme vuotta.

Kolmanneksi synoptiset evankeliumit keskittyvät taivaan valtakuntaan, kun taas Johanneksen evankeliumi keskittyy Jeesuksen ja Jumalan suhteeseen ja ikuiseen elämään (Joh. 3:16, 5:24, 11:25, 17:2-3).

Johanneksen evankeliumi selittää Jeesuksen Kristuksen alkuperän ja kuinka Hän oli alussa Jumalan kanssa, ja sanonta "Minä olen ---" esiintyy monta kertaa läpi Johanneksen evankeliumin. Sanonnat kuten *"Minä olen elämän leipä"* (Joh, 6:35), *"Minä olen maailman valo"* (Joh. 8:12), *"Minä olen tie, totuus ja elämä"* (Joh. 14:6), *"Minä olen hyvä paimen"* (Joh. 10:11) ja *"Minä olen totinen viinipuu"* (Joh. 15:1) näyttävät selvästi, kuka Jeesus oli. Ja tapahtumat kuten Jeesuksen tekemä ensimmäinen ihmeteko hääjuhlassa Kaanassa tai hänen vierailunsa Samariassa ja monet muut, joita ei ole tallennettu synoptisiin evankeliumeihin, on tallennettu Johanneksen evankeliumiin.

Erityisesti Johanneksen evankeliumissa näemme, kuinka Jeesus sanoo usein "totisesti, totisesti, minä sanon teille" monessa tilanteessa. Tämä painottaa lukijalle vahvasti Jumalan sanan ehdotonta arvoa.

Sisällysluettelo

Kirjailijan kommentti

Esipuhe

Luku 1

Jumalan Poika, joka tuli tähän maailmaan ■

1. Jeesus, Sana, joka tuli lihaksi (1:1-18)■3
2. Johannes Kastajan todistus (1:19-34)■18
3. Jeesuksen seuraajat (1:35-51)■26

Luku 2

Jeesus tekee ensimmäisen tunnustekonsa ■

1. Hääjuhla Kaanassa (2:1-12)■37
2. Älkää tehkö minun isäni huonetta markkinahuoneeksi (2:13-25)■48

Luku 3

Uudestisyntymisen salaisuus ■

1. Keskustelu Nikodeemuksen kanssa (3:1-21)■59
2. Hän, joka ylhäältä tulee (3:22-36)■79

Luku 4

Jeesuksen evankelioimismenetelmä ■

1. Jeesuksen keskustelu samarialaisen naisen kanssa (4:1-26) ■89
2. Jeesus opettaa opetuslapsiaan (4:27-42) ■103
3. Toinen tunnusteko Kaanassa (4:43-54) ■112

Luku 5

Tunnusteko Betesdan lammikolla ■

1. Mies, joka parannettiin 38 sairausvuoden jälkeen (5:1-15) ■121
2. Juutalaiset, jotka vainosivat Jeesusta (5:16-30) ■130
3. Jeesuksen todistus juutalaisille (5:31-47) ■138

Luku 6

Elämän leipä ■

1. Kahden kalan ja viiden leivän ihme (6:1-15) ■149
2. Jeesus, joka käveli veden päällä, ja kansa, joka seurasi Häntä (6:16-40) ■160
3. Ihmisen Pojan ruumiin syöminen ja veren juominen iankaikkisen elämän saamiseksi (6:41-59) ■173
4. Opetuslapset, jotka jättivät Jeesuksen (6:60-71) ■182

Sisällysluettelo

Luku 7

Opetus lehtimajanjuhlassa ■

1. Jeesus menee Jerusalemiin salaa (7:1-13)■191
2. Jeesus paljastaa itsensä temppelissä (7:14-31)■199
3. Juutalaiset yrittävät ottaa Jeesuksen kiinni (7:32-53)■212

Luku 8

Totuus tekee sinut vapaaksi ■

1. Jeesus antaa anteeksi naiselle, joka teki aviorikoksen (8:1-11)■225
2. Jeesuksen sanoma juutalaisille (8:12-30)■233
3. Vapaus totuudessa (8:31-47)■246
4. Juutalaiset yrittävät kivittää Jeesuksen (8:48-59)■257

Luku 9

Jeesus parantaa sokean miehen ■

1. Mene ja peseydy Siiloan lammikossa (9:1-12) ■ 265
2. Sokea mies, joka parannettiin, ja fariseukset (9:13-34) ■ 276
3. Hengellinen sokeus (9:35-41) ■ 288

Luku 10

"Minä olen hyvä paimen" ■

1. Hyvän paimenen vertaus (10:1-21) ■ 295
2. "Minä ja Isä olemme yhtä" (10:22-42) ■ 310

Luku 1

Jumalan Poika, joka tuli tähän maailmaan

1. Jeesus, Sana, joka tuli lihaksi
(1:1-18)

2. Johannes Kastajan todistus
(1:19-34)

3. Jeesuksen seuraajat
(1:35-51)

Jeesus, Sana, joka tuli lihaksi

Maailman alusta alkaen ihmiset ovat aina pitäneet sukua tai sukuperää tärkeänä tekijänä elämässä. Sukupuut näyttävät ihmisten tarpeen löytää ja vaalia alkuperäänsä ja juuriansa. Sukupuu näyttää, ketkä vanhempamme ovat, ketkä isovanhempamme ovat ja ketkä isoisovanhempamme ovat. Jos jatkamme sukupuuta aivan ylös asti, aivan sukujemme alkuperään asti, keiden luulet olevan kaikkien meidän juuri? He ovat Aadam ja Eeva, koko ihmiskunnan kantavanhemmat.

Joten mitä tapahtui ennen ihmisen olemassaoloa, miten ihminen syntyi ja miksi Jeesuksen, Jumalan Pojan, piti tulla tähän maailmaan?

Jumala ja Sana

"Alussa oli Sana, ja Sana oli Jumalan tykönä, ja Sana oli Jumala." (1:1)

Elämän alkuperän salaisuus löytyy Joh. 1:1:stä. Se sanoo, että alussa oli "Sana." Tässä "Sana" tarkoittaa Jumalaa, joka on olemassa Sanan muodossa. Toisin kuin ihminen Jumala ei tullut olemaan vanhemmista syntymisen tuloksena. Hän on täydellinen Olento, joka oli ainoana olemassa jo ennen ikuisuutta (2. Moos. 3:14).

Kun selitämme Jumalaa, meidän ei itseasiassa oikeastaan tarvitse käyttää sanaa "alku." Syy, miksi käytämme sanaa "alku", on, koska ihmistiedon ja -kokemuksen mukaan kaikilla asioilla ja tapahtumilla on alkupiste. Siksi tämä sana auttaa meitä ymmärtämään Jumalan käsitettä.

Sana "alku" löytyy myös 1. Moos. 1:1:stä: *"Alussa Jumala loi taivaan ja maan."* Mutta tämä "alku" on erilainen kuin "alku" Johanneksen evankeliumissa. Nämä kaksi "alkua" viittaavat kumpikin eri aikaan. Ensimmäisessä Mooseksen kirjassa mainittu "alku" viittaa aikaan, jolloin Jumala loi taivaan ja maan; Johanneksen evankeliumissa mainittu "alku" viittaa aikaan ennen ikuisuutta, josta ihminen ei voi päästä perille.

Miksi sitten Johannes sanoo, että alussa oli "Sana", eikä "Jumala"? Siksi, että Jumalan kuva selitettäisiin paremmin. Aivan alussa Jumalalla ei ollut ihmisen muotoa ja ulkoasua. Kuten 1. Joh. 1:5:ssä on kirjoitettu: *"Jumala on valkeus"*, Jumala hallitsi koko ajan ja tilan avaruutta kirkkaan, loistavan ja kauniin valon keskellä kätkien lukemattomia sanoja.

Nämä sanat ovat selviä, avoimia, sujuvia ja silti majesteettisia ja raikuvia ääniä, jotka ovat riittävän vahvoja kaikuakseen läpi koko maailmankaikkeuden. Ihmiset, jotka ovat kuulleet Jumalan äänen Pyhän Hengen syvän inspiraation alaisina, voivat mahdollisesti ymmärtää tämän äänen. Hallitessaan valtavaa hengellistä avaruutta yksin Jumala jossain vaiheessa laati suunnitelman "ihmisen kasvattamisesta" saadakseen todellisia lapsia, joiden kanssa hän voisi jakaa todellisen rakkauden.

Suunniteltuaan ihmisen kasvattamisen Jumala otti itselleen muodon (1. Moos. 1:26). Jumala, joka oli olemassa vain Sanan muodossa, sai nyt ihmisen ulkoasun ja Hän oli olemassa kolmiyhteisenä Jumalana ollen Isä, Poika ja Pyhä Henki. Jumalan täytyi tehdä itsensä kolminaisuuden Jumalaksi, koska Hän tarvitsi Poikansa Jeesuksen, josta tulisi Vapahtaja, jonka kautta ihmiset voisivat tulla todellisiksi Jumalan lapsiksi, ja Pyhän Hengen, joka täydentäisi ihmisen kasvatuksen.

Koska on kirjoitettu: "Ja Sana oli Jumalan luona", näyttää kuin Sana ja Jumala olisivat erillisiä yksiköitä. Kuitenkin todetaan "ja Sana oli Jumala" kertoen meille, että Sana on todella Jumala itse. Mutta jos me analysoisimme järjestyksen, Sana oli ensin. Tämä johtuu siitä, että Sanasta tuli Kolminaisuus, joka sitten otti nimen "Jumala." Kun Sana oli olemassa yksin, Hän ei tarvinnut mitään nimeä, mutta suunniteltuaan ihmisen kasvatusta, Hänen tarvitsi antaa ihmiselle nimi, jolla tämä kutsuisi Häntä.

Kun sanomme "Sana", ajattelemme tavallisesti Raamatun 66 kirjaa. Mutta Raamattu on kertomus, joka selittää ihmisen aseman, pelastustien ja niin edelleen – tietoa, jota tarvitaan ihmisen kasvatuksen aikana. Tämä on kuitenkin vain pieni osa Sanaa, joka oli olemassa alusta alkaen ja joka tallentaa Jumalan koko sydämen.

Jeesus Kristus

> "Hän oli alussa Jumalan tykönä. Kaikki on saanut syntynsä hänen kauttaan, ja ilman häntä ei ole syntynyt mitään, mikä syntynyt on. Hänessä oli elämä, ja elämä oli ihmisten valkeus. Ja valkeus loistaa pimeydessä, ja pimeys ei sitä käsittänyt." (1:2-5)

Jumala, joka oli olemassa Sanan muodossa, teki itsensä kolmiyhteiseksi Jumalaksi ihmisen kasvattamiseksi ja Hän aloitti luomistyön Kolminaisuutena. Joten tämä jae kertoo meille, että alusta alkaen, tai jopa ennen luomista, Isä, Poika ja Pyhä Henki olivat olemassa yhdessä ja tekivät yhteistyötä.

Kun aika tuli, Jumala, joka oli suunnitellut ihmisen kasvatuksen saadakseen todellisia lapsia, alkoi luoda maailmankaikkeutta Sanoillaan. Kun Jumala sanoi: "Tulkoon valkeus", valkeus tuli, ja kaikki luonnossa, kaikki kasvillisuus ja kaikki elävät organismit, muodostuivat Hänen jokaisen käskynsä mukaan (1. Moos. 1. luku). Tämä johtuu siitä, että Sana on Jumala itse ja itse elämän lähde.

Jumala loi lopuksi ihmisen ja loi näin lopullisen perustan ihmiskunnan kasvatukselle. Tätä kautta Jumala toivoi saavansa lapsia omaksi kuvakseen, mutta ihmiset eivät eläneet Jumalan Sanan mukaan. Ihmiskunta alkoi lopulta vaeltaa kuoleman tietä.

Antaakseen heille todellisen elämän, tuli Jumala sitten lihaksi ihmisen kaltaiseksi ja tuli tähän maailmaan. Tämä on Jumalan Poika, Jeesus. Koska Jeesus on samaa alkuperää kuin Isä Jumala, kaikki hänen sanansa ja toimensa näyttävät Jumalan sydämen. Siksi hän sanoi: *"Joka on nähnyt minut, on nähnyt Isän"* (Joh. 14:9). Jeesuksella oli ihmisen ruumis, mutta koska hän on alunperin Sana, Hän pystyi parantamaan sairaita, herättämään kuolleita henkiin ja rauhoittamaan tuulen ja meren (Mark. 4:39). Antaakseen meille taivaan otti Hän lopulta ristin meidän puolestamme ja antoi meille iankaikkisen elämän (1. Joh. 1:2).

1. Joh. 5:12 sanoo: *"Jolla Poika on, sillä on elämä; jolla Jumalan Poikaa ei ole, sillä ei ole elämää"*, ja Joh. 14:6:ssa Jeesus sanoo: *"Minä olen tie, totuus ja elämä; ei kukaan tule Isän tykö muutoin kuin minun kauttani."*

Niin Jeesus, joka on itse elämä, tuli tähän maailmaan ihmisten Valkeudeksi. Ja koska tämä Valkeus loistaa pimeydessä, ihminen voi tajuta valheen, joka piilee pimeydessä, ja ymmärtää todellisen hyvyyden ja kulkea kohti elämää, totuutta ja Valkeutta.

Koska kuitenkin on kirjoitettu: "Pimeys ei sitä käsittänyt", ihmiset, jotka ovat tahraantuneet synnissä, ovat vihollisesta, paholaisesta, jolla on valta pimeyden maailmassa. Siksi tämän vallan alla olevat ihmiset näkevät Valkeuden, mutta eivät ymmärrä sitä.

Valkeuden todistaja

"Oli mies, Jumalan lähettämä; hänen nimensä oli Johannes. Hän tuli todistamaan, todistaaksensa valkeudesta, että kaikki uskoisivat hänen kauttansa. Ei hän ollut se valkeus, mutta hän tuli valkeudesta todistamaan." (1:6-8)

Ennen Jeesuksen lähettämistä tähän maailmaan ja keskellä laittomuutta, moraalittomuutta ja syntiä elävien ihmisten luo, Jumala valmisti todistajan todistamaan Jeesuksesta, joka on Valkeus ja elämä.

Ihmiset sanovat helposti, että Jumala on se, joka hallitsee elämää ja kuolemaa. Tietenkin Jumalalla on täydellinen valta elämässä ja kuolemassa ja Hän hallitsee koko maailmankaikkeutta tarkasti ja järjestyksellä. Hän ei kuitenkaan päätä, millaisia lapsia syntyy minkäkinlaisille vanhemmille. Jokaisella miehellä ja naisella on vapaa tahto valita puolisonsa, mennä naimisiin ja saada lapsia. Ainoa asia, jonka Jumala antaa, on biologiset välttämättömyydet, jotka on rakennettu kehoon jälkeläisten tuottamiseksi. Ne ovat munasolut ja siittiöt.

On kuitenkin olemassa poikkeustapauksia, joissa Jumala puuttuu erityisen ihmisen tekemiseen käyttääkseen häntä erityisellä tavalla valtakunnassaan. Valmistautuessaan täyttämään tietyn tahdon tulevaisuudessa hän valitsee tietyn ihmisen tiettyä tarkoitusta varten. Johannes Kastaja on tällainen ihminen. Hän sikisi Jumalan sallimuksesta valmistamaan tietä Jeesukselle, josta oli tuleva koko ihmiskunnan Vapahtaja.

Luuk. 1:5-6 sanoo: *"Herodeksen, Juudean kuninkaan, aikana oli pappi, nimeltä Sakarias, Abian osastoa. Ja hänen vaimonsa oli Aaronin tyttäriä, ja tämän nimi oli Elisabet. He olivat molemmat hurskaita Jumalan edessä, vaeltaen kaikissa Herran käskyissä ja säädöksissä nuhteettomina."* Jumala tunnusti Sakariaan ja Elisabetin nuhteettomiksi ja vanhurskaiksi. Ainoa asia, joka heiltä puuttui vanhuuteen asti, oli oma lapsi. Mutta Jumala näki heidän sydämensä hyvyyden ja siunasi Elisabetin kohtua, jotta hän voi tulla raskaaksi (Luuk. 1:13). Tämä lapsi oli Johannes Kastaja.

Jumalan johdatuksessa Johannes, joka syntyi kuusi kuukautta ennen Jeesusta, eli aivan erityistä elämää toisin kuin muut. Johannes asui erämaassa muusta maailmasta erotettuna yllään kamelinkarvoista tehty puku ja vyötäisillään nahkavyö, ja hän söi heinäsirkkoja ja metsähunajaa. Hän kommunikoi vain Jumalan kanssa, ja ymmärtäen tehtävänsä hän valmistautui tuohon tehtävään.

Hänen tehtävänsä oli valmistaa tietä Jeesukselle. On paljon vakuuttavampaa, kun joku sanoo tietystä henkilöstä: "Tämä ihminen on tällainen", sen sijaan, että henkilö itse sanoo: "Minä olen tällainen." Tässä mielessä ihmisten olisi ollut vaikeampaa hyväksyä Jeesus Messiaakseen, jos Hän olisi puhunut itsestään sanomalla: "Minä olen Messias. Uskokaa minuun." Siksi Jumala valitsi Johanneksen todistamaan Messiaasta, joka oli tuleva.

Jos todistaja asuisi pimeydessä ja todistaisi Valkeudesta, ihmiset eivät koskaan uskoisi häntä tai seuraisi häntä. Siksi Johannes oli niin oikeamielinen ja maallisista asioista piittaamaton – siinä määrin, että omisti vain yhdet vaatteet – ja eli täydellisesti kuuliaisena Jumalalle todistaessaan Jeesuksesta.

Totinen Valkeus ja Jumalan lapset

"Totinen valkeus, joka valistaa jokaisen ihmisen, oli tulossa maailmaan. Maailmassa hän oli, ja maailma on hänen kauttaan saanut syntynsä, ja maailma ei häntä tuntenut. Hän tuli omiensa tykö, ja hänen omansa eivät ottaneet häntä vastaan. Mutta kaikille, jotka ottivat hänet vastaan, hän antoi voiman tulla Jumalan lapsiksi, niille, jotka uskovat hänen nimeensä, jotka eivät ole syntyneet verestä eikä lihan tahdosta eikä miehen tahdosta, vaan Jumalasta." (1:9-13)

Esineellä, joka loistaa valoa, miten kirkasta hyvänsä, on rajoituksensa. Edes aurinko ei valaise koko maapalloa kerralla. Jeesus on kuitenkin totinen Valkeus, joka valaisee koko maailman ja jokaisen siinä. Fyysinen valo, jonka näemme silmillämme, voi kadota ajan myötä, mutta Jeesus Kristus on ikuinen, siksi Häntä kutsutaan totiseksi Valkeudeksi.

Johannes Kastaja käytti koko elämänsä kertoakseen ihmisille tästä Valkeudesta, mutta ihmiset eivät silti tunnistaneet tätä Jeesusta. Tämä johtuu siitä, että Jeesus ei muistuttanut lainkaan Messiasta, jonka he olivat kuvitelleet ja jota he olivat odottaneet. Tuohon aikaan juutalaiset elivät Rooman valtakunnan sorron alla, joten he odottivat Messiasta, jolla olisi poliittista valtaa vapauttaa heidät tästä sorrosta. Heidän silmissään Jeesus näytti kuitenkin liian voimattomalta ja heikolta tähän tehtävään.

Mutta niille, jotka ottavat vastaan tämän Jeesuksen, joka tuli Juudean maahan, ja niille, jotka uskovat hänen nimeensä, Jumala antaa oikeuden tulla lapsikseen. Hän antaa heille myös

Pyhän Hengen lahjan ja tallentaa heidän nimensä elämän kirjaan taivaassa. Siitä hetkestä eteenpäin he saavat oikeuden kutsua Jumalaa "Isäkseen." Tämä oikeus on vertaansa vailla tässä maailmassa. Perhesuhteet tai verisiteet päättyvät, kun ihminen kuolee. Hengelliset perhesuhteet ovat kuitenkin ikuisia, koska ne säilyvät myös taivaassa (Matt. 12:50).

Niinpä ihmiset, jotka tulevat Jumalan lapsiksi, ovat kaikki veljiä ja sisaria Kristuksessa. Jotkut ihmiset luulevat ottaneensa vastaan Kristuksen ja tulleensa kirkkoon aivan itse, mutta se ei ole niin. Emme tule Jumalan lapsiksi omien ponnistelujemme tai toiveidemme avulla. Vain Jumalalla on tähän valta, siksi kaikki Jumalan lapset syntyvät Jumalasta.

Jumalan ainokaisen Pojan kirkkaus

"Ja Sana tuli lihaksi ja asui meidän keskellämme, ja me katselimme hänen kirkkauttansa, senkaltaista kirkkautta, kuin ainokaisella Pojalla on Isältä; ja hän oli täynnä armoa ja totuutta." (1:14)

Jumala, joka aivan alussa, oli olemassa Sanana, otti ihmisen muodon ja tuli tähän maailmaan näyttäytyäkseen meille. Kun Hän on luomakuntansa kuvana pelastaakseen heidät, me kutsumme häntä nimellä "Jeesus, Jumalan ainokainen Poika." Niinpä nimi Jeesus tarkoittaa: *"Hän on vapahtava kansansa heidän synneistänsä"* (Matt. 1:21). Ennen Poikansa lähettämistä Jumala lähetti enkeli Gabrielin Neitsyt Marian luo kertomaan hänelle Jeesuksen tulosta.

"Pyhä Henki tulee sinun päällesi, ja Korkeimman voima varjoaa sinut; sentähden myös se pyhä, mikä syntyy, pitää kutsuttaman Jumalan Pojaksi" (Luuk. 1:35).

Fyysinen ympäristö ja olosuhteet Jeesuksen syntymän ympärillä olivat hyvin huonot. Rooman keisarin asetuksen mukaisesti Maria ja Joosef joutuivat tuohon aikaan palaamaan kotikaupunkiinsa Beetlehemiin rekisteröimään perheensä väestönlaskennassa. Koska kaikki ihmiset, jotka olivat hajallaan ympäri maata, olivat palaamassa kotikaupunkiinsa kaikki yhdellä kertaa, ei ole ihme, että jokainen majatalo oli täynnä. Siksi Jeesus syntyi tallissa, jossa eläimet asuvat. Se tarkoittaa, että Hän tuli pelastamaan kansan, joka ei poikennut eläimistä, joiden vieressä Hän syntyi.

Hengellinen ilmapiiri oli kuitenkin Hänen syntymänsä aikaan kaikkea muuta kuin huono. Lukemattomat enkelit ylistivät Jumalaa ja juhlivat Vapahtajan syntymää. He tiesivät, että Jeesus voittaisi kuoleman ja pimeyden vallan ja muuttaisi tämän maailman eksyneet ihmiset uudelleen Jumalan lapsiksi.

Jeesus syntyi Beetlehemin alueella Juudean maassa. Hänen perheensä joutui kuitenkin pakenemaan Egyptiin Hänen kanssaan. Hän vietti varhaislapsuutensa Nasaretissa, alueella lounaaseen Gennesaretin järvestä. Rauhalliseen ja syrjäiseen luonnon helmaan vetäytyen Jeesus syventyi Jumalan tahtoon ja johdatukseen ja tuli niistä tietoiseksi. Aina kun Hänellä oli aikaa, hän meni kukkuloille ja rukoili ja mietiskeli Jumalan Sanaa katsoen ylös kohti taivasta. Hän odotti kärsivällisesti taivaan evankeliumin levittämistehtävänsä täyttymistä ja ristin kantamista ihmiskunnan pelastukseksi.

Kun Jeesus oli kaksitoista, Hän, Maria ja Joosef menivät Jerusalemiin viettämään pääsiäisjuhlaa. Kun juhla oli ohi, Maria ja Joosef valmistautuivat lähtemään takaisin kotiin. Ihmisiä oli niin paljon, että he eivät huomanneet Jeesuksen puuttuvan ennen kuin kokonainen matkapäivä oli kulunut. Luullen, että nuori Jeesus oli eksyksissä oudossa paikassa, he etsivät kaikkialta yrittäen löytää Hänet. He hakivat teiltä ja kaupungin muurien sisältä neljä päivää, mutta eivät löytäneet Jeesusta mistään. Kun he väsyivät ja olivat epätoivon partaalla, he näkivät Jeesuksen temppelissä puhumassa suurten lainopettajien kanssa. Jeesus ei ollut vähääkään hämmentynyt tai hermostunut. Pikemminkin Hän näytti viihtyvän hyvin ja olevan rauhassa kuin olisi ollut omassa kodissaan.

Jeesuksen keskustellessa lainopettajien kanssa usean päivän ajan ihmiset, jotka kuulivat Häntä, hämmästyivät Hänen viisauttaan ja tietojaan. Tämä tapaus osoittaa meille, miten vain kaksitoista vuotta vanhana Jeesus oli jo hyvin perillä laista. Jopa näin varhaisessa iässä Jeesus oli jo kiinnostunut kunkin lain sisältämästä syvästä hengellisestä merkityksestä. Niinpä Luuk. 2:52 sanoo: *"Ja Jeesus varttui viisaudessa ja iässä ja armossa Jumalan ja ihmisten edessä."*

Jotkut ihmiset ajattelevat, että lapsena Jeesus auttoi Joosefia puusepän työssä. Mutta jos Jeesus olisi työskennellyt Joosefin kanssa hänen puusepän työssään, miten Hänellä olisi voinut olla aikaa tulla niin perehtyneeksi lakiin hämmästyttäen jopa suuret lainopettajat? Ja Neitsyt Maria tiesi, kuka Jeesus oli. Tietäen Hänen olevan Korkeimman Jumalan Poika, hän ei olisi antanut Hänen tehdä puusepän työtä. Hän olisi palvellut Häntä ja huolehtinut Hänestä hyvin huolellisesti.

Koska Hän valmistautui tehtäväänsä varhaisesta iästä, sillä hetkellä kun Hän täytti kolmekymmentä, Hän aloitti toimintansa täydellä teholla. Hän kutsui opetuslapsensa yhteen ja näytti kansalle Jumalan voiman. Jumalan Poikana Jeesus todisti elävästä Jumalasta ja antoi Hänelle kunnian. Hän avasi sokean silmät, sai mykät puhumaan ja herätti kuolleet henkiin. Ihmisille, jotka olivat täysin menettäneet paikkansa Jumalan kuvaksi luotuina ja jotka elivät kuin eläimet, näytti Jeesus heille kuuluvan kuvan ja identiteetin Jumalan lapsina. Hän lunasti ihmiset köyhyydestä, sairauksista ja heikkouksista. Hän toi toivoa epätoivoisille, ja kansalle, joka kulkee kohti iankaikkista kuolemaa, hän toi suosion ja mahdollisuuden saada iankaikkisen elämän. Tämä suosio, jonka Jumala antoi meille ilmaiseksi, on nimeltään "armo."

Ja vanhurskas tie, elämä ja iankaikkinen elämä, mikä ei koskaan muutu, ei edes ajan kuluessa, me kutsumme sitä "totuudeksi." Vaikka Jeesuksella oli sama ääretön voima ja valta kuin Jumalalla, Hän kohteli pahoja ihmisiä hyvyydellä ja armahti kaikkia ihmisiä antaen heille anteeksi ja rakastaen heitä. Ja koska Hän valaisi maailman tällä kauniilla totuudella, Raamattu sanoo, että Hän oli täynnä "armoa ja totuutta."

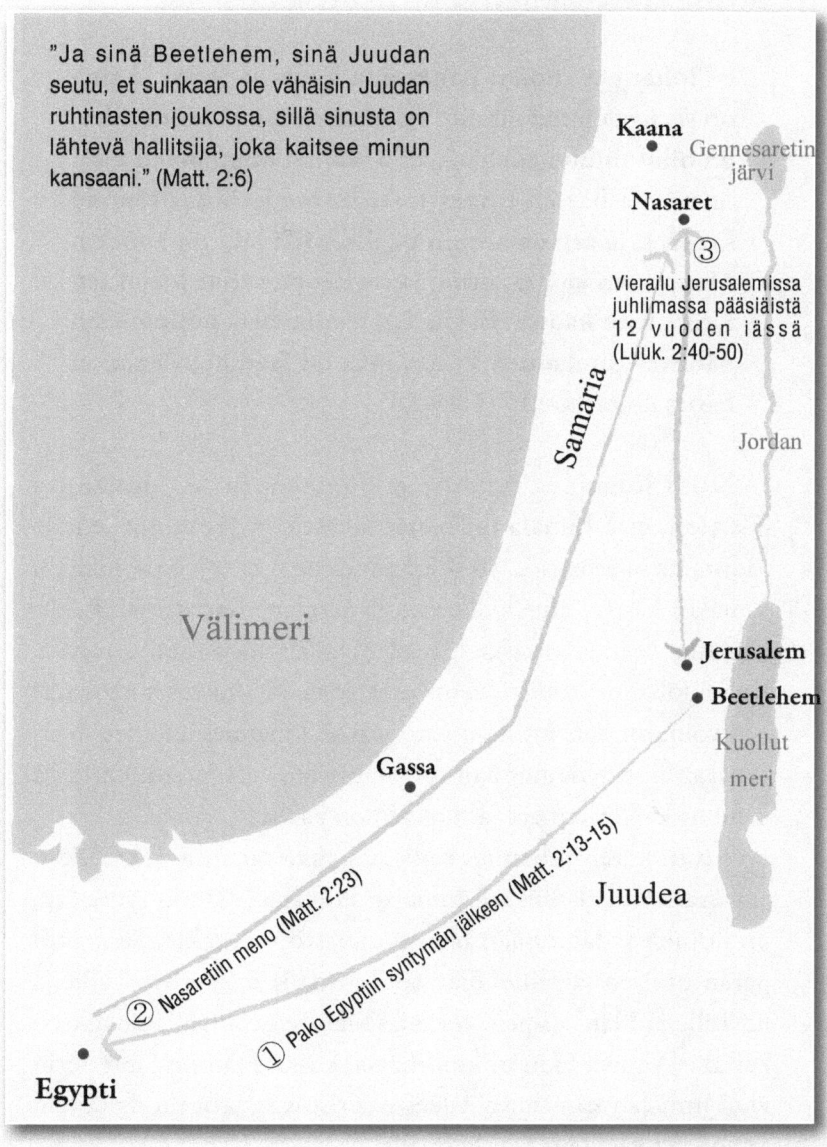

: : Jeesuksen syntymä ja kehitys

Armo ja totuus Jeesuksen Kristuksen kautta

"Johannes todisti hänestä ja huusi sanoen: 'Tämä on se, josta minä sanoin: se, joka minun jälkeeni tulee, on ollut minun edelläni, sillä hän on ollut ennen kuin minä.' Ja hänen täyteydestään me kaikki olemme saaneet, ja armoa armon päälle. Sillä laki on annettu Mooseksen kautta; armo ja totuus on tullut Jeesuksen Kristuksen kautta. Ei kukaan ole Jumalaa milloinkaan nähnyt; ainokainen Poika, joka on Isän helmassa, on hänet ilmoittanut." (1:15-18)

Nimi Johannes tarkoittaa "Jumalan rakas." Johannes itse tiesi, että Jumala oli hänet lähettänyt Jeesuksen edelle todistamaan Hänestä. Siksi Johannes tiesi, että Jeesus, joka oli Jumalan kanssa alusta alkaen, oli "ennen" häntä. Vaikkakin hän asui yksin erämaassa, hän oli täynnä armoa ja taivastoivoa. Koska Johannes todisti Jeesuksesta, joka oli Valkeus ja elämä, ei hän voinut muuta kuin pursuta armoa. Johannes ilmaisee myös runsaan ilon sydämessään todistaessaan, että Jeesuksen takia olemme kaikki saaneet "armoa armon päälle."

Aivan kuten Johannes todistaa, kuka tahansa, joka uskoo ja vastaanottaa Jeesuksen Jumalan Poikana ja katuu syntejään, on iloinen sydämessään olevan taivastoivon takia. Jeesus toi parantumisen sairaille, Hän toi lohtua ja toivoa syrjityille ja köyhille ja Hän toi pelastuksen ja ikuisen elämän siunauksen kaikille. Vaikka Hän olikin lihassa, koska Hän on alun perin yhtä Jumalan kanssa, vain Jeesus Kristus saattoi tuoda tämän armon ja totuuden ihmiskunnalle.

Laki on Jumalan vallan alainen hengellisten lakien luettelo, jota me ehdottomasti tarvitsemme voidaksemme elää tässä maailmassa. Laki selittää Jumalan sydämen lisäksi myös järjestyksen, jolla hengellistä maailmaa ylläpidetään, ja kaikki säännöt siunauksista, kirouksista, synnistä ja kuolemasta, tuomiosta, pelastuksesta ja kaikki muut olennaiset tiedot, joita tarvitaan ihmisen kasvatukseen. Hepreankielinen "Toora" on lakikirja, joka koostuu 613 artiklasta, jotka Jumala antoi israelilaisille Mooseksen kautta ennen kuin Jeesus tuli tähän maailmaan. Siksi Johannes totesi jakeessa 17: *"Sillä laki on annettu Mooseksen kautta; armo ja totuus on tullut Jeesuksen Kristuksen kautta."*

Evankelioidessa tapaa joskus ihmisiä, jotka sanovat: "Näytä minulle Jumala. Sitten minä uskon." Vain koska joku pyytää nähdä Jumalan, se ei kuitenkaan tarkoita, että Hän voi vain ilmestyä heidän edessään. Tämä johtuu siitä, että Aadamin tottelemattomuudesta lähtien kaikista ihmisistä tuli syntisiä eivätkä syntiset voi nähdä Jumalan kasvoja; muuten he kuolevat (2. Moos. 19:21). Siksi Sana, joka on Jumala, tuli lihaksi ja tuli tähän maailmaan Jeesus-nimisenä, niin että kaikki ihmiset voisivat lopultakin nähdä Jumalan. Siksi, jos uskomme tähän Jeesukseen ja elämme Hänen Sanansa mukaan, voimme kohdata Jumalan, ja mitä tahansa pyydämme, Hän antaa meille.

Johannes Kastajan todistus

Vuonna 433 eKr. Israelilla on edessään hengellinen "Pimeä aika" profeetta Malakian jälkeen. 400 vuoteen ei ollut Jumalan profeettaa julistamassa ja antamassa Hänen viestejään kansalle. Rooman alistamana kansakuntana Israel valitti ja voihki läpi pitkän, hiljaisen 400 vuoden jakson, kunnes vihdoin profeetta mursi tämän hiljaisuuden. Tämä profeetta oli Johannes Kastaja.

Huutavan ääni erämaassa

"Ja tämä on Johanneksen todistus, kun juutalaiset lähettivät hänen luoksensa Jerusalemista pappeja ja leeviläisiä kysymään häneltä: 'Kuka sinä olet?' Ja hän tunnusti eikä kieltänyt; ja hän tunnusti: 'Minä en ole

Kristus.' Ja he kysyivät häneltä: 'Mikä sitten? Oletko sinä Elias?' Hän sanoi: 'En ole.' 'Se profeettako olet?' Hän vastasi: 'En.' Niin he sanoivat hänelle: 'Kuka olet, että voisimme antaa vastauksen niille, jotka meidät lähettivät? Mitä sanot itsestäsi?' Hän sanoi: 'Minä olen huutavan ääni erämaassa: "Tehkää tie tasaiseksi Herralle", niinkuin profeetta Esaias on sanonut.'" (1:19-23)

Jos katsomme Matteuksen evankeliumin kolmatta lukua, näemme Johannes Kastajan Juudean erämaassa huutamassa: *"Tehkää parannus, sillä taivasten valtakunta on tullut lähelle"* (j. 2). Hän huusi tätä kertoakseen kansalle Jeesuksesta, joka tuli maailman Vapahtajaksi, ja johtaakseen ihmisiä Hänen luokseen. Ja kun Johannes kastoi Jordanissa, ihmiset tulivat Jerusalemista ja koko Juudeasta ja koko Jordanin alueelta tunnustamaan syntinsä ja hänen kastettavakseen.

Johanneksen valmistaessa tietä Herralle tällä tavalla, hänestä tuli tärkeä keskustelun aihe kansan keskuudessa. Israelilaisille, jotka olivat täydellisessä hengellisessä pimeydessä, erämaassa vain heinäsirkoilla ja hunajalla elävä Johannes näytti olevan yksittäinen valonsäde. Ajan kuluessa sana Johannes Kastajasta alkoi levitä ja juutalaiset halusivat tietää, kuka hän oli. Siksi he lähettivät häntä kuulustelemaan pappeja ja leeviläisiä, jotka olivat perillä laeista.

"Kuka sinä olet?"
"Minä en ole Kristus."

"Oletko sinä Elias?"
"En ole."
"Se profeettako olet?"
"En."

Kuningas Ahabin hallituskaudella Pohjois-Israelissa oli profeetta nimeltä Elia. Todistaakseen, että Israelin Jumala on ainoa todellinen Jumala, Elia ryhtyi kilpailuun 850 Baalin ja Aseran profeettaa vastaan. Jumala vastasi Elian pyyntöön sytyttämällä hänen uhrinsa tulella taivaasta, kun taas vastustavat profeetat eivät saaneet vastausta jumaliltaan. Koska hän oli pyhä ja puhdas, hänet nostettiin ylös taivaaseen ilman kuolemaa. Hyvin pitkän aikaa israelilaiset vaalivat häntä sydämissään ja hän sai heiltä rakkautta ja kunnioitusta. Kuten on kirjoitettu Mal. 4:5:ssä: *"Katso, minä lähetän teille profeetta Elian, ennenkuin tulee Herran suuri päivä, se suuri ja peljättävä"*, juutalaiset uskoivat tähän profetiaan ja odottivat Eliaa innokkaasti. Mutta vastoin heidän toivoaan ja toivettaan, Johannes Kastaja kiistää selvästi olevansa Kristus tai Elia.

Lopulta jatkuvan kyselyn seurauksena Johannes Kastaja esittelee itsensä näin: "Minä olen huutavan ääni erämaassa: 'Tehkää tie tasaiseksi Herralle.'" Koska hän tiesi hyvin selvästi, että hänen tehtävänsä oli valmistaa tietä Herralle, hän varmisti, ettei ylittänyt mitään rajoja. Ja hän aina julisti, että se, joka on suurempi kuin hän, on tulossa hänen jälkeensä.

"Minä kastan vedellä"

"Ja lähetetyt olivat fariseuksia; ja he kysyivät häneltä ja sanoivat hänelle: 'Miksi sitten kastat, jos et ole Kristus etkä Elias etkä se profeetta?' Johannes vastasi heille sanoen: 'Minä kastan vedellä; mutta teidän keskellänne seisoo hän, jota te ette tunne. Hän on se, joka tulee minun jälkeeni ja jonka kengänpaulaa minä en ole arvollinen päästämään.' Tämä tapahtui Betaniassa, Jordanin tuolla puolella, jossa Johannes oli kastamassa." (1:24-28)

Tietenkin ylipapit ja leeviläiset olivat epäileväisiä ja epävarmoja – heidän kansaansa kastoi joku, joka väitti, ettei ollut Elias tai profeetta. Niinpä he kuulustelivat häntä: "Miksi sitten kastat?" Miksi luulet, että Johannes Kastaja kastoi vedellä? Hän kastoi vedellä kertoakseen ihmisille tulevasta Messiaasta.

Vesi symboloi hengellisesti elämän vettä, joka antaa ikuisen eämän ihmiselle, siis Jumalan Sanaa. Aivan kuten vesi puhdistaa ruumiin liasta, Jumalan Sana puhdistaa sielun synnistä. Johannes kastoi vedellä symbolisella tavalla saadakseen ihmiset ensin tekemään parannuksen synneistään ja sitten uskomaan ja ottamaan vastaan Jumalan Pojan, joka oli tulossa Vapahtajana.

Ihmiset kunnioittivat tuolloin Johannes Kastajaa erittäin paljon, koska hän oli oikeamielinen ja eli lain mukaan ja totuudessa. Tämä mies kulki ja kertoi ihmisille Messiaasta alentaen itsensä sanoen: "Hän on se, joka tulee minun jälkeeni ja jonka kengänpaulaa minä en ole arvollinen päästämään."

Kun ajattelemme sitä, että monet ihmiset pitivät häntä profeettana ja seurasivat häntä, voimme nähdä, kuinka nöyrä hän oli. Johanneksen tunnustus myös auttaa meitä samalla ymmärtämään, kuinka pyhä ja arvokas Jeesus on.

"Katso, Jumalan karitsa..."

"Seuraavana päivänä hän näki Jeesuksen tulevan tykönsä ja sanoi: 'Katso, Jumalan Karitsa, joka ottaa pois maailman synnin!'" (1:29)

Seuraavana päivänä Jeesus meni tapaamaan Johannesta Jordanille. Hän meni kasteelle ennen julkisen toimintansa virallista aloittamista. Jeesuksessa ei ollut vikoja tai puutteita. Hänet kuitenkin kastettiin, koska Hän oli tullut tähän maailmaan lihassa, luomakuntansa kuvana, pelastaakseen heidät. Siksi Hän varmisti noudattavansa tämän maailman järjestystä. Siten Hänen kasteensa Jordanissa oli merkittävä, koska se symboloi uhrausta ja omistautumista, jonka Hän oli aikeissa tehdä ottamalla ristin pelastaakseen lukemattomia sieluja.

Sillä hetkellä kun Johannes näki Jeesuksen, hän sanoi Pyhän Hengen täyteydessä: "Katso, Jumalan Karitsa, joka ottaa pois maailman synnin!" Elinaikanaan täällä maan päällä monet ihmiset jahtaavat joko tämän maailman nautintoja tai tekevät paljon erilaista syntiä yrittäessään saavuttaa mainetta, valtaa tai vain päästäkseen toisten edelle. Johannes lausui tunnustuksensa tietäen, että Jeesus lopulta ristiinnaulittaisiin kaikkien näiden syntien takia.

Miksi sitten kaikista olemassa olevista eläimistä Johannes vertaa Jeesusta karitsaan? Hän teki tämän vertailun karitsan erityispiirteiden vuoksi. Lampaat ovat hyvin tottelevaisia ja ne menevät ainoastaan sinne, minne niiden paimen opastaa niitä. Vaikka joku ottaisi ne kiinni tai kerisi niiden villan, ne eivät vastusta. Villa, maito ja liha uhrataan ihmisten hyödyksi.

Erityisesti vuoden vanhoja uroskaritsoja, joilla oli hyvin kauniilta näyttävä erittäin pehmeä villa, käytettiin uhriksi Jumalalle. Jos verrataan ihmisiin, nämä karitsat vastaisivat nuorta ihmistä kauneimmassa elämänvaiheessaan. Koska tämä on ennen astutusikää, karitsat ovat erittäin puhtaita ja virheettömiä. Tämä on aivan kuten Jeesus, uhrilammas, joka pyyteettömästi antoi itsensä meidän syntisten puolesta. Hän oli lempeä ja sävyisä, puhdas ja virheetön ilman merkkiäkään riitaisuudesta tai mahtailusta.

Johannes vertasi Jeesusta karitsaan, koska tämä Jeesus, kuten uhrikaritsa, täytyi uhrata syntisten puolesta syntiuhrina. Jotkut ihmiset kutsuvat uusia uskovia, jotka ovat nuoria uskossa, "karitsoiksi." Raamattu viittaa kuitenkin uskoviin "lampaina" tai "Jumalan lampaina", mutta ei koskaan "karitsoina." Tämä on siksi, että termiä "karitsa" käytetään viitaten Jeesukseen Kristukseen.

Jumalan Poika

"Tämä on se, josta minä sanoin: 'Minun jälkeeni tulee mies, joka on ollut minun edelläni, sillä hän on ollut ennen kuin minä.' Ja minä en tuntenut häntä; mutta sitä varten, että hän tulisi julki Israelille, minä olen tullut vedellä kastamaan." Ja Johannes todisti sanoen: "Minä näin Hengen laskeutuvan taivaasta alas niinkuin kyyhkysen, ja se jäi hänen päällensä. Ja minä en tuntenut häntä; mutta hän, joka lähetti minut vedellä kastamaan, sanoi minulle: 'Se, jonka päälle sinä näet Hengen laskeutuvan ja jäävän, hän on se, joka kastaa Pyhällä Hengellä.' Ja minä olen sen nähnyt ja olen todistanut, että tämä on Jumalan Poika." (1:30-34)

Jeesus syntyi tähän maailmaan kuusi kuukautta Johannes Kastajan jälkeen. Hän oli ollut kuitenkin hengellisesti olemassa ennen aikojen alkua. Johannes tiesi tämän totuuden. Siksi hän sanoi: "Minun jälkeeni tulee mies, joka on ollut minun edelläni, sillä hän on ollut ennen kuin minä."

Hän toteaa, että syy hänen omaan olemassaoloonsa on tämän Jeesuksen julki tuominen Israelille. Syy, miksi Johannes kastoi vedellä, oli kertoa kansalle Jeesuksesta, joka kastaisi Pyhällä Hengellä. Ymmärtääkseen paremmin Pyhän Hengen kasteen, jonka Jeesus antaisi myöhemmin, ihmisten piti ensin ymmärtää vedellä kastamisen takana oleva hengellinen merkitys.

Jumala kertoi Johannes Kastajalle, että se, jonka päälle Henki laskeutuu taivaasta alas niin kuin kyyhkynen, on Kristus. Kun Jeesus oli kastettu ja nousi ylös vedestä, taivas avautui ja Henki tuli Hänen päällensä kuin kyyhkynen, aivan kuten Jumala oli sanonut. Tämän nähdessään Johannes tiesi Jeesuksen olevan Jumalan Poika. Jeesus, joka aivan ensimmäisenä sai Pyhän Hengen, olisi se, joka myöhemmin kastaisi kaiken kansan Pyhällä Hengellä.

Miksi siis luulet Raamatun sanovan, että Pyhä Henki tuli alas niin kuin kyyhkynen? Kyyhkynen symboloi rauhaa ja on hyvin lempeä lintu, joka on erittäin ystävällinen ihmisille. Mutta tämä ei tarkoita, että todellinen kyyhkynen tuli alas ja laskeutui Jeesuksen päälle. Se tarkoittaa, että Hengen läsnäolo tuli alas Jeesuksen päälle lempeällä tavalla kuvastaen Jeesuksen luonnetta. Pyhä Henki toimii eri tavoin kunkin henkilön luonteenlaadun mukaan. Ihmisille, joilla on tulinen luonne, Pyhä Henki toimii erittäin voimakkaalla tavalla, ja ihmisille, joilla on lempeä luonne, Pyhä Henki toimii pehmeällä ja lempeällä tavalla. Koska Jumala avasi Johanneksen hengelliset silmät, hän pystyi näkemään Pyhän Hengen läsnäolon, jota ihmiset eivät näe fyysisillä silmillään. Siksi hän pystyi näkemään ja todistamaan, että Jeesus oli Jumalan Poika.

Jeesuksen seuraajat

Kun Johannes lopulta tapasi Jeesuksen, jota hän oli odottanut ja jota varten Jumala oli hänet lähettänyt etukäteen, miten innostuneelta ja hämmentyneeltä hänestä täytyi tuntua! Nähtyään Jeesuksen, joka tuli hänen kastettavakseen, Johannes nolostui niin, että yritti kieltäytyä Hänen pyynnöstään. Jeesus kuitenkin sanoo: *"Salli nyt; sillä näin meidän sopii täyttää kaikki vanhurskaus"* (Matt. 3:15). Jeesuksen lempeä, silti määrätietoinen ääni suostutteli Johanneksen olemaan enää epäröimättä. Näin on siksi, että kaikki tapahtui Jumalan tahdon mukaisesti.

Johannes Kastajan opetuslapset

"Seuraavana päivänä Johannes taas seisoi siellä ja kaksi hänen opetuslapsistansa. Ja kiinnittäen katseensa Jeesukseen, joka siellä käveli, hän sanoi: 'Katso, Jumalan Karitsa!' Ja ne kaksi opetuslasta kuulivat hänen näin puhuvan ja seurasivat Jeesusta. Niin Jeesus kääntyi ja nähdessään heidän seuraavan sanoi heille: 'Mitä te etsitte?' He vastasivat hänelle: 'Rabbi' – se on käännettynä: opettaja – 'missä sinä majailet?' Hän sanoi heille: 'Tulkaa ja katsokaa.' Niin he menivät ja näkivät, missä hän majaili, ja viipyivät hänen tykönään sen päivän. Silloin oli noin kymmenes hetki." (1:35-39)

Oli seuraava päivä sen jälkeen, kun Johannes Kastaja oli kastanut Jeesuksen vedellä. Johannes halusi rakastavien opetuslastensa seuraavan Jeesusta, Jumalan Poikaa. Siksi Johannes sanoi opetuslapsilleen: "Katso, Jumalan Karitsa!" toistaakseen jälleen kerran, kuka Jeesus todella oli.

Niinpä Jeesus kysyi näiltä opetuslapsilta, mitä he halusivat. Hän ei kysynyt siksi, ettei olisi tiennyt, mitä he halusivat. Hän kysyi, koska Hän saattoi vastata heille vain, jos he kysyivät (Matt. 7:7). Hän halusi antaa heille mahdollisuuden kysyä. Sillä hetkellä, kun he kuulivat tämän, alkoivat opetuslapset välittömästi seurata Jeesusta.

"Mitä te etsitte?"
"Rabbi, missä sinä majailet?"

Hepreaksi "rabbi" on juutalaisen lainoppineen titteli ja se tarkoittaa "Opettajani, Herrani." Se on titteli, jota käytetään puhuteltaessa kunnioitettavaa henkilöä tai oppinutta, jolla on paljon tietoa. Ja jälleen kerran hän puhui Johanneksen opetuslapsille, jotka pitivät Häntä opettajanaan, sanoen: "Tulkaa."

Seuratessaan Jeesusta ja uppoutuneina keskusteluun Hänen kanssaan opetuslapset eivät edes tajunneet ajan kulumista. Hänen sanomansa veti heitä niin paljon puoleensa.

Andreas ja Simon Pietari

"Andreas, Simon Pietarin veli, oli toinen niistä kahdesta, jotka olivat kuulleet, mitä Johannes sanoi, ja seuranneet Jeesusta. Hän tapasi ensin veljensä Simonin ja sanoi hänelle: 'Me olemme löytäneet Messiaan', se on käännettynä: Kristus. Ja hän vei hänet Jeesuksen tykö. Jeesus kiinnitti katseensa häneen ja sanoi: 'Sinä olet Simon, Johanneksen poika; sinun nimesi on oleva Keefas', joka käännettynä on Pietari." (1:40-42)

Yksi Johanneksen opetuslapsista, joka seurasi Jeesusta, oli Andreas, Simon Pietarin veli. Puhuessaan Jeesuksen kanssa hän löysi hämmästyttävän totuuden. Hänelle valkeni, että Jeesus oli Messias, josta kaikki profetiat olivat ennustaneet! Andreas ei voinut enää pidätellä tätä uutista. Niinpä hän kiirehti veljensä Simonin luo ja sanoi: "Me olemme löytäneet Messiaan!"

Voitko kuvitella, miltä Simonista on täytynyt tuntua,

kun hän näki Andreaan kasvot aivan hehkuvina ja täynnä kiihtymystä tämän huutaessa: "Tapasin Messiaan!" Simon oli aluksi ehkä hieman ymmällään, mutta koska hänen veljensä tunnusti tavanneensa Kristuksen – itse Messiaan, jota israelilaiset ovat innokkaasti odottaneet kaikki nämä vuodet – hän seurasi pian veljeään mennäkseen tapaamaan Häntä. Nähtyään Simonin, Jeesus sanoi: "'Sinä olet Simon, Johanneksen poika; sinun nimesi on oleva Keefas', joka käännettynä on Pietari."

Jeesus tiesi alusta alkaen, kuka hän oli, ja Hän näki suoraan läpi Simonin sydämen. Jeesus tiesi myös, kuinka Jumala aikoi käyttää häntä myöhemmin. "Keefaksesta", tai "Pietarista", kuten Jeesus häntä kutsui, tuli myöhemmin Jeesuksen rakkain opetuslapsi, joka uhrasi elämänsä rakentaakseen vahvan perustan, jolle ensimmäinen kirkko rakennettaisiin.

Muut evankeliumit raportoivat, että Pietari ja Andreas olivat kalastamassa Gennesaretin järvellä, kun heidät kutsuttiin Jeesuksen opetuslapsiksi (Matt. 4:18, Mark. 1:16-18). Syy, miksi Johanneksen evankeliumi on erilainen tässä suhteessa, on, koska Johanneksen evankeliumi raportoi Andreaan ja Pietarin ensimmäisen tapaamisen Jeesuksen kanssa eikä heidän kutsumistaan Hänen opetuslapsikseen.

Filippus ja Natanael

"Seuraavana päivänä Jeesus tahtoi lähteä Galileaan; ja hän tapasi Filippuksen ja sanoi hänelle: 'Seuraa minua.' Ja Filippus oli Beetsaidasta, Andreaan ja

Pietarin kaupungista. Filippus tapasi Natanaelin ja sanoi hänelle: 'Me olemme löytäneet sen, josta Mooses laissa ja profeetat ovat kirjoittaneet, Jeesuksen, Joosefin pojan, Nasaretista.' Natanael sanoi hänelle: 'Voiko Nasaretista tulla mitään hyvää?' Filippus sanoi hänelle: 'Tule ja katso.'" (1:43-46)

Seuraavana päivänä Andreaan ja Pietarin tavattua Jeesuksen Hänen ollessaan lähdössä Galileaan, Jeesus tapasi Filippuksen. Hän sanoi hänelle: "Seuraa minua." Filippus, kuten Pietarikin, oli kotoisin Beetsaidasta ja myös hänet kutsuttiin Jeesuksen opetuslapseksi. Saatuaan selville, että Jeesus oli Messias, hän meni kertomaan uutisen Natanaelille kuten Andreaskin teki. Koska Filippus ei tuolloin oikein tiennyt paljoakaan Jeesuksesta, hän esitteli Hänet "Jeesus nasaretilaisena, Joosefin poikana." Ja hän sanoi: "Olemme löytäneet sen, josta Mooses laissa ja profeetat ovat kirjoittaneet, Jeesuksen, Joosefin pojan, Nasaretista." Kuitenkin Natanael kysyi: "Nasaret! Voiko Nasaretista tulla mitään hyvää?"

Natanael ei voinut uskoa Filippusta. Hän ajatteli: "Miten suuri Messias mitenkään voisi olla kotoisin pienestä nuhjuisesta kaupungista?" Natanael ajatteli, että Messias, joka pelastaisi koko ihmiskunnan synneistään, olisi Jumalan Poikana hyvä ihminen, mutta myös samalla niin arvostettu, etteivät ihmiset uskaltaisi katsoa Häneen kevyesti. Joten tietysti kuullessaan, että Messias oli tavallisen puusepän poika, hän ei voinut uskoa korviaan!

Viisaana miehenä Filippus ei yritä väitellä Natanaelin kanssa. Hän vain käskee tätä yksinkertaisesti tulemaan katsomaan itse, ellei voi uskoa. Natanaelin oli vaikea uskoa, mutta koska hänellä oli hyvä sydän, hän kuunteli ystävänsä neuvoa ja seurasi tätä.

> "Jeesus näki Natanaelin tulevan tykönsä ja sanoi hänestä: 'Katso, oikea israelilainen, jossa ei vilppiä ole!' Natanael sanoi hänelle: 'Mistä minut tunnet?' Jeesus vastasi ja sanoi hänelle: 'Ennenkuin Filippus sinua kutsui, kun olit viikunapuun alla, näin minä sinut.'" (1:47-48)

Kun Jeesus näkee Natanaelin tulevan tykönsä Filippuksen opastamana, Hän kehuu häntä sanoen: "Katso, oikea israelilainen, jossa ei vilppiä ole!" Jeesus näki Natanaelin sydämeen ja Hän tiesi, että hänellä oli muuttumaton sydän – uskollinen ja kuuliainen Jumalan Sanalle. Miksi luulet Jeesuksen kutsuneen Natanaelia "oikeaksi israelilaiseksi"?

Kun Jumala valitsi Jaakobin Israelin isäksi, Hän halusi kansan, joka olisi hyvä ja uskollinen. Aika ajoin israelilaiset kuitenkin harhailivat kauas Jumalasta ja kumarsivat epäjumalia. Jumala etsi "oikeaa israelilaista", joka oli todella uskollinen ja tottelevainen, ja silloin Natanael ilmestyi Jeesuksen eteen.

Tietysti Natanael oli yllättynyt, kun Jeesus, joka ei ollut koskaan tavannut häntä ennen, tunnisti hänet ja kehui häntä. Hän kysyi: "Mistä minut tunnet?" Jeesus vastasi: "Ennenkuin Filippus sinua kutsui, kun olit viikunapuun alla, näin minä sinut."

Jeesus ei ollut tavannut Natanaelia koskaan aiemmin, kuitenkin Hän näki suoraan hänen lävitseen! Koska Natanaelilla oli hyvä sydän, hän ei epäillyt Jeesusta kysymällä: "Kertoikohan joku minusta Jeesukselle ennen tapaamistamme?" Sen sijaan hän avasi sydämensä ja hyväksyi totuuden sellaisenaan.

Natanaelin hengellinen tunnustus

"Natanael vastasi ja sanoi hänelle: 'Rabbi, sinä olet Jumalan Poika, sinä olet Israelin kuningas.' Jeesus vastasi ja sanoi hänelle: 'Sentähden, että minä sanoin sinulle: "minä näin sinut viikunapuun alla", sinä uskot. Sinä saat nähdä suurempia, kuin nämä ovat.' Ja hän sanoi hänelle: 'Totisesti, totisesti minä sanon teille: te saatte nähdä taivaan avoinna ja Jumalan enkelien nousevan ylös ja laskeutuvan alas Ihmisen Pojan päälle.'" (1:49-51)

Vaihdettuaan vain muutaman sanan Jeesuksen kanssa Natanael teki hyvin yllättävän tunnustuksen: "Rabbi, sinä olet Jumalan Poika, sinä olet Israelin kuningas." Siihen Jeesus vastasi: "Sentähden, että minä sanoin sinulle: 'Minä näin sinut viikunapuun alla', sinä uskot. Sinä saat nähdä suurempia, kuin nämä ovat."

Kuultuaan Natanaelin hengellisen tunnustuksen, Jeesus kertoi hänelle, mitä oli tuleva tulevaisuudessa. Aivan kuten Bartolomeus, yksi Jeesuksen apostoleista, Natanael todisti monia merkkejä ja ihmeitä, koska hän pysytteli lähellä Jeesusta. Hän todisti ihmisten parantuvan monenlaisista sairauksista, hän todisti Lasaruksen herättämisen hänen oltuaan kuolleena ja mädäntymässä 4 päivää ja lopuksi hän todisti Jeesuksen kuoleman ristillä, hautakammioon hautaamisen ja ylösnousemuksen kolmantena päivänä.

Jeesus antoi sitten Natanaelille toisen siunatun viestin: "Totisesti, totisesti minä sanon teille: te saatte nähdä taivaan avoinna ja Jumalan enkelien nousevan ylös ja laskeutuvan alas Ihmisen Pojan päälle." Tämä on Natanaelin tunnustuksen vahvistus: "Sinä olet Jumalan Poika, sinä olet Israelin kuningas." Syy siihen, miksi Jeesus ei vastaa: "Kyllä, olet oikeassa", vaan sen sijaan hyväksyy Natanaelin tunnustuksen epäsuorasti ja ilmaisee epäsuorasti olevansa Messias, on, ettei vielä ollut Jeesuksen aika tehdä niin. Jos hän kertoisi kaiken avoimesti, vihollinen, perkele ja saatana, häiritsisi pelastussuunnitelmaa ja yrittäisi estää Jumalan tahdon täyttymisen. Siksi Hän ei halunnut paljastaa itseänsä ihan vielä. Jeesus katsoi aina ihmisen sydämen sisimpään ja pitäen mielessään tehtävän, joka Hänen oli täytettävä, hän toimi vain täydellisesti Jumalan tahdon mukaan.

Luku 2

Jeesus tekee ensimmäisen tunnustekonsa

1. Hääjuhla Kaanassa
(2:1-12)

2. Älkää tehkö minun isäni huonetta markkinahuoneeksi
(2:13-25)

Hääjuhla Kaanassa

Kypsyessään iässä Jeesus valmisteli itseään jatkuvasti toimintaansa Vapahtajana ja odotti aikansa koittavan. Ja heti täytettyään 30 vuotta Hän aloitti varsinaisen julkisen toimintansa pelastaakseen ihmiskunnan Messiaana.

Ihmeteosta, jonka Jeesus teki osallistuessaan häihin Kaanassa, alkoi Hänen julkinen toimintansa. Jotkut ajattelevat, että Jeesus muutti veden viiniksi vain siunatakseen ihmisiä pidoissa. Kuitenkin tämän ensimmäinen tunnusteon takana, jonka Hän teki aloittaessaan julkisen toimintansa, on erityinen tarkoitus. Jeesus osallistumassa hääjuhlaan, muuttamassa veden viiniksi ja puhumassa tietyt sanat vuoropuhelussaan Marian kanssa – kaikella on suuri tarkoitus.

Jeesus kutsuttiin hääpitoihin

"Ja kolmantena päivänä oli häät Galilean Kaanassa, ja Jeesuksen äiti oli siellä. Ja myös Jeesus ja hänen opetuslapsensa olivat kutsutut häihin. Ja kun viini loppui, sanoi Jeesuksen äiti hänelle: 'Heillä ei ole viiniä.' Jeesus sanoi hänelle: 'Mitä sinä tahdot minusta, vaimo? Minun aikani ei ole vielä tullut.'" (2:1-4)

Kaanan alue ei ole kaukana Nasaretista tai Galileasta. Eräänä päivänä Maria, ja tietysti Jeesus ja Hänen opetuslapsensa myös, kutsuttiin hääpitoihin, jotka pidettiin siellä

Jos katsot Luuk. 17:27:ää, se sanoo, että tuomion hetkellä Nooan aikaan *"he söivät, joivat, naivat ja menivät miehelle, aina siihen päivään asti, jona Nooa meni arkkiin; ja vedenpaisumus tuli ja hukutti heidät kaikki."* Ja jakeessa 30 sanotaan: *"Samoin käy sinä päivänä, jona Ihmisen Poika ilmestyy."* Sanoja "söivät, joivat, naivat ja menivät miehelle" käytettiin selittämään, kuinka maailma täyttyy pahasta viimeisinä päivinä.

Lisäksi Kaana symboloi Galileassa hengellisesti maailmaa ja hääpidot Kaanassa symboloivat maailmaa täynnä syömistä, juomista ja syntiin lankeamista viimeisinä päivinä. Vihollinen, perkele, joka on tämän maailman hallitsija, houkuttelee ihmisiä seuraamaan syntisiä vaistojaan juopua maallisesta maailmasta.

Joten miksi Jeesus osallistui maallisiin häihin? Jeesus

ei koskaan osallistuisi juhlaan tai pitoihin antautuakseen maalliselle mielihyvälle. Hän tuli tähän maailmaan vain antamaan kunnian Jumalalle ja pelastamaan ihmiskunnan. Joten miten hän voisi aloittaa julkisen toimintansa antautumalla maallisiin nautintoihin? Jeesus osallistui maalliseen hääjuhlaan osoittaakseen, että Jumalan Poika, joka on pyhä ja erotettu synnistä, tuli täynnä syntiä olevaan maailmaan pelastamaan syntiset siellä.

Juuri kun juhla oli huipussaan, kaikki viini loppui. Juhlan isännälle se oli hyvin järkyttävä tilanne. Maria, joka sai selville, mitä oli tapahtumassa, sääli isäntää ja kertoi Jeesukselle, mitä oli tapahtunut. Tämä johtui siitä, että sen kolmenkymmenen vuoden ajan, jonka hän oli elänyt Jeesuksen kanssa, hän tiesi, että Hänellä oli valta tehdä mitä tahansa. Kuitenkin Jeesus antaa Marialle odottamattoman vastauksen sanomalla: "Mitä sinä tahdot minusta, vaimo? Minun aikani ei ole vielä tullut."

Miksi Jeesus kutsuu Mariaa "vaimoksi"? Jumala, maailmankaikkeuden Luoja, ei voi kutsua naista, joka on hänen luomansa, "äidiksi." Tietenkin Hän kolmekymmentä vuotta palveli fyysisiä vanhempiaan käskyjen ja pojan velvollisuuksiensa mukaisesti. Aloitettuaan toimintansa Hän kuitenkin vain suoritti tehtävänsä "Jumalan Poikana." Siksi Jeesus kutsui Mariaa "vaimoksi" opetuslastensa läsnäollessa pidoissa.

Hän kysyi Marialta: "Mitä sinä tahdot minusta, vaimo?" näyttääkseen, että Hänellä ja opetuslapsilla ei ole mitään osaa syömisessä, juomisessa ja ihmisten ilonpidossa. Ja mitä Jeesus tarkoittaa, kun Hän sanoo: "Minun aikani ei ole vielä tullut"? Tässä lauseessa "aikani" tarkoittaa hengellistä aikaa.

Hän siis tarkoittaa, että aika ei ole vielä tullut Hänen täyttää pelastustehtäväänsä kuolemalla ristillä meidän syntiemme puolesta. Maria kertoi Jeesukselle fyysisestä tilanteesta, jossa he olivat, jossa viini oli loppunut pidoissa, mutta Jeesus vastasi hänelle sanoilla, joilla oli syvä hengellinen merkitys.

Kuuden kivisen vesiastian hengellinen merkitys

"Hänen äitinsä sanoi palvelijoille: 'Mitä hän teille sanoo, se tehkää.' Niin oli siinä juutalaisten puhdistamistavan mukaan kuusi kivistä vesiastiaa, kukin kahden tai kolmen mitan vetoinen. Jeesus sanoi heille: 'Täyttäkää astiat vedellä.' Ja he täyttivät ne reunoja myöten." (2:5-7)

Maria käskee palvelijoiden tehdä mitä tahansa Jeesus käskee heidän tehdä. Aluksi tämä voi johtaa meidät ajattelemaan, että Maria toimii vastoin sitä, mitä Jeesus juuri sanoi, kun hän vastasi: "Minun aikani ei ole vielä tullut." Maria ei kuitenkaan olisi mitenkään voinut jättää huomiotta, mitä Jeesus sanoi. Vaikka Jeesus sanoikin, ettei Hänellä ole mitään tekemistä tämän maailman ilonpidon kanssa, oli Marialla usko, että Hän olisi armollinen isäntää kohtaan, joka oli erittäin vaikeassa tilanteessa, ja tekisi jotain hänen puolestaan.

Pidoissa oli kuusi kivistä vesiastiaa, joita juutalaiset käyttivät seremonialliseen pesuun; jokaiseen mahtuu 20-30 litraa vettä. Raamattu mainitsee, että astiat tehtiin "kivestä." Tämä johtuu siitä, että kivi edustaa jotain, joka on vahva ja muuttumaton,

: : Häät Kaanassa (maalaus Fransiskaanisen hääkirkon sisällä)

: : Fransiskaaninen hääkirkko

kuten luja perustus. Tämä tarkoittaa Jumalan muuttumatonta lupausta. Se, että siellä oli kuusi kivistä astiaa, on merkittävää, koska se kuvastaa ihmisen kasvatuksen 6000 vuotta. Aivan kuten kiviastiat, Jumalan kaitselmus ja rakkaus ihmiskuntaa kohtaan oli ja tulee olemaan muuttumaton ihmisen kasvatuksen 6000 vuoden aikana.

Kun Maria näytti Jeesukselle horjumattoman uskonsa, Jeesus vastasi hänelle tekemällä ihmeteon. Jeesus käski palvelijoita täyttää kuusi astiaa vedellä. Sanotaan, että he täyttivät astiat ääriään myöten, mikä tarkoittaa, että ne olivat lähes ylitsevuotavia. Se, että astiat tulivat ääriään myöten täyteen, mutta ei ylitsevuotaviksi, tarkoittaa, että ihmisen kasvatuksen historia päättyy ennen 6000 vuoden loppua. Hyvin pieni tila, joka jää astioiden reunan yläpuolelle, edustaa symbolisesti tapahtumia, jotka tapahtuvat täällä maan päällä seitsemän vuoden suuren ahdistuksen aikana ihmisen kasvatuksen päättymisen jälkeen.

Jumala salli veden muuttamisen viiniksi

"Ja hän sanoi heille: 'Ammentakaa nyt ja viekää edeskäyvälle.' Ja he veivät. Mutta kun edeskäypä maistoi vettä, joka oli muuttunut viiniksi, eikä tiennyt, mistä se oli tullut – mutta palvelijat, jotka veden olivat ammentaneet, tiesivät sen – kutsui edeskäypä yljän ja sanoi hänelle: 'Jokainen panee ensin esille hyvän viinin ja sitten, kun juopuvat, huonomman. Sinä olet säästänyt hyvän viinin tähän asti."' (2:8-10)

Kun palvelijat tottelivat Jeesusta, siis kun he ammensivat vähän astiasta ja veivät sen edeskäyvälle, vesi oli muuttunut viiniksi. Vesi, jonka Jeesus oli muuttanut viiniksi, oli viiniä, joka maistui hämmästyttävän hyvältä. Se maistui niin hyvältä, että pitojen edeskäypä kutsui sulhasen kysyäkseen siitä. Tavallisesti ihmiset tarjoavat juhlissa parhaan viininsä ensin, koska juhlan edistyessä ja ihmisten juopuessa heidän aistinsa turtuvat, joten siinä vaiheessa ei ole oikeastaan väliä, jos viinin laatu on hieman huonompi kuin ennen. Mutta näissä pidoissa paras viini oli tulossa myöhemmin, joten edeskäyvän mielestä se oli vähän outoa.

Jeesus ei osallistunut hääjuhlaan ja muuttanut vettä viiniksi aiheuttaakseen ihmisten lankeamisen syvemmälle irstailuun. Jeesus loi itseasiassa viinin, joka ei sisältänyt mitään ainetta, joka aiheuttaisi ihmisten humaltumisen. Jotta ymmärtäisimme, miksi Jeesus teki tällaisen ihmeteon, meidän täytyy ensin ymmärtää veden ja viinin hengellinen merkitys.

Vesi edustaa tässä Jeesuksen Kristuksen ruumista, joka tuli tähän maailmaan, kun Sana tuli lihaksi (Joh. 1:14), ja viini edustaa Jeesuksen verta, joka pelastaisi kaikki syntiset. Jeesus muutti veden viiniksi ja antoi ihmisten juoda sitä osoittaakseen, että kun aika tulee, Jeesus kuolisi ristillä ja vuodattaisi verensä, niin että ne ihmiset, jotka uskovat tähän, saisivat anteeksi syntinsä ja vastaanottaisivat pelastuksen.

"Pitojen edeskäypä" edustaa maailmallisia ihmisiä, jotka eivät usko Jumalaan, ja palvelijat, jotka toivat juoman pitojen edeskäyvälle, edustavat Jumalan palvelijoita ja työntekijöitä.

Palvelijat tiesivät, miten viini oli syntynyt, mutta pitojen edeskäyvällä ei ollut aavistustakaan, mistä se tuli. Samoin Jumalan palvelijat ja työntekijät tietävät varsin hyvin, että meidät pelastetaan Jeesuksen verellä, joten he yrittävät kertoa Jeesuksesta Kristuksesta ja Jumalan Sanasta lampailleen kuten myös tämän maailman epäuskoisille ihmisille.

Aivan kuten pitojen edeskäypä oli iloinen, kun hän maistoi uutta viiniä, Jeesuksen Kristuksen kallisarvoisella verellä syntinsä anteeksi saaneet ihmiset tuntevat todella iloa sydämensä pohjasta. Heidän syntinsä olisivat saaneet heidät kulkemaan ikuisen kuoleman tietä, mutta Jeesuksen Kristuksen armon takia heidän syntinsä pestiin pois, joten tietysti he tuntevat suurta iloa!

Ja se, että viini, joksi vesi muuttui, maistui todella hyvältä, edustaa hengellisesti Jumalan Sanaa, joka on makeaa kuin hunaja. Ihmiset, jotka eivät usko Jumalaan, yrittävät tyydyttää fyysisiä halujaan juoksemalla kaikenlaisten maallisten asioiden perässä. Koska he kuitenkin lopulta kohtaavat ikuisen kuoleman, kaikki nämä asiat menettävät merkityksensä. Mutta Jumalan Sana on suloinen ja syvällinen, ja se antaa meille elämän, joten se on todella arvokas.

Niinpä tämä ensimmäinen tunnusteko näytti Jumalan kaitselmuksen Hänen johtaessaan kansansa taivaaseen antamalla heille anteeksi heidän syntinsä Jeesuksen kallisarvoisen veren kautta ja pyhittämällä heidät Sanansa kautta.

"Tämän ensimmäisen tunnustekonsa Jeesus teki

Galilean Kaanassa ja ilmoitti kirkkautensa; ja hänen opetuslapsensa uskoivat häneen." (2:11)

Kun Raamattu sanoo, että opetuslapset luottivat Jeesukseen nähtyään hänen kirkkautensa tämän ensimmäisen ihmeteon kautta, tämä ei viittaa ainoastaan tähän yhteen yksittäiseen tapahtumaan, jossa Jeesus muutti veden viiniksi. Tämä ilmaus viittaa symbolisesti myös kaikkiin tapahtumiin, jotka täyttävät Jumalan johdatuksen tulevaisuudessa. Matteuksen evankeliumin 12. luvussa näemme kohtauksen, jossa muutamat fariseukset ja lainopettajat tulevat Jeesuksen luo ja pyytävät Häntä näyttämään heille merkin. Siihen mennessä Jeesus oli osoittanut Jumalan voimalla riittävästi todisteita, jotta ihmiset voisivat uskoa. Jeesus paransi sokeita, jotta he voisivat nähdä, ja mykkiä, jotta he voisivat puhua. Jeesus näytti lukuisia muita merkkejä näiden lisäksi, mutta ne eivät riittäneet heille. He eivät silti uskoneet ja pyysivät vielä uutta merkkiä.

Matt. 12:39-40:ssä Jeesus vastasi ja sanoi heille: *"Tämä paha ja avionrikkoja sukupolvi tavoittelee merkkiä, mutta sille ei anneta muuta merkkiä kuin profeetta Joonaan merkki. Sillä niinkuin Joonas oli meripedon vatsassa kolme päivää ja kolme yötä, niin on myös Ihmisen Poika oleva maan povessa kolme päivää ja kolme yötä."* Meripedon vatsaa kutsutaan Vanhassa Testamentissa "Tuonelan kohduksi" (Joona 2:2), joka tarkoittaa "haudan ylempää huonetta." Jeesus sanoo tässä, että aivan kuten Joona ei totellut Jumalaa ja vietti kolme päivää haudassa, Jeesus myös kuolee ristillä ihmiskunnan syntien puolesta ja joutuu sitten hautaan. Ja sitten Hän näyttää meille vielä yhden merkin nousemalla kuolleista kolmen päivän kuluttua.

Niinpä ilmaus "tämän ensimmäisen tunnustekonsa Jeesus teki Galilean Kaanassa ja ilmoitti kirkkautensa; ja hänen opetuslapsensa uskoivat häneen" ei tarkoita, että Jeesuksen opetuslapset uskoivat sillä hetkellä, kun he näkivät veden muuttuvan viiniksi. Tämä ilmaus on profetia, että opetuslapset saavat todellisen uskon vasta sen jälkeen, kun Jeesus tekee "Joonan merkin" kuolemalla ristillä ja osoittamalla ylösnousemuksen kirkkauden. Ja aivan kuten tämä kirjoitus totesi, vasta nähtyään ylösnousemuksen opetuslapset todella ymmärsivät kaiken, mitä Jeesus oli sanonut heille, ja uskoivat Häneen.

"Sen jälkeen hän meni alas Kapernaumiin, hän ja hänen äitinsä ja veljensä ja opetuslapsensa; ja siellä he eivät viipyneet monta päivää." (2:12)

Tehtyään ensimmäisen ihmetekonsa, Hän meni äitinsä ja veljiensä ja opetuslastensa kanssa Kapernaumiin. Kapernaum, joka sijaitsee Gennesaretin järveltä luoteeseen, oli runsasväkinen paikka, koska siellä oli tuolloin Rooman armeijan asemapaikka ja se oli myös hallintokeskus. Jeesus suoritti myös suuren osan evankelioimistehtävästään tässä paikassa.

Täällä Hän kutsui Pietarin, Andreaan, Jaakobin ja Johanneksen opetuslapsikseen, ja täällä Hän opetti heille monia asioita. Tämä on paikka, jossa Jeesus paransi halvaantuneen ja herätti henkiin Jairoksen tyttären. Kapernaumin ihmiset eivät kuitenkaan hyväksyneet Jeesuksen sanoja. Tämän paikan ihmiset todistivat enemmän Jumalan voimaa kuin ihmiset missään muualla eivätkä he siltikään tehneet parannusta. Ei ihme, että Jeesus suri heidän puolestaan (Matt. 11:23).

Noin kuudennella vuosisadalla Kapernaumin muurit romahtivat, ja se on edelleen asumaton ja raunioina tänäkin päivänä. Jeesus ei viipynyt tällä alueella pitkään ja kun katsomme kaikkea, mitä Hän teki, voimme ymmärtää miksi. Jeesus ei koskaan toiminut oman tahtonsa mukaan. Hän seurasi aina Jumalan tahtoa. Hän sanoi vain, mitä Jumala käski Hänen sanoa, Hän meni vain sinne, minne Jumala käski Hänen mennä, ja Hän viipyi vain siellä, missä Jumala käski Häntä viipymään.

Älkää tehkö minun isäni huonetta markkinahuoneeksi

Kuningas Rehabeamin, Salomon pojan, vallan aikana Israel jaettiin pohjoiseen Israelin kuningaskuntaan ja eteläiseen Juudan kuningaskuntaan, ja sen seurauksena he kokivat monia viholliskansakuntien valloituksia. Myöhemmin vuonna 722 eKr. assyrialaiset tuhosivat pohjoisen Israelin ja vuonna 586 eKr. Babylon valtasi eteläisen Juudan ja monet israelilaiset otettiin vangeiksi. Tämän seurauksena juutalainen kansa kärsi monta vuotta. Jopa roomalaisten sorron aikana juutalaiset onnistuivat palaamaan kaikkialta Jerusalemiin uhraamaan Jumalalle kansakuntansa suurimpana juhlana, pääsiäisenä.

Jeesus puhdistaa temppelin

"Ja juutalaisten pääsiäinen oli lähellä, ja Jeesus meni ylös Jerusalemiin. Niin hän tapasi pyhäkössä ne, jotka myivät härkiä ja lampaita ja kyyhkysiä, ja rahanvaihtajat istumassa. Ja hän teki nuorista ruoskan ja ajoi ulos pyhäköstä heidät kaikki lampaineen ja härkineen ja kaasi vaihtajain rahat maahan ja työnsi heidän pöytänsä kumoon. Ja hän sanoi kyyhkysten myyjille: 'Viekää pois nämä täältä. Älkää tehkö minun Isäni huonetta markkinahuoneeksi.' Silloin hänen opetuslapsensa muistivat, että on kirjoitettu: 'Kiivaus sinun huoneesi puolesta kuluttaa minut.'" (2:13-17)

Lakia noudattaen Jeesus meni ylös pyhäkköön juhlimaan pääsiäistä. Sanomme, että ihmiset menivät "ylös pyhäkköön", koska Jerusalem sijaitsee vuorella 760 metriä merenpinnan yläpuolella. Kun Jeesus ja Hänen opetuslapsensa saapuivat puhäkköön, Jeesus ei voinut kuitenkaan uskoa näkemäänsä! Pyhäkkö oli täynnä myyjiä yrittämässä myydä karjaa, lampaita, kyyhkysiä jne. ihmisille, jotka olivat matkustaneet kaukaa ja joille ei ollut tarjoutunut mahdollisuutta valmistaa mitään uhria Jumalalle.

Karjan, lampaiden ja kyyhkysten myyjät olivat asettuneet riveihin, ja rahanvaihtajia istui siellä täällä vaihtamassa ihmisille rahaa, koska ulkomaisen rahan sanottiin olevan epäpuhdasta Jumalalle uhrattavaksi. Toistensa kanssa kauppaa hierovien ihmisten äänet ja eläinten huudot sekoittuivat kaikki yhdessä sellaiseksi meteliksi, ettei pyhäkkö juurikaan tuntunut pyhältä jumalanpalveluspaikalta.

Tällaisen näyn todistaminen sai Jeesuksen sydämen palamaan tulista vihaa. Siispä hän teki nuorista ruoskan ja ajoi eläimet ulos pyhäköstä, kaatoi rahanvaihtajien kolikot maahan ja työnsi heidän pöytänsä kumoon. Sitten Hän sanoi tiukasti kyyhkysten myyjille: "Viekää pois nämä täältä. Älkää tehkö minun Isäni huonetta markkinahuoneeksi."

Minkä luulet saaneen Jeesuksen, joka on niin lempeä eikä koskaan riitaisa eikä riehakas, niin vimmoihinsa? Hän ei ollut vimmoissaan siksi, että Hän olisi ollut luonteeltaan kiivas. Hän oli vimmoissaan, koska Jumalan pyhäkkö, paikka, jonka pitäisi olla kaikkein pyhin ja puhtain paikka, oli omaa voittoaan tavoittelevien myyjien tahraama. Tämä kohtaus näyttää meille, kuinka paljon Jeesus rakasti pyhäkköä.

Voidaan kysyä: "Eikö ole oikein ostaa ja myydä asioita, joita tarvitaan uhriksi Jumalalle?" Myyjät kävivät kuitenkin kauppaa omaksi voitokseen ja peittivät Jumalan kunniaa. Pyhäkkö on paikka, jossa palvomme Jumalaa hengessä ja totuudessa, ja paikka, jossa tuomme rukouksemme ja ylistyksemme Jumalalle. Tässä paikassa ei pitäisi olla mitään kaupankäyntiä uskovien välillä ja keskuudessa.

Meidän on varottava vielä nykyäänkin, ettemme käy kauppaa kirkossa, olipa syy mikä tahansa. Sitten voidaan kysyä: "Mutta emmekö myy kirjoja ja muita tavaroita kirkkomme kirjakaupassa?" Seurakuntamme kirjakaupan tavoitteena ei kuitenkaan ole ansaita voittoa. Raamattuja, virsikirjoja ja muita päivittäiseen kristilliseen elämään tarvittavia tavaroita myymällä hankitut rahat käytetään auttamaan tarvitsevia, tukemaan lähetystyötä ja muita Jumalan valtakunnan ohjelmia. Jos joku yrittää muutoin tehdä kauppaa seurakunnassa ansaitakseen henkilökohtaista voittoa, sitä ei pidä sallia.

Missä tahansa paikassa, jossa ihmiset kokoontuvat yhteen Herrassa, on varmistettava, ettei sinne tuoda maallisen maailman tapoja. Se onnistuu tekemällä kaikki totuudessa. Jos tuomme kirkkoon maallisen maailman suuntauksia edes hiukan lihallisin ajatuksin, niin aivan kuten hiiva nousee ja kasvaa isommaksi, kiusaukset ja kärsimykset seuraavat varmasti. Kyllä, Jumala on rakastava ja armollinen. Hän ei kuitenkaan siedä toimia, jotka saastuttavat kirkon tai peittävät hänen kunniansa.

Opetuslapset, jotka todistivat Jeesuksen kiivauden, tulivat ymmärtämään kirjoituksen: *"...kiivaus sinun huoneesi puolesta on minut kuluttanut"* (Ps. 69:9). Fariseukset, saddukeukset ja lainoppineet väittivät rakastavansa Jumalaa ja opiskelivat siksi lakia ja noudattivat sitä kiihkeästi. He kokoontuivat pyhäkköön uhraamaan ja rukoilemaan. He eivät kuitenkaan lopulta ymmärtäneet Jumalan tahtoa. He näyttivät pyhiltä ulkoisesti, mutta olivat täynnä pahuutta ja vääryyttä sisältä. He eivät pystyneet huomaamaan, että ihmiset häpäisivät temppelin käymällä kauppaa siellä.

Samoin vaikka temppelin ulkonäkö on tärkeä, tärkeintä on meidän sydämemme, joka sekin on Raamatun mukaan Jumalan temppeli. Jumala ei katso ihmisen ulkonäköön, vaan ihmisen sydämen sisimpään osaan. Siksi 1. Kor 3:16-17:ssä on kirjoitettu: *"Ettekö tiedä, että te olette Jumalan temppeli ja että Jumalan Henki asuu teissä? Jos joku turmelee Jumalan temppelin, on Jumala turmeleva hänet, sillä Jumalan temppeli on pyhä, ja sellaisia te olette."*

Koska Pyhä Henki asuu sydämessä, meidän on aina noudatettava sanaa, ajettava paha ulos ja pyrittävä pyhittämään sydämemme päivittäin. Vasta kun me teemme tämän, me voimme tulkita Jumalan tahtoa oikein ja elää sen mukaan.

"Hajottakaa maahan tämä temppeli, niin minä pystytän sen kolmessa päivässä"

"Niin juutalaiset vastasivat ja sanoivat hänelle: 'Minkä merkin sinä näytät meille, koska näitä teet?' Jeesus vastasi ja sanoi heille: 'Hajottakaa maahan tämä temppeli, niin minä pystytän sen kolmessa päivässä.' Niin juutalaiset sanoivat: 'Neljäkymmentä kuusi vuotta on tätä temppeliä rakennettu, ja sinäkö pystytät sen kolmessa päivässä?' Mutta hän puhui ruumiinsa temppelistä. Kun hän sitten oli noussut kuolleista, muistivat hänen opetuslapsensa, että hän oli tämän sanonut; ja he uskoivat Raamatun ja sen sanan, jonka Jeesus oli sanonut." (2:18-22)

Temppelissä kauppiaat, ylipappi, saddukeukset ja fariseukset olivat järkyttyneitä nähdessään Jeesuksen kaatavan pöydät. Ihmiset kysyivät: "Millä valtuudella Hän kieltää sen, minkä ylipapit ja saddukeukset ovat sallineet?" Jos Jeesuksella oli voima ja valta tehdä tämä, he halusivat Hänen todistavan sen.

He kysyivät: "Minkä merkin sinä näytät meille, koska

näitä teet?" "Hajottakaa maahan tämä temppeli, niin minä pystytän sen kolmessa päivässä", Jeesus vastasi. Juutalaiset, jotka kuulivat Jeesuksen vastauksen, nauroivat Hänelle. Jerusalemin temppeli koki yhtä paljon kärsimystä kuin itse Israelin kansakunnan historia. Se rakennettiin ensimmäisen kerran kuningas Salomon hallituskaudella ja se tuhoutui pian Baabelin kuninkaan Nebukadnessarin hyökkäyksessä. Kun ensimmäinen ryhmä ihmisiä, jotka oli otettu vangiksi Baabeliin Juudasta, palasi kotiin, he rakensivat temppeliä uudelleen yhdessä Serubbaabelin kanssa 20 vuotta. Mutta toinen hyökkäys tuhosi tämänkin temppelin ja vuosia myöhemmin kuningas Herodes rakensi temppeliä uudelleen 46 vuotta saadakseen kansan tuen.

Voimme siis nähdä, ettei temppelin rakentaminen ole helppo tehtävä. Temppelin rakentaminen vaatii paljon resursseja ja työvoimaa, sitoutumista ja omistautumista. Joten kun Jeesus sanoi, että Hän rakentaa uudelleen temppelin – jonka uudelleen rakentaminen kesti 46 vuotta – kolmessa päivässä, tietenkin Hän oli juutalaisten mielestä järjetön. Näemme myöhemmin, että he käyttävät tätä lausumaa Jeesusta vastaan, kun he tuomitsevat Hänet (Matt. 26:61). Kun Jeesus oli kuolemassa ristillä täyttääkseen Jumalan pelastuksen ihmiskunnalle, he lisäksi huusivat: *"Sinä, joka hajotat maahan temppelin ja kolmessa päivässä sen rakennat, auta itseäsi! Jos olet Jumalan Poika, astu alas ristiltä"* (Matt. 27:40, Mark. 15:29-30).

Kun Jeesus sanoi: "Minä pystytän sen kolmessa päivässä", Hän tarkoitti, että "Minä olen temppelin Herra." Lausuman takana on tämä hengellinen merkitys: Jeesus, joka on temppeli, kuolee ristillä ja nousee ylös kolmen päivän kuluttua.

Jos Jeesus olisi sanonut heille: "Minä olen temppelin Herra ja Luoja-Jumalan Poika", he olisivat luultavasti raivostuneet ja huudahtaneet: "Kuka antoi sinulle oikeuden olla temppelin Herra?!" Ja jos Jeesus oli sanonut suoraan: "Ja vaikka te ristiinnaulitsette minut ristillä, koska vihaatte minua, minä nousen taas ylös kolmen päivän kuluttua", he olisivat raivostuneet entisestään. Siksi Jeesus antoi vain epäsuoran vihjeen.

Lihalliset ihmiset eivät ymmärrä hengellisiä sanoja. Jopa Jeesuksen opetuslasten tapauksessa he uskoivat todella Jeesuksen olevan Vapahtaja vasta sen jälkeen, kun olivat todistaneet Hänen kuolevan ristillä ja nousevan taas ylös. Ja vasta sen jälkeen, kun he saivat Pyhän Hengen helluntaina, heistä tuli evankeliumin rohkeita todistajia, jotka eivät pelänneet henkensä puolesta. Siksi täytyy saada hengellinen kokemus ja Pyhä Henki, jotta voisi ymmärtää todella Jumalan Sanaa ja kasvaa uskossa.

> **"Mutta kun hän oli Jerusalemissa pääsiäisenä, juhlan aikana, uskoivat monet hänen nimeensä, nähdessään hänen tunnustekonsa, jotka hän teki. Mutta Jeesus itse ei uskonut itseänsä heille, sentähden että hän tunsi kaikki eikä tarvinnut kenenkään todistusta ihmisestä, sillä hän tiesi itse, mitä ihmisessä on." (2:23-25)**

Niiden ihmisten takia, jotka eivät uskoisi ilman ihmeitä ja merkkejä, Jeesus paransi sairaita ja herätti kuolleita. Hän näytti heille monia voimatekoja. Tämän johdosta monet ihmiset suhtautuivat Häneen myönteisesti ja halusivat kutsua Hänet koteihinsa. Jeesus ei kuitenkaan uskonut itseänsä heille. Tämä johtui siitä, että Hän tunsi ihmisten sydämen. He eivät halunneet Jeesusta vaan Hänen voimansa.

Jos Jeesuksella ei olisi ollut enää voimaa, heidän sydämensä olisi muuttunut. Jos jokin muuttuu tilanteesta riippuen, se ei ole totuus. Ne ihmiset, jotka rakastivat Jeesusta sydämensä pohjasta, toivat kuitenkin iloa Jeesuksen sydämeen. Maria ja Martta, jotka asuivat Betaniassa, olivat kaksi tällaista ihmistä. Aina kun Hän ohitti sen seudun, Hän vieraili heidän kodissaan, koska he todella rakastivat Jeesusta sydämensä pohjasta (Luuk. 10:38).

Mitä Jeesus sitten tarkoitti sanoessaan, että Hän ei tarvinnut kenenkään todistusta ihmisestä? Tämä johtuu siitä, että ihmisen sydämessä on kateutta, mustasukkaisuutta, murhaa, himoa ja petosta. Jeesus, joka oli ilman vikoja, vanhurskas ja oli vain totuudesta, ei halunnut heidän arvosteltavakseen. Tällaiset ihmiset eivät voi saada Jumalan voimaa eivätkä he voi antaa kunniaa Jumalalle. Niille ihmisille, joilla on uskollinen sydän, Jumala näyttää voimansa – todistaakseen, että on heidän kanssaan – jotta he antaisivat Hänelle kunnian.

Luku 3

Uudestisyntymisen salaisuus

1. Keskustelu Nikodeemuksen kanssa
(3:1-21)

2. Hän, joka ylhäältä tulee
(3:22-26)

Keskustelu Nikodeemuksen kanssa

Ollessaan Jerusalemissa pääsiäisjuhlassa Jeesus pyhitti temppelin, paransi sairaita ja saarnasi sanomaa, jota ihmiset eivät olleet ikinä kuulleet missään muualla. Monet ihmiset näkivät ihmeteot, joita Hän teki, ja alkoivat uskoa Häneen. Yksi näistä ihmisistä oli fariseus nimeltään Nikodeemus, joka oli juutalaisten suuren neuvoston jäsen.

Jeesuksen aikana juutalaisuus oli pääosin jakautunut fariseuksiin, saddukeuksiin ja essealaisiin. Näistä kolmesta fariseukset uskoivat tiukkaan lain noudattamiseen, he uskoivat kuolleiden ylösnousemukseen ja heillä oli eniten valtaa kansaan. Toisaalta saddukeukset halveksivat ankaraa lain noudattamista. He eivät uskoneet ylösnousemukseen ja iankaikkiseen elämään ja he kiistivät enkelien ja henkimaailman olemassaolon. He olivat realistien oppisuuntaus. Essealaiset keskittyivät enemmän saavuttamaan täydellisen sopusoinnun Jumalan kanssa. He jakoivat omaisuutensa toistensa kanssa ja elivät askeettista elämää eristäytyneenä muusta maailmasta.

Nikodeemus etsii Jeesuksen käsiinsä

"Mutta oli mies fariseusten joukosta, nimeltä Nikodeemus, juutalaisten hallitusmiehiä. Hän tuli Jeesuksen tykö yöllä ja sanoi hänelle: 'Rabbi, me tiedämme, että sinun opettajaksi tulemisesi on Jumalasta, sillä ei kukaan voi tehdä niitä tunnustekoja, joita sinä teet, ellei Jumala ole hänen kanssansa.'" (3:1-2)

Suuri neuvosto, jonka jäsen Nikodeemus oli, koostui 71 jäsenestä ylipappi mukaan lukien. Tämän neuvoston jäsenet vahvistivat ja arvioivat lakeja ja ottivat hoitaakseen valtion lainsäädäntö- ja tuomiovaltaa vastaavat tehtävät. Tämä oli mahdollista, sillä vaikka Israel oli Rooman valtakunnan vallan alla, roomalaiset antoivat paikallisviranomaisille kansan hallintavallan.

Koska Nikodeemus oli vaikutusvaltainen mies johtavassa asemassa, hän huomasi, että Jeesus ei ollut tavallinen ihminen. Vaikka hän itse oli opettaja, hän tunsi, että Jeesuksen opetuksissa oli epätavallista voimaa. Ja koska Jeesus teki sellaisia asioita kuten sairaiden ja rampojen parantaminen, joita ihmiset eivät voi tehdä, hän myönsi Hänen olevan Jumalan lähettämä.

:: Sanhedrinin julkinen kokous (pienoismalli)

Eräänä yönä hän tuli tapaamaan Jeesusta. Tuohon aikaan uskonnolliset johtajat, kuten fariseukset ja saddukeukset, syyttivät Jeesusta sanomalla: "Hänessä on Beelsebul! Paholaisten ruhtinas..." Tämä tapahtui, koska monet ihmiset ryhtyivät Jeesuksen seuraajiksi, ja fariseukset ja saddukeukset pelkäsivät menettävänsä asemansa ja vallan kansaan.

Nikodeemus oli kuitenkin erilainen. Hänellä oli aina totuuden jano. Vaikka hän noudattikin lakia tiukasti, hän ei vain ollut tyytyväinen siihen. Jossain vaiheessa hän alkoi ajatella, että Jeesus pystyisi sammuttamaan hänen totuuden janonsa.

Vaikka hän tulikin tapaamaan Jeesusta yöllä välttääksen muiden ihmisten näkevän hänet, hän tunnusti Jeesuksen hyväksi ihmiseksi ja halusi tietää enemmän Hänestä.

Samoin kaikki voivat kuulla ja todistaa saman Jumalan voiman, mutta jokainen ihminen reagoi siihen eri tavalla. Todistaessaan Jumalan voiman jotkut ihmiset ovat haltioissaan ja avaavat sydämensä hyvin nopeasti. Mutta jotkut ihmiset eivät edes halua kuulla sellaisista asioista ja kieltävät Jumalan voiman täysin. Jotkut pahat ihmiset kaivelevat mitä tahansa kommelluksia ja yrittävät keksiä tapoja panetella. Erona on hyvä ja paha kunkin ihmisen sydämessä.

Kun Nikodeemus kohtasi Jeesuksen, hän alensi itsensä nöyrästi. Vaikka hän itse olikin mies johtavassa asemassa, hän kunnioitti Jeesusta kutsumalla Häntä nimellä "rabbi" ja tunnustamalla: "Sinun opettajaksi tulemisesi on Jumalasta." Nikodeemus sanoi tämän, koska hän tiesi, että Jeesuksen tekemiä ihmetekoja ei voinut tehdä kuka tahansa, joten hän halusi ilmaista kunnioituksensa.

"Uudestisyntymisen" merkitys

> "Jeesus vastasi ja sanoi hänelle: 'Totisesti, totisesti minä sanon sinulle: joka ei synny uudesti, ylhäältä, se ei voi nähdä Jumalan valtakuntaa.' Nikodeemus sanoi hänelle: 'Kuinka voi ihminen vanhana syntyä? Eihän hän voi jälleen mennä äitinsä kohtuun ja syntyä?'"
> (3:3-4)

Nikodeemuksen tunnustuksen kuultuaan Jeesus vastaa odottamattomasti. Kun Nikodeemus sanoi Hänelle: "Sinun opettajaksi tulemisesi on Jumalasta", Jeesus ei sano: "Kyllä, olet oikeassa." Sen sijaan Hän sanoo: "Totisesti, totisesti minä sanon sinulle: joka ei synny uudesti ylhäältä, se ei voi nähdä Jumalan valtakuntaa."

Aivan kuten Jeesus näki Natanaelin sydämen sisimmän Filippuksen tuodessa hänet ensimmäistä kertaa Jeesuksen luokse, Jeesus näki myös, mitä Nikodeemuksen sydämessä oli. Nikodeemus tunnusti tuolla tavalla, koska hän uskoi sydämessään, että Jeesus oli Kristus ja että Hän oli Jumalan Poika. Koska hänellä oli hyvä sydän, hän ajatteli kaikki Jeesuksen tekemät tunnusteot nähdessään vain, että Jeesus oli Jumalan ihminen. Tämä ajatus ei kuitenkaan ollut peräisin hengellisestä valaistumisesta. Siksi Jeesus ei sanonut: "Olet oikeassa", tai: "Olet väärässä." Hän opettaa sen sijaan hänelle hengellisen totuuden kertomalla, että hänen täytyy syntyä uudesti nähdäkseen Jumalan valtakunnan.

Mitä tarkoittaa "uudestisyntyminen"? Kun joku, jota hänen naapurinsa ovat aina kritisoineet, kääntää uuden sivun elämässään ja tulee "hyväksi" ihmiseksi, ihmiset usein sanovat: "Hänestä on tullut uusi ihminen", tai: "Hän on syntynyt uudesti." Kuitenkaan Jeesus ei viittaa tässä fyysiseen uudestisyntymiseen vaan hengelliseen uudestisyntymiseen. Uudestisyntyminen hengessä tapahtuu, kun ihminen, joka eli valheiden keskellä, kuuntelee Jumalan Sanaa ja alkaa elämään totuudessa. Esimerkiksi ihminen, joka oli valehtelija, muuttuu rehelliseksi ihmiseksi, tai vihainen ja inhottava ihminen muuttuu lempeäksi ja rakastavaksi ihmiseksi.

On aikoja, jolloin parantumattomasta sairaudesta kärsivät ihmiset kohtaavat Jumalan ja parantuvat. He täyttyvät Jumalan armolla ja kiitoksella niin, että heidän sydämensä muuttuu. Kuitenkaan tämä ei tarkoita, että he välittömästi syntyvät uudesti hengestä. Jotta tämä tapahtuisi, tarvitsemme Pyhän Hengen apua. Vasta kun me saamme Pyhän Hengen, voimme ymmärtää Jumalan tahdon, ja vasta silloin, kun noudatamme Jumalan tahtoa, voimme syntyä uudesti hengessä ja siten saada iankaikkisen elämän.

Ymmärtämättä Jeesusta Nikodeemus kysyi, miten ihminen voi syntyä kahdesti. Totta kai hänen piti kysyä, koska hän ei voinut ymmärtää. "Kuinka voi ihminen vanhana syntyä? Eihän hän voi jälleen mennä äitinsä kohtuun ja syntyä?"

Sikiö kasvaa äidin kohdussa yhdeksän kuukautta ennen maailmaan syntymistä. Jokainen tietää, ettei ihminen voi mennä takaisin äitinsä kohtuun, kun on syntynyt. Vaikkakin Nikodeemuksella on perusteellinen lain tuntemus ja hän on lainopettaja, hän ei voi olla kysymättä tällaista naurettavaa kysymystä, koska hän ei ymmärrä hengellistä viestiä.

Syntyminen vedestä ja Hengestä

"Jeesus vastasi: 'Totisesti, totisesti minä sanon sinulle: jos joku ei synny vedestä ja Hengestä, ei hän voi päästä sisälle Jumalan valtakuntaan.'" (3:5)

Nikodeemus ei voinut ymmärtää, mitä Jeesus tarkoitti

"uudestisyntymisellä", joten kun Jeesus puhui syntymisestä vedestä ja Hengestä, hän ei vain voinut käsittää, mistä Jeesus puhui. Vesi sammuttaa janon ja toimii voiteluaineena, jotta ruumiin kaikki elimet toimisivat kunnolla. Vesi ylläpitää elämää ja se pesee pois kaiken lian. Niinpä "vedestä syntyminen" tarkoittaa kaiken pimeän ja likaisen puhdistamista pois sydämestä Jumalan Sanan avulla.

Vaikka edessämme olisi paljon vettä, emme voi sammuttaa janoamme, ellemme juo sitä, emmekä voi tulla puhtaaksi, ellemme peseydy. Sama pätee Jumalan Sanaan. Vaikka tuntisimme Jumalan Sanaa, mutta emme noudata sitä, se on hyödytön. Kun siis Jumala käskee meitä Raamatussa: "Älä tee tätä, heitä tämä pois", jos me heitämme pois vihan, kateuden, mustasukkaisuuden, halveksunnan ja tuomitsemisen ja muut valheen hedelmät sydämistämme, niin meidän sydämemme tulee puhtaaksi. Kun Jumala sitten käskee meitä: "Tee tämä", tai "Muista tämä", voimme tulla täyteen rakkautta, uhrautuvaisuutta, toisten hyödyttämisen iloa ja tämän kaltaisia totuuksia sydämissämme. Valheiden pois heittäminen ja totuuden ihmiseksi tuleminen noudattamalla Jumalan Sanaa on "vedestä syntymistä."

Mitä sitten tarkoittaa "Hengestä syntyminen"? Aadam, ihmiskunnan ensimmäinen kantaisä, oli luotu ihmiseksi, jolla oli henki, sielu ja ruumis (1. Tess. 5:23). Mutta kun hän teki tottelemattomuuden synnin syömällä hedelmän hyvän ja pahan tiedon puusta, hänen henkensä kuoli. Ihmisestä tuli siis siitä lähtien olento, jolla on vain sielu ja ruumis aivan kuten eläimillä (Saarn. 3:18).

Kun otamme vastaan Jeesuksen Kristuksen Vapahtajanamme ja saamme Pyhän Hengen, henkemme herää jälleen eloon ja meistä tulee Jumalan lapsia. Lisäksi nimemme lisätään elämän kirjaan taivaassa. Pyhä Henki asuu sydämessämme ja auttaa meitä ymmärtämään, että olemme syntisiä ja johtaa meitä tekemään parannuksen. Pyhä Henki antaa meille myös armon, vahvuuden ja voiman elää Jumalan Sanan mukaan.

Vaikka tuntisimmekin paljon Jumalan Sanaa, emme voi toimia sen mukaan ilman Pyhän Hengen apua. Jos Jumalan Sana pysyy pelkkänä tietona päässämme, niin sen kautta ei voi saada pelastusta. Kun olemme kylväneet siemenen, meidän täytyy ravita sitä ja hoitaa sitä kunnes näemme sen hedelmän. Samoin saatuamme Pyhän Hengen me tarvitsemme Pyhän Hengen apua ravitsemaan ja pitämään huolta hengestämme, jotta se voi kasvaa ja kypsyä. Hengestä syntyminen tarkoittaa siis Jumalan Sanan noudattamista Pyhän Hengen avulla ja totuuden ihmiseksi tulemista – ihmiseksi, joka muistuttaa Jumalan kuvaa. Kun näin tapahtuu, saamme pelastuksen ja voimme päästä taivaaseen.

Jos meillä on Jumalan Sana, mutta ei Pyhää Henkeä, emme voi saada voittoa maailmasta tai vihollisesta, perkeleestä. Vaikka Pyhä Henki tulisi luoksemme, emme voi puhdistua, ellei meillä ole Jumalan Sanaa. Jumalan Sana ja Pyhä Henki toimivat yhdessä johtaakseen meidät taivaaseen. Siksi meidän täytyy "syntyä vedestä ja Hengestä."

Pyhästä Hengestä syntynyt ihminen

"Mikä lihasta on syntynyt, on liha; ja mikä Hengestä on syntynyt, on henki. Älä ihmettele, että minä sanoin sinulle: teidän täytyy syntyä uudesti, ylhäältä. Tuuli puhaltaa, missä tahtoo, ja sinä kuulet sen huminan, mutta et tiedä, mistä se tulee ja minne se menee; niin on jokaisen, joka on Hengestä syntynyt." (3:6-8)

Nikodeemus oli ymmällään siitä, mitä Jeesus sanoi, mutta hän yritti vastaanottaa sen hyvällä sydämellä. Koska Jeesus tunsi hänen sydämensä, Hän jatkoi hänelle puhumista. Jos Nikodeemus olisi kuin muut fariseukset ja saddukeukset, jotka yrittäisivät löytää väittelyn aiheen mistä tahansa voisivat, niin Jeesus olisi todennäköisesti lopettanut puhumisen hänen kanssaan.

Nikodeemus hämmentyy vielä lisää, kun Jeesus alkaa puhumaan "lihasta" ja "hengestä." "Liha" tarkoittaa kirjaimellisesti "ihoa" tai "ruumista." Mutta "lihan" hengellinen määritelmä on kaikki, mikä tuhoutuu tai muuttuu; kaikki, mikä ei ole ikuista. "Liha" tarkoittaa mitä tahansa katoavaista kuten: kaikki auringon alla, viha, kateus, mustasukkaisuus, aviorikos, epäsopu – mikä tahansa, mikä ei ole Jumalasta eikä totuudesta.

Miksi Jeesus siis sanoo: "Mikä lihasta on syntynyt, on liha?" Ymmärtääksemme tämän meidän täytyy ensin tuntea mudan tai mullan ominaisuudet. Mullan laatu muuttuu riippuen siitä, mitä siihen on sekoitettu. Yksi mullan ominaisuuksista on, että se hajoaa ja muuttuu; siksi multa on "lihallinen."

Koska ihminen luotiin tomusta tai maasta, hänen alkuperäinen luontonsa on "lihallinen." Kun Jumala loi ensimmäisen ihmisen, ihminen tehtiin hedelmällisestä maasta. Sitten Jumala puhalsi elämän hengen ihmisen sieraimiin ja ihminen tuli eläväksi olennoksi, jolla oli elävä henki. Kyllä, Aadamilla, ensimmäisellä ihmisellä, oli henki, mutta hän ei ollut täydellinen olento kuten Jumala. Ihminen ei ollut elävä henki yksin; hänestä tuli elävä henki, koska Jumala puhalsi voimansa häneen. Koska ihminen ei ollut täydellinen, hän söi kielletyn hedelmän vapaasta tahdostaan. Tuloksena Aadamin henki kuoli ja hän palasi olemaan vain lihallinen ihminen.

Ja tähän ihmiseen, joka palasi olemaan vain lihallinen eli katoavainen olento, vihollinen, perkele ja Saatana, istutti kaikenlaisia valheita. Siksi ei kulunut edes yhtä sukupolvea Aadamin perheen karkoittamisesta Eedenin puutarhasta, kun ensimmäinen murhatapaus sattui – ja sen teki veli omalle veljelleen.

Aadamin kaksi poikaa, Kain ja Aabel, uhrasivat molemmat Jumalalle, mutta Jumala hyväksyi vain Aabelin uhrin, koska se oli kelvollinen uhri. Kain tuli kateelliseksi ja tappoi Aabelin. Koska Aadamista tuli lihallinen ihminen, hänen jälkeläisensä olivat myös lihallisia, ja siten jokaisen seuraavan sukupolven aikana ihminen tuli yhä pahemmaksi. Lopulta ihmisen kaikki ajatukset ja halut tulivat valheellisiksi ja lihallisiksi, jotka loppujen lopuksi katoavat ja muuttuvat. Tätä Jeesus tarkoitti, kun Hän sanoi: "Mikä lihasta on syntynyt, on liha."

Siksi ihmiset, jotka ovat tällaisia, jotka ovat ainoastaan lihasta, eivät voi päästä taivaaseen, joka on hengellisessä todellisuudessa. Siksi 1. Kor. 15:50 sanoo: *"...ettei liha ja veri voi periä Jumalan valtakuntaa, eikä katoavaisuus peri katoamattomuutta."* Miten sitten lihallinen ihminen voi päästä Jumalan valtakuntaan? "Mikä Hengestä on syntynyt, on henki." Henki on täysin lihan vastakohta. Henki ei katoa tai muutu, se on ikuinen. Vain Pyhä Henki voi synnyttää hengen.

Kuten aiemmin selitettiin Pyhä Henki elvyttää henkemme, joka oli kerran kuollut; eikä vain elvytä, se jatkuvasti kypsyttää henkeämme. Pyhä Henki auttaa meitä havaitsemaan syntimme ja yrittää jatkuvasti elvyttää "hyvää" sydämissämme. Pyhä Henki sanoo meille: "Älä kulje ikuisen tuomion tietä. Tämä on syntiä ja se on valhetta. Tämä tie on vanhurskauden tie." Kun yritämme elää totuudessa Pyhän Hengen avulla, "liha" alkaa kuoriutua pois meistä. Esimerkiksi Jumalan Sana kertoo meille: "Älä vihaa." Jos yritämme totella tätä sanaa työntämällä vihan pois sydämistämme, rakkaus, joka on vihan valheen vastakohta, toteutuu sydämissämme. Tämä on tapaus, jossa "Henki synnyttää henkeä."

Kun Jeesus yritti selittää tekemällä eron lihallisen maailman ja hengellisen maailman välille, Nikodeemus ei voinut käsittää, mistä Hän puhui. Tämä johtui siitä, että hengellistä maailmaa ei voi ymmärtää maailmallisella tiedolla. Sitä voi ymmärtää vain Pyhän Hengen avulla. Vaikka Nikodeemus oli oppinut ja hyvin asioista perillä, hän oli tietämätön hengellisestä maailmasta, joten hän ei voinut ymmärtää Jeesusta. Joten auttaakseen häntä ymmärtämään paremmin, Jeesus selittää uudelleen käyttäen "tuulta" esimerkkinä.

Kun näemme lehtien havisevan, huomaamme, että tuuli puhaltaa, mutta emme tiedä, milloin ja mistä tuuli puhaltaa.

Aivan kuten emme tiedä tuulen kulkua, lihallinen ihminen ei voi täysin ymmärtää Hengestä syntynyttä ihmistä. Koska Hengestä syntynyt ihminen sanoutuu irti maallisista iloista ja elää hyvin itseohjautuvaa, hillittyä elämää, lihalliset ihmiset saattaisivat kysyä: "Mitä tämä henkilö tekee, kun haluaa pitää hauskaa?" Mutta vedestä ja Hengestä syntynyt elää Jumalan Sanan mukaan, joten hän on täynnä todellista rauhaa ja iloa, joka tulee taivastoivosta, jonka Jumala hänelle antaa.

Nikodeemus kysyy vielä uudelleen

"Nikodeemus vastasi ja sanoi hänelle: 'Kuinka tämä voi tapahtua?' Jeesus vastasi ja sanoi hänelle: 'Sinä olet Israelin opettaja etkä tätä tiedä! Totisesti, totisesti minä sanon sinulle: me puhumme, mitä tiedämme, ja todistamme, mitä olemme nähneet, ettekä te ota vastaan meidän todistustamme.'" (3:9-11)

Jopa Jeesuksen selitettyä tuuliesimerkillä, Nikodeemus ei silti ymmärtänyt. Joten hän kysyi uudelleen. Tästä voimme nähdä hänen tosissaan haluavan oppia hengellisestä maailmasta. Hän kysyi: "Kuinka tämä voi tapahtua?"

Tähän kysymykseen Jeesus vastaa sanomalla: "Sinä olet Israelin opettaja etkä tätä tiedä!" Jeesus ei sano näin vähätellen Nikodeemusta tai pilkatakseen häntä. Hän vain todella halusi Nikodeemuksen ymmärtävän, koska hän tunsi Jumalan ja oli lainopettaja, muttei silti ymmärtänyt hengellistä maailmaa. Nikodeemuksen tullessa käymään Jeesuksen luona Jeesus oli itse asiassa jo toiminut julkisesti jonkin aikaa. Siksi Nikodeemus oli jo tiennyt ja kuullut Jeesuksen todistuksen siitä, mitä Hän näki taivaaseen liittyen. Hän myös tiesi kaikki merkit ja ihmeet, jotka Jeesus oli tehnyt. Mutta hän ei silti voinut ymmärtää. Siksi hän edelleen kyseli.

Vaikka monet ihmiset tuohon aikaan näkivät Jeesuksen tekemät merkit ja ihmeet, he eivät silti uskoneet. Se ei johtunut siitä, ettei heillä ollut tietoa hengellisestä maailmasta, vaan siitä, että heidän sydämensä oli paha ja kovettunut. Joko he olivat hengellisesti ylimielisiä tai he ajattelivat, että heidän näkemänsä ei vastannut heidän itselleen asettamiaan lakeja. Niinpä he päätyivät arvostelemaan ja tuomitsemaan Jeesuksen opetuksia ja ihmeitä. Auttaakseen näitä ihmisiä ymmärtämään Jeesus puhui "siitä, mitä me tiedämme", mikä siis on Jumalan totuus tai Hänen sanansa, ja hän todisti "siitä, mitä me olemme nähneet", mikä on siis hengellinen maailma, merkit ja ihmeet. Mutta Jeesus totesi, että ihmiset eivät vieläkään kuuntele eivätkä usko.

"Ihmiset", joista Jeesus puhui, sisälsi Nikodeemuksen. Se johtui siitä, että hänen hengelliset silmänsä eivät olleet vielä avautuneet ja hän oli tilanteessa, jossa hän ei myöskään ymmärtänyt hengellisiä asioita vielä. Nikodeemus ei kuitenkaan tullut Jeesuksen luokse paha sydämessään, joten lopulta hän päätyi ottamaan vastaan Herran, ja sen seurauksena hänen koko elämänsä muuttui. Vaikka hänellä ei ollut tilaisuutta tukea Jeesusta, hän myöhemmin silti puolusti Häntä, ja Jeesuksen ristinkuoleman jälkeen Nikodeemus jopa toi tuoksuja käytettäväksi Jeesuksen ruumista varten (Joh. 7:51, 19:39-40).

"Jos ette usko, kun minä puhun teille maallisista,

kuinka te uskoisitte, jos minä puhun teille taivaallisista? Ei kukaan ole noussut ylös taivaaseen, paitsi hän, joka taivaasta tuli alas, Ihmisen Poika, joka on taivaassa." (3:12-13)

Kun Jeesus opetti Jumalan sanaa, Hän käytti monia vertauskuvia, kuten leiviskjöä, maaperää, viinitarhaa jne. Tämä johtuu siitä, että ei ole helppo kuvata hengellistä maailmaa selkeästi tämän maailman kielellä. Ja vaikka se olisikin mahdollista, Jeesus tiesi, etteivät ihmiset silti uskoisi. Heidän tavoin Nikodeemuskaan ei voinut ymmärtää edes kuultuaan monia esimerkkejä useita kertoja. Kuinka Jeesus voisi siis puhua hänelle taivaallisista?

"Hän, joka ylhäältä tulee", on Jeesus. Jokainen ihminen on saanut alkunsa ja syntynyt vanhempiensa siittiöiden ja munasolun yhtymisen kautta. Kuitenkin Jeesus sikisi Pyhästä Hengestä, niinpä häntä kutsutaan nimellä "se, joka ylhäältä tulee." Raamatussa sanotaan, että ennen Jeesusta Hanok ja Elia nousivat taivaaseen ilman kuolemaa. Mutta miksi sanotaan myös: "Ei kukaan ole noussut ylös taivaaseen, paitsi hän, joka taivaasta tuli alas, Ihmisen Poika", Jeesuksesta puhuen?

Hanok ja Elia ovat Aadamin jälkeläisiä, aivan kuten me. Siksi he syntyivät perisynnin kanssa. Vaikka he eivät tehneet syntiä elinaikanaan täällä maan päällä, heillä oli silti perisynti, jonka he perivät vanhemmiltaan. Miten he sitten nousivat taivaaseen ilman kuolemaa? Hanok ja Elia elivät Vanhan testamentin aikoina. Tämä oli ennen kuin Jeesus tuli ja ennen kuin Pyhä Henki tuli Puolustajaksi. Uskolla he kuitenkin voittivat perisyntinsä. He ottivat hallintaansa ja voittivat perisynnin sydämissään uskossa ja vapautuivat siten hengellisestä laista, jossa todetaan: "Sillä synnin palkka on kuolema." Tästä voimme nähdä, kuinka suuri heidän uskonsa oli.

Sen sijaan Jeesus, joka sikisi Pyhästä Hengestä, oli täysin ilman syntiä aivan alusta lähtien. Jeesus tuli tähän maailmaan kuolemaan ristillä pelastaakseen meidät synneistämme, Hän nousi sitten kuolleista ja astui ylös taivaaseen, kaikki Jumalan sallimuksen mukaan. Tämä kohta tarkoittaa siis, ettei Jeesuksen lisäksi ollut ketään muuta, joka pääsi taivaaseen ilman perisyntiä tai tehtyä syntiä.

Profetia Jeesuksen kuolemasta ristillä

"Ja niinkuin Mooses ylensi käärmeen erämaassa, niin pitää Ihmisen Poika ylennettämän, että jokaisella, joka häneen uskoo, olisi iankaikkinen elämä." (3:14-15)

Jälleen kerran Jeesus käytti tarinaa israelilaisten lähdöstä pois Egyptistä auttaakseen Nikodeemusta ymmärtämään. Israelilaiset, jotka seurasivat Moosesta Egyptistä, näkivät Jumalan voiman. He kokivat kaikenlaisia ihmeellisiä tapahtumia, kuten kymmenen vitsausta Egyptissä, Punaisenmeren jakautuminen ja Maaran karvaan veden muuttuminen makeaksi vedeksi. Mutta joka kerta, kun he kohtasivat vaikeuksia, he eivät pystyneet osoittamaan uskoaan. Sen sijaan he pysyivät katkerina Jumalaa kohtaan, ikään kuin he eivät koskaan olisi kokeneet Hänen voimaansa.

Vaikkakin Jumala vapautti heidät 400 vuoden ankarasta

orjuudesta, he unohtivat täysin tämän armon ja valittivat, että Hän pakotti heidät "kuolemaan erämaassa." He jopa kutsuivat mannaa, jonka Jumala antoi heille syödä, nimellä "huono ruoka" ja suhtautuivat Jumalan siunaukseen halveksuen (4. Moos. 21:5). Ja he väittivät, että vaikka heidän olisi täytynyt elää taas orjina, olisi ollut parempi kuolla Egyptissä. Jumala käänsi kasvonsa pois heistä ja tämän seurauksena myrkkykäärmeet tulivat ja purivat heitä. Vasta kuolemaisillaan he katuivat tekojaan ja tekivät lopulta parannuksen.

Kun Mooses rukoili heidän puolestaan, Jumala kertoi hänelle kuinka israelilaiset voitaisiin pelastaa kuolemalta. Moosesta käskettiin tekemään vaskikäärme ja panemaan se tangon päähän ja sitten käskemään niitä, joita käärmeet olivat purreet, katsomaan vaskikäärmeeseen jäädäkseen henkiin. Vaikka heillä olisi vain tällainen pieni usko ainoastaan totella Moosesta ja katsoa vaskikäärmettä, Jumala halusi tunnustaa sen uskoksi ja pelastaa heidän elämänsä.

Hengellisesti käärme edustaa vihollista, perkelettä ja saatanaa, ja se on myös kuoleman symboli. Koska käärme saattoi Eevan kiusaukseen ja sai koko ihmiskunnan kulkemaan kuoleman tietä, se on synnin ruumiillistuma. Miksi siis Jumala käskisi Moosesta tekemään käärmeen, joka symboloi syntiä ja kuolemaa, ja laittamaan sen tangon päähän?

Tämä ennakoi Jumalan pelastussuunnitelmaa, Jeesuksen Kristuksen kuolemaa ristillä. Jeesus ottaisi kaikki ihmiskunnan synnit ja kuolisi ristillä. Siksi Jumala laittoi Mooseksen tekemään käärmeen, joka edustaa syntiä ja kuolemaa, ja laittoi hänet panemaan sen tangon päähän. Aivan kuten jokainen, joka katsoi vaskikäärmeeseen tangon päässä, pelastui kuolemalta, jokainen, joka uskoo ristin pelastukseen, säästyy iankaikkiselta kuolemalta ja saa iankaikkisen elämän.

Joskus ihmiset kysyvät: "Koska Mooses teki vaskikuvan ja laittoi ihmiset katsomaan sitä, eikö tätä pidetä epäjumalanpalveluksena?" Jos ei ymmärrä Jumalan Sanan ja Hänen johdatuksensa hengellistä merkitystä, voi tulla tällainen väärinkäsitys. Tämä tapahtuma oli kuitenkin vain tapa ennakoida Jumalan pelastussuunnitelmaa; Jeesuksen kuolemaa ristillä ihmisen syntien rangaistuksen maksamiseksi. Sen tarkoitus ei ollut millään tavalla vaskikäärmeen palvominen.

Jumalan rakkaus, joka antoi ainokaisen Poikansa

"Sillä niin on Jumala maailmaa rakastanut, että hän antoi ainokaisen Poikansa, ettei yksikään, joka häneen uskoo, hukkuisi, vaan hänellä olisi iankaikkinen elämä. Sillä ei Jumala lähettänyt Poikaansa maailmaan tuomitsemaan maailmaa, vaan sitä varten, että maailma hänen kauttansa pelastuisi." (3:16-17)

Eri puolilla Raamattua sanotaan: *"Älkää rakastako maailmaa"* (1. Joh. 2:15), mutta tässä jakeessa sanotaan, että Jumala rakasti maailmaa. Mitä tämä tarkoittaa? Kun Raamattu sanoo: "Älä rakasta maailmaa", se tarkoittaa, että älä rakasta mitään, mikä on vastoin Jumalan tahtoa, kuten laittomuutta, valhetta ja syntistä elämää. Se tarkoittaa, että älä tee syntiä tai elä pimeydessä, vaan elä Jumalan Sanan mukaan ja elä Valkeudessa.

Kun Raamattu sanoo: "Jumala rakasti maailmaa", se tarkoittaa, että Jumala rakastaa ihmisiä ja kaikkea heihin liittyvää.

Jumala, joka suunnitteli ihmiskunnan kasvatuksen jakaakseen rakkauttaan heille, loi luonnon ja kaiken tässä maailmassa, mitä ihminen tarvitsee elääkseen. Aivan kuten uudet vanhemmat, jotka ilolla valmistelevat kaikkea vastasyntynyttä lastaan varten, Jumala valmisteli ilolla kaiken luomakunnassa valmiiksi ihmiselle, joka luotaisiin Hänen kuvakseen. Koska Jumala rakasti ihmisiä niin paljon, Hän rakasti myös kaikkea, mitä Hän oli luonut heitä varten. Kun ihmiset tekivät syntiä ja joutuivat lopulta kuoleman tielle, Jumala lähetti ainokaisen Poikansa, Jeesuksen, pelastamaan heidät ikuisesta kuolemasta.

On joitakin ihmisiä, jotka käsittävät Jumalan väärin vain pelottavaksi tuomion Jumalaksi. Jakeessa 17 sanotaan kuitenkin selvästi, että Jumala ei lähettänyt Jeesusta tuomitsemaan maailmaa, vaan pelastamaan sen.

Usko ja ikuinen elämä

"Joka uskoo häneen, sitä ei tuomita; mutta joka ei usko, se on jo tuomittu, koska hän ei ole uskonut Jumalan ainokaisen Pojan nimeen. Mutta tämä on tuomio, että valkeus on tullut maailmaan, ja ihmiset rakastivat pimeyttä enemmän kuin valkeutta; sillä heidän tekonsa olivat pahat. Sillä jokainen, joka pahaa tekee, vihaa valkeutta eikä tule valkeuteen, ettei hänen tekojansa nuhdeltaisi. Mutta joka totuuden tekee, se tulee valkeuteen, että hänen tekonsa tulisivat julki, sillä ne ovat Jumalassa tehdyt." (3:18-21)

Ap. t. 4:12 sanoo: *"Eikä ole pelastusta yhdessäkään toisessa; sillä ei ole taivaan alla muuta nimeä ihmisille annettu, jossa meidän pitäisi pelastuman."* Vaikka henkilöä ylistettäisiin pyhimykseksi tai hän saisi aikaan suuria yhteiskunnallisia saavutuksia, hän ei voi pelastaa meitä. Ainoa tapa pelastua on vastaanottaa Jeesus Kristus uskossa. Usko ei tässä tarkoita pelkästään, että tiedämme päässämme, miten pelastua. Usko tarkoittaa yrittämistä tulla enemmän Kristuksen kaltaiseksi elämällä Jumalan Sanan mukaan, hylkäämällä valheet ja tulemalla totuuden ihmiseksi.

Miksi sitten Raamattu sanoo, että ne, jotka eivät ota vastaan Jeesusta Kristusta Vapahtajanaan, ovat jo tuomittuja? Tämä johtuu siitä, että ei ole mitään muuta nimeä kuin Jeesus Kristus, jonka kautta pelastuksen voi saada, ja ne, jotka eivät usko Häneen, eivät elä Valkeudessa eivätkä totuuden mukaan eivätkä siten voi pelastua. Jos joku, joka ei ole ottanut vastaan Jeesusta Kristusta, kuolee juuri nyt, hän joutuu helvettiin. Siksi Raamattu sanoo, että nämä ihmiset ovat jo tuomittuja.

Levittäessämme evankeliumia tapaamme joskus ihmisiä, jotka joko eivät pidä kristityistä tai säälivät heitä. He rakastavat pimeyttä enemmän kuin Valkeutta eivätkä tunne Pyhän Hengen saamisen ja taivastoivon iloa ja onnea, joten he ajattelevat, että kristittynä oleminen on tylsää.

Jeesus näki näiden ihmisten sydämeen ja sanoi: "Sillä jokainen, joka pahaa tekee, vihaa valkeutta eikä tule valkeuteen, ettei hänen tekojansa nuhdeltaisi." Päinvastoin, ihmiset, jotka seuraavat totuutta, jotka ovat vastaanottaneet Herran ja saaneet Pyhän Hengen, yrittävät elää elämää, joka on keskittynyt ylistämään Jumalaa. He tekevät näin, koska he tietävät, että Jumala voi ratkaista kaikki heidän ongelmansa, kaikki heidän siunauksensa tulevat Häneltä ja lopulta he pääsevät taivaaseen.

Hän, joka ylhäältä tulee

Missä on vettä, sinne ihmiset kokoontuvat ja muodostuu kyliä. Samoin ihmiset, jotka kaipaavat ja janoavat vanhurskautta, kokoontuvat sinne, missä on Jumalan Sana, joka on elämän vesi. Kun Jeesus, joka itse oli Sana, alkoi levittää evankeliumia taivaasta ja alkoi kastaa, monet ihmiset luonnollisesti kerääntyivät Hänen ympärilleen. Tämä johtui siitä, että aivan kuten psalmien tallentaja tunnusti: *"Kuinka makeat ovat minulle sinun lupauksesi! Ne ovat hunajaa makeammat minun suussani"* (Ps. 119:103), Jumalan Sana oli makea.

"Sen jälkeen Jeesus meni opetuslapsineen Juudean maaseudulle ja oleskeli siellä heidän kanssaan ja kastoi. Mutta Johanneskin kastoi Ainonissa lähellä

Salimia, koska siellä oli paljon vettä; ja ihmiset tulivat ja antoivat kastaa itsensä. Sillä Johannesta ei vielä oltu heitetty vankeuteen. Niin Johanneksen opetuslapset rupesivat väittelemään erään juutalaisen kanssa puhdistuksesta. Ja he tulivat Johanneksen luo ja sanoivat hänelle: 'Rabbi, se, joka oli sinun kanssasi Jordanin tuolla puolella ja josta sinä olet todistanut, katso, hän kastaa, ja kaikki menevät hänen tykönsä.'" (3:22-26)

Jeesuksen kastaessa Johanneskin kastoi Ainonissa, lähellä Jordanin länsipuolta, jossa oli paljon vettä. Monet Johanneksen seuraajista alkoivat seurata Jeesusta. Tämän nähdessään Johannes Kastajan muut opetuslapset tulivat levottomiksi.

Tähän asti monet ihmiset pitivät Johannes Kastajaa suurena profeettana ja seurasivat häntä. He olivat ylpeitä ollessaan hänen opetuslapsiaan. Mutta tilanne muuttui ja enemmän ihmisiä kerääntyi Jeesuksen ympärille, jonka heidän opettajansa oli kastanut, joten he ilmoittivat tämän tyytymättöminä Johannekselle.

"Rabbi, se, joka oli sinun kanssasi Jordanin tuolla puolella ja josta sinä olet todistanut, katso, hän kastaa, ja kaikki menevät hänen tykönsä."

"Hänen tulee kasvaa, mutta minun vähetä."

"Johannes vastasi ja sanoi: 'Ei ihminen voi ottaa

mitään, ellei hänelle anneta taivaasta. Te olette itse minun todistajani, että minä sanoin: en minä ole Kristus, vaan minä olen hänen edellänsä lähetetty. Jolla on morsian, se on ylkä; mutta yljän ystävä, joka seisoo ja kuuntelee häntä, iloitsee suuresti yljän äänestä. Tämä minun iloni on nyt tullut täydelliseksi. Hänen tulee kasvaa, mutta minun vähetä.'" (3:27-30)

Johanneksen opetuslapset ajattelivat, että Johannes ymmärtäisi heidän levottomat sydämensä, mutta Johanneksen reaktio oli täysin erilainen. Johannes todistaa, että koska se on Jumalan tahto, on vain oikein, että ihmiset seuraavat Jeesusta. Hän opetti opetuslapsilleen totuuden.

Jos sovelletaan tätä tilannetta tähän päivään, millainen se olisi? Sanotaan, että olisi ihmisiä, jotka etsivät sieltä täältä, koska janoavat Jumalan Sanaa. Jos heidän pastoriansa huolestuttaisi, että he ehkä siirtyisivät toiseen kirkkoon ja alkaisivat puhua negatiivisesti kirkosta ja pastorista, silloin pastorin sydän olisi hyvin kaukana Johanneksen sydämestä. Tai jos kuulemme jonkun puhuvan negatiivisesti toisesta ihmisestä ja korvamme menevät hörölle, emme eroa Johanneksen opetuslapsista. Vaikka kuulisimme henkilön sanovan kielteisiä asioita toisesta henkilöstä, meidän ei pitäisi osallistua siihen. Sen sijaan meidän pitäisi valaista negatiiviseen keskusteluun osallistuvia totuudella ja heittää pimeys pois tilanteesta.

Koska Johannes Kastaja tunsi Jumalan tahdon, hän pystyi kertomaan opetuslapsilleen, mikä hänen kutsumuksensa on ja mikä heidän kutsumuksensa on. Ja varmistaakseen, etteivät hänen opetuslapsensa tule pettymään, hän käyttää esimerkkiä kertoakseen heille, kuka Jeesus on. Tärkein henkilö häissä, joka odottaa morsianta, on sulhanen. Niinpä sulhasen ystävät jakavat ilon ja siunaavat sulhasta.

Johannes yrittää selittää, että koska Jeesus, sulhanen, on tullut, sulhasen ystävänä Johanneksen ilo on ylitsevuotava. Vaikka hän kastoi Jeesuksen, Johannes tiesi, että Jeesus olisi se, joka pelastaisi hänen kansansa synnistä, ja että Jeesus oli se, jolla on suuri voima. Siksi hänelle toi enemmän iloa pikemminkin nostaa Jeesusta korkeammalle ja palvella Häntä.

Useimmat ihmiset tuntevat olonsa epämukavaksi, kun muut ovat heitä menestyksekkäämpiä jossain tai jossakin tilanteessa. Mutta Johannes oli erilainen. Hän ei välittänyt, mitä hänestä itsestään tuli, hän vain toivoi, että Jeesuksella menisi kaikki hyvin. Hän alentaa itsensä sanomalla: "Hänen tulee kasvaa, mutta minun vähetä." Johanneksen sydän oli sellainen sydän, joka oli vain iloinen, vaikka toinen henkilö olisi rakastetumpi ja tunnustetumpi kuin hän.

Todistus Hänestä, joka ylhäältä tulee

"Hän, joka ylhäältä tulee, on yli kaikkien. Joka on syntyisin maasta, se on maasta, ja maasta on, mitä hän puhuu; hän, joka taivaasta tulee, on yli kaikkien. Ja mitä hän on nähnyt ja kuullut, sitä hän todistaa; ja hänen todistustansa ei kukaan ota vastaan. Joka ottaa vastaan hänen todistuksensa, se sinetillä vahvistaa, että Jumala on totinen." (3:31-33)

Johannes Kastaja tiesi, että Jeesus oli Hän, joka ylhäältä tulee. Johannes todisti, että maailmankaikkeuden luojana Jeesus on kuninkaiden Kuningas, herrojen Herra ja että Hän on yli kaikkien. Johannes sanoo myös, että se, joka "on syntyisin maasta", se on maasta ja maasta on, mitä hän puhuu. Mihin me sitten kuulumme? Koska me otimme vastaan Jeesuksen Kristuksen ja pelastuimme uskon kautta, meistä on tullut Jumalan lapsia ja taivaan kansalaisia, siksi me kuulumme taivaaseen.

Vaikka uskommekin Jeesukseen, olemme tietenkin edelleen lihan ihmisiä ja vielä "syntyisin maasta", ellemme ole vielä saaneet Pyhää Henkeä. Henkilö, joka "kuuluu maahan", kuulee Jumalan sanan, mutta ei voi uskoa sitä. Samoin oli Jeesuksen aikana. Jeesus todisti siitä, mitä Hän on nähnyt ja kuullut taivaassa, mutta ihmiset eivät uskoneet Häntä. He pikemminkin vainosivat Häntä ja yrittivät tappaa Hänet.

Mutta ne, joilla on hyvä sydän, ottavat vastaan Hänen todistuksensa ja Hänen sanansa. Kun he avaavat sydämensä ja ottavat vastaan Jeesuksen Kristuksen, Jumala antaa heille Pyhän Hengen lahjana ja he saavat oikeuden tulla Jumalan lapseksi. Niinpä Luoja-Jumalasta tulee heidän Isänsä ja he saavat varmuuden siitä, että he kuuluvat taivaaseen. He voivat sitten tunnustaa, että Jumala on totuus, ja he tottelevat Hänen sanojaan.

Ikuinen elämä ja Jumalan viha

"Sillä hän, jonka Jumala on lähettänyt, puhuu

Jumalan sanoja; sillä ei Jumala anna Henkeä mitalla. Isä rakastaa Poikaa ja on antanut kaikki hänen käteensä. Joka uskoo Poikaan, sillä on iankaikkinen elämä; mutta joka ei ole kuuliainen Pojalle, se ei ole elämää näkevä, vaan Jumalan viha pysyy hänen päällänsä." (3:34-36)

Jeesus, jonka Jumala lähetti, puhui vain Jumalan sanoja. Vain Jumalan sana on tosi ja ikuinen. Jumala antoi Hänelle mittaamattoman Hengen, joten Hän puhui Jumalan sanoja Pyhän Hengen täyteydessä.

Sama sana pätee tänään meihin. Niille, jotka ottivat vastaan todistuksen, niille, jotka uskovat, että Jumala on totinen, niille Jumala antaa mittaamattoman Hengen. Niinpä ne, jotka ottivat vastaan Jeesuksen Kristuksen Vapahtajanaan ja ovat täynnä Jumalan armoa, todistavat Jumalasta ja Jeesuksesta Kristuksesta Pyhän Hengen täyteydessä.

Koska Isä Jumala rakasti Poikaa, Hän asetti kaiken Jeesuksen käsiin. Jeesus oli nuhteeton ja puhdas, ja hän oli itse Jumala; kuitenkin Hän otti palvelijan ruumiin ja tuli tänne maan päälle ja totteli jopa kuolemaan asti. Joten miten Jumala voisi olla rakastamatta häntä? Koska Hän rakasti Häntä niin paljon, Jumala asetti kaiken Hänen käsiinsä.

Ihmiset, jotka uskovat tähän Poikaan, noudattavat Hänen sanaansa ja toimivat totuudessa. Joten elämä on heissä ja he kulkevat kohti iankaikkista elämää. Mutta joka ei ole kuuliainen Pojalle, ei voi nähdä iankaikkista elämää, vaan sen sijaan Jumalan viha pysyy hänen päällänsä. Raamattu sanoo, että Jumalan viha "pysyy heidän päällänsä", koska Jumalan viha voisi lähteä tai jäädä sen mukaan, tekevätkö he parannuksen ja tottelevat eläessään tottelematonta elämää vai eivät. Siksi Raamattu sanoo: "Joka ei ole kuuliainen Pojalle, se ei ole elämää näkevä, vaan Jumalan viha pysyy hänen päällänsä." Mutta jos nämä ihmiset katuvat ja kääntyvät takaisin Jumalan puoleen, Hän antaa heille anteeksi ja rakastaa heitä.

Luku 4

Jeesuksen evankelioimismenetelmä

1. Jeesuksen keskustelu samarialaisen naisen kanssa
   (4:1-26)

2. Jeesus opettaa opetuslapsiaan
   (4:27-42)

3. Toinen tunnusteko Kaanassa
   (4:43-54)

Jeesuksen keskustelu samarialaisen naisen kanssa

Se, keitä tapaat ja milloin tapaat heidät, voi muodostaa merkittävän käännekohdan elämässäsi. Johanneksen evankeliumin luvussa 4 voimme nähdä, kuinka yhden samarialaisen naisen elämä muuttui täysin hänen tavattuaan Jeesuksen.

Juutalaisen yhteiskunnan uskonnolliset johtajat kuten fariseukset ja lainopettajat eivät olleet tyytyväisiä Jeesuksen saarnatessa ihmisille. He etsivät vain otollista hetkeä saada Jeesus ansaan millä tavalla tahansa. Samoihin aikoihin he alkoivat kuulla Jeesuksen kastavan enemmän ihmisiä kuin Johannes.

Jeesus kulkee Samarian kautta

"Kun nyt Herra sai tietää fariseusten kuulleen, että Jeesus teki opetuslapsiksi ja kastoi useampia kuin Johannes – vaikka Jeesus ei itse kastanut, vaan hänen opetuslapsensa – jätti hän Juudean ja meni taas Galileaan. Mutta hänen oli kuljettava Samarian kautta." (4:1-4)

Vaikka Jeesus ei ollut se, joka kastoi, huhut kertoivat toisin. Jeesuksen opetuslapset kastoivat, mutta ihmiset tulivat silti kastettavaksi. Sitten fariseukset alkoivat tulla kateellisiksi ja kyselivät: "Kuka on tämä Jeesus, joka kastaa?" Tietäen, mitä fariseusten sydämissä oli, Jeesus jätti Juudean ja palasi Galileaan välttääkseen joutumasta vastakkain heidän kanssaan.

Juudeasta Galileaan on kaksi reittiä. Ensimmäinen on suora reitti alkaen Jerusalemista Samarian alueen läpi. Toinen reitti, joka alkaa Jerusalemista ja kulkee pohjoiseen Jordania pitkin, on pidempi ja jyrkempi reitti. Juutalaiset käyttivät useimmiten kuitenkin tätä toista reittiä. Heillä oli syynsä.

Samarialaiset ovat pohjimmiltaan myös Aabrahamin jälkeläisiä. Kun assyrialaiset valtasivat pohjoisen Israelin vuonna 722 eKr., he ottivat paljon ihmisiä vangeiksi ja siirsivät monia ulkomaalaisia tälle alueelle. Tässä vaiheessa israelilaiset, jotka jäivät Samariaan, menivät naimisiin ulkomaalaisten kanssa ja menettivät Israelin puhtaan sukuperän. Samarialainen oli siis puoliverinen, joka oli syntyisin yhdestä israelilaisesta ja yhdestä ei-israelilaisesta vanhemmasta.

Toisaalta kun Babylonia valtasi eteläisen Juudan, sieltäkin

juutalaisia siirrettiin väkisin, mutta he eivät sekoittuneet muiden rotujen kanssa. Ja Nehemian aikaan juutalaiset, jotka palasivat kotimaahansa Juudeaan, aloittivat laajan hankkeen saadakseen takaisin perintönsä. Siinä tapauksessa, että juutalainen oli mennyt naimisiin ulkomaalaisen naisen kanssa ja saanut lapsen, he pakottivat ulkomaalaisen naisen ja lapsen palaamaan naisen kotimaahan, jotta vain Jaakobin puhdas sukupuu pysyi. Näin vahva juutalaisen kansan etninen ylpeys oli, ja sen seurauksena he kohtelivat samarialaisia kuin koiria eivätkä halunneet olla yhteydessä heihin.

Ja kun juutalaiset kotiutuivat ja olivat rakentamassa Jerusalemin temppeliä uudelleen, samarialaiset häiritsivät ja vaikeuttivat juutalaisten jälleenrakennushankkeita jatkuvasti niin paljon, että näistä kahdesta kansasta tuli vihollisia. Niinpä juutalaiset pitivät jopa astumista samarialaisten maalle halveksittavana, ja matkustaessaan Juudeasta Galileaan he mieluummin menivät pitkää reittiä Samarian ympäri. Kuitenkin Jeesus, jolla oli sydämessään vain rakkautta eikä mitään pahaa, päätti mennä Samarian läpi.

Samarialainen nainen, joka kohtasi Jeesuksen

"Niin hän tuli Sykar nimiseen Samarian kaupunkiin, joka on lähellä sitä maa-aluetta, minkä Jaakob oli antanut pojalleen Joosefille. Ja siellä oli Jaakobin lähde. Kun nyt Jeesus oli matkasta väsynyt, istui hän lähteen reunalle. Ja oli noin kuudes hetki. Niin tuli eräs Samarian nainen ammentamaan vettä. Jeesus sanoi hänelle: 'Anna minulle juoda.' Sillä hänen opetuslapsensa olivat lähteneet kaupunkiin ruokaa ostamaan. Niin Samarian nainen sanoi hänelle: 'Kuinka sinä, joka olet juutalainen, pyydät juotavaa minulta, samarialaiselta naiselta?' Sillä juutalaiset eivät seurustele samarialaisten kanssa." (4:5-9)

Kun Jeesus kulki Samarian kautta, hän tuli kaupunkiin nimeltä "Sykar." Jaakobin kaivo oli siellä (kaivo, jonka Jaakob kaivoi pojalleen Joosefille). Saatat ajatella: "Mikä on niin erikoista pienessä kaivossa, että se muistetaan nimeltä?" Vuoden aikana Israel ei kuitenkaan saa lähes lainkaan sadetta huhtikuun ja lokakuun välillä. Siksi vesi on erittäin tärkeä tälle kansakunnalle. Niinpä kaivot ovat hyvin arvokkaita Israelissa.

On kirjoitettu, että Jeesus istui kaivolla, koska Hän oli väsynyt matkasta, mutta se oli kirjattu Hänen opetuslastensa näkökulmasta. Koska he olivat itse väsyneitä, he olettivat Jeesuksenkin olevan väsynyt.

Jeesuksen levätessä opetuslapset menivät kaupunkiin ostamaan ruokaa. Samoihin aikoihin samarialainen nainen tuli kaivolle ammentamaan vettä. Hän olisi voinut tulla ulos eri aikaan välttääkseen voimakkaimman auringon, mutta nainen päätti tulla kaivolle tähän aikaan. Nainen ei odottanut näkevänsä monia ihmisiä, koska oli keskipäivä. Sitten hän näki muukalaisen lepäämässä kaivolla. Tämä oli aivan varmasti juutalainen, joten hän ihmetteli, miksi tämä kulki Samarian kautta.

Jeesus pyysi naiselta juotavaa. Nainen oli järkyttynyt. Hän oli järkyttynyt, sillä kun juutalainen katsoo samarialaista,

: : Samaria ja lähialueet

: : Jaakobin kaivo, joka sijaitsee Eebalin vuoren juurella Pohjois-Sikemissä

hän yleensä toimii kuin olisi nähnyt ötökän. Yksinkertaisesti sanottuna juutalaiset eivät koskaan ole tekemisissä samarialaisten kanssa. Mutta tämä puhui hänelle! Tosiasiassa Jeesuksen kulkeminen Samarian kautta Galileaan oli Jumalan tahdon mukaista – evankeliumin levittämiseksi Samariassa. Opetuslasten meneminen kaupunkiin ja naisen tuleminen kaivolle juuri sillä hetkellä ei ollut sattumaa. Kaikki oli Jumalan järjestämää.

"Et kai sinä ole suurempi kuin meidän isämme Jaakob?"

"Jeesus vastasi ja sanoi hänelle: 'Jos sinä tietäisit Jumalan lahjan, ja kuka se on, joka sinulle sanoo: "Anna minulle juoda", niin sinä pyytäisit häneltä, ja hän antaisi sinulle elävää vettä.' Nainen sanoi hänelle: 'Herra, eipä sinulla ole ammennusastiaa, ja kaivo on syvä; mistä sinulla sitten on se elävä vesi? Et kai sinä ole suurempi kuin meidän isämme Jaakob, joka antoi meille tämän kaivon ja joi siitä, hän itse sekä hänen poikansa ja karjansa?'" (4:10-12)

Naiselle, joka ei voinut salata hämmästystään, Jeesus kertoo Jumalan lahjasta ja itsestään. Tässä "Jumalan lahja" tarkoittaa Pyhää Henkeä. Kuten on kirjoitettu Ap. t. 2:38:ssa: *"Tehkää parannus ja ottakoon kukin teistä kasteen Jeesuksen Kristuksen nimeen syntienne anteeksisaamiseksi, niin te saatte Pyhän Hengen lahjan."*

Jeesus selittää, että jos nainen tietäisi, että se, joka pyytää häneltä vettä, on Vapahtaja, hän pyytäisi Häneltä Pyhää Henkeä ja elävää vettä. Mutta koska hän ei tiedä, hän ei pyydä. Niinpä Jeesus yrittää opettaa hänelle tämän totuuden. Mutta ymmärtämättä Hänen puheensa syvällisempää merkitystä, hän vastaa hahmottaen vain käsillä olevan fyysisen tilanteen kysyen: "Herra, eipä sinulla ole ammennusastiaa, ja kaivo on syvä; mistä sinulla sitten on se elävä vesi?" Jeesus puhuu Pyhästä Hengestä ja ikuisen elämän vedestä, mutta nainen ei ymmärrä sanojen takana olevaa hengellistä merkitystä, joten hän päätyy kysymään tällaisen kysymyksen. Hän on samanlainen kuin Nikodeemus, joka ei ymmärtänyt "uudestisyntymisen" hengellistä merkitystä.

Sitten yhtäkkiä nainen kysyy, onko Jeesus suurempi kuin Jaakob. Koska Jeesus sanoi, että Hän voisi antaa hänelle elävää vettä, hän vertaa Häntä esi-isäänsä Jaakobiin, joka antoi kansalleen kaivon, josta ammentaa vettä. Tämä johtui siitä, että nainen piti kantaisäänsä Jaakobia suurena henkilönä. Jos hän olisi tiennyt, että henkilö hänen silmiensä edessä oli Vapahtaja, hän olisi vastannut toisin.

Se vesi, jonka minä annan, on ikuisen elämän vettä

"Jeesus vastasi ja sanoi hänelle: 'Jokainen, joka juo tätä vettä, janoaa jälleen, mutta joka juo sitä vettä, jota minä hänelle annan, se ei ikinä janoa; vaan se vesi, jonka minä hänelle annan, tulee hänessä sen veden lähteeksi, joka kumpuaa iankaikkiseen elämään.' Nainen sanoi hänelle: 'Herra, anna minulle sitä vettä, ettei minun tulisi jano eikä minun tarvitsisi käydä täällä ammentamassa.'" (4:13-15)

Vesi on välttämätön aine elämää varten. Nainen tuli aina kaivolle ammentamaan vettä, mutta hänen juotuaan vettä hänen janonsa tyydyttyi vain lyhyeksi aikaa, ja vähän myöhemmin hänen janonsa tulisi takaisin. Mutta koska Jeesus sanoo, että Hän voisi antaa hänelle vettä, jota juotuaan hänen ei tulisi enää ikinä jano, mikä loistava uutinen! Jeesus valistaa naista elämän tärkeimmästä tekijästä ja auttaa näin häntä avaamaan sydämensä.

Vasta silloin nainen tajusi, että vesi, josta Jeesus puhui, erosi vedestä, jota hän ajatteli. Koska Jeesus sanoi: "Mutta joka juo sitä vettä, jota minä hänelle annan, se ei ikinä janoa", nainen ajatteli: "Voi, hänen täytyy puhua jostain erilaisesta tässä." Se, joka kertoi hänelle tämä sanoman, tuntui hänestä aidolta, joten hänellä oli tämä ajatus sydämessään: "En täysin ymmärrä, mutta minun on parempi oppia häneltä ja uskoa, mitä hän sanoo." Niinpä hän sanoi Jeesukselle: "Herra, anna minulle sitä vettä, ettei minun tulisi jano eikä minun tarvitsisi käydä täällä ammentamassa."

"Jeesus sanoi hänelle: 'Mene, kutsu miehesi ja tule tänne.' Nainen vastasi ja sanoi: 'Ei minulla ole miestä.' Jeesus sanoi hänelle: 'Oikein sinä sanoit: "Ei minulla ole miestä", sillä viisi miestä sinulla on ollut, ja se, joka sinulla nyt on, ei ole sinun miehesi; siinä sanoit totuuden.'" (4:16-18)

Nainen pyytää Jeesukselta ikuisen elämän vettä. Kuitenkaan Jeesus ei anna hänelle vettä, jota tarjosi. Sen sijaan Hän käskee naista kutsumaan miehensä. Tämä oli naisesta hyvin kummallista. Hän sanoi: "Ei minulla ole miestä."

Sitten Jeesus puhuu aivan kuin Hän jo tietäisi kaiken ja sanoo, että naisella on ollut viisi miestä. Se, että täysin tuntematon tiesi hänen menneisyytensä niin hyvin, järkytti häntä jopa enemmän. Kuten Jeesus sanoi, naisella oli viisi miestä. Kaikkien elämänsä pyörteiden jälkeen hän tapasi miehen, jonka kanssa hän oli parhaillaan, mutta tämä mies ei voinut myöskään tarjota hänelle todellista rakkautta ja iloa.

Tämä nainen tiesi siis hyvin, ettei hän voi odottaa saavansa tällaista rakkautta keneltäkään ihmiseltä. Siksi hän odotti Kristusta, josta Vanhan testamentin profetiat olivat kertoneet hänelle – tosi sulhasta, joka pelastaisi hänet ja olisi hänen kanssaan ikuisuuden. Ja koska hän ei ollut tavannut tätä Messiasta vielä, hän tunnusti, ettei hänellä ollut miestä. Nähden hänen sydämeensä Jeesus hyväksyy hänen sanansa. "Oikein sinä sanoit: 'Ei minulla ole miestä.'"

Sen sijaan, että olisi nuhdellut häntä sanoen: "Miksi sinä valehtelet? Eikö mies, jonka kanssa elät nyt, ole miehesi?" Hän uskoo häntä ja hyväksyy sen. Ja kun Jeesus sanoo hänelle: "Mene, kutsu miehesi ja tule tänne", Hän ei yritä kaivaa hänen menneisyyttään. Hän yritti ratkaista hänen elämänsä suurimman ongelman. Ja koska hän tunsi hänen sydämensä ja hänen tilanteensa erittäin hyvin, hän sanoo: "...siinä sanoit totuuden."

"Minä näen, että sinä olet profeetta"

"Nainen sanoi hänelle: 'Herra, minä näen, että sinä olet profeetta. Meidän isämme ovat kumartaen rukoilleet tällä vuorella; ja te sanotte, että Jerusalemissa on se paikka, jossa tulee kumartaen rukoilla.'" (4:19-20)

Koska muukalainen, jota hän ei ollut koskaan tavannut ja jonka kanssa hän ei ollut puhunut koskaan aiemmin, tunsi hänen sydämensä ja hänen tilanteessa niin hyvin, hän tärisi hämmästyksestä. Ja hän tiesi, että tämä, jolle hän puhui, ei ollut tavallinen mies. Hän oli aivan varma, että Hän oli profeetta, josta hän oli kuullut muilta ihmisiltä tai esi-isiltään.

Joten kutsumalla Jeesusta "Herraksi" hän yritti osoittaa Hänelle kunnioitusta, vaikka hän ei mitenkään voinut kuvitella, että henkilö hänen edessään oli Messias. Mieltäen hänet vain profeetaksi, hän kuitenkin kysyy jotain, jonka hän on aina halunnut tietää, kysymyksen jumalanpalveluspaikasta.

Tuolloin juutalaiset palvoivat temppelissä Jerusalemissa, mutta samarialaiset palvoivat temppelissä Garissimin vuoren huipulla omalla maallaan. Kuningas Rehabeamin hallituskaudella Israel jaettiin pohjoiseen ja eteläiseen kuningaskuntaan. Ja Jerobeam, pohjoisen Israelin kuningas, rakensi pyhäkköjä korkeille paikoille estääkseen ihmisiä menemästä Jerusalemiin. Kuultuaan epämääräisesti näistä historiallisista tosiasioista hän oli utelias tietämään, missä oikea jumalanpalveluspaikka oli.

> "Vaimo, usko minua!"

> "Jeesus sanoi hänelle: Vaimo, usko minua! Tulee aika, jolloin ette rukoile Isää tällä vuorella ettekä Jerusalemissa. Te kumarratte sitä, mitä ette tunne; me kumarramme sitä, minkä me tunnemme. Sillä pelastus on juutalaisista." (4:21-22)

Israelin kansalle jumalanpalveluspaikalla on huomattava merkitys. Jumala on läsnä temppelissä, joten se on erotettu pyhäksi. Juutalaiset uskoivat, että temppeli oli maailmankaikkeuden keskipiste. Jumalanpalveluspaikkaa merkittävämpi on kuitenkin miten palvomme – millaisella sydämellä palvomme. Jumala on tyytyväinen, kun ihmiset toimivat hyvyydessä ja palvovat Jumalaa tosi rakkaudella Jumalaan, mutta hän ei hyväksy niiden ihmisten palvontaa, jotka palvovat paha sydämessään.

Samarialaisella naisella ei ollut täsmällistä tietoa Jumalasta ja Messiaasta, joten hän ei osannut palvoa kunnolla. Samaria oli menettänyt kulttuuri-identiteettinsä ja tullut polyteistiseksi yhteiskunnaksi, jossa epäjumalien palvonta oli yleistä, joten nainen ei tiennyt Jumalasta kovin tarkasti. Jos hänellä olisi ollut täsmällistä tietoa Jumalasta ja Messiaasta, hän olisi luultavasti tunnistanut, että mies hänen edessään oli Messias.

Ihmiset, jotka todella kunnioittivat Jumalaa, tunnistivat nopeasti Jeesuksen Messiaaksi. He myös tiesivät – aivan kuten entisaikojen profeetat olivat ennustaneet – että pelastus olisi peräisin Daavidin sukulinjasta, jostakusta Juudean Beetlehemissä syntyneestä. Siksi Jeesus sanoi naiselle: "Te kumarratte sitä, mitä ette tunne; me kumarramme sitä, minkä me tunnemme. Sillä pelastus on juutalaisista."

"Tulee aika, jolloin totiset rukoilijat rukoilevat Isää hengessä ja totuudessa"

"Mutta tulee aika ja on jo, jolloin totiset rukoilijat rukoilevat Isää hengessä ja totuudessa; sillä senkaltaisia rukoilijoita myös Isä tahtoo. Jumala on Henki; ja jotka häntä rukoilevat, niiden tulee rukoilla hengessä ja totuudessa." (4:23-24)

Jumalanpalvelus on muodollisuus, jossa annamme kunnioitusta ja palvontaa Jumalalle. Se on kiitoksen ja kunnian antamista Jumalalle ja näin Hänen pyhän nimensä kohottamista. Syy siihen, miksi ihmisen pitäisi palvoa Jumalaa, on, koska Jumala loi maailmankaikkeuden ja ihmisen, ja hän myös lähetti ainokaisen Poikansa, Jeesuksen Kristuksen, pelastamaan hänet synnistä.

Jumala ei kuitenkaan ota vastaan millaista tahansa palvontaa. Voimme nähdä tämän Kainin ja Aabelin palvonnan kautta. Aabel uhrasi Jumalalle esikoisena syntyneen karitsan ja rasvaa ja Kain uhrasi maan hedelmiä. Kain palvoi Jumalaa lihassa sen mukaan, minkä hän ajatteli olevan oikeanlaista jumalanpalvelusta. Toisaalta Aabel palvoi Jumalaa hengessä Jumalan tahdon mukaan käyttäen uhriverta. Jumala hyväksyi vain Aabelin palvonnan.

Mitä sitten tarkoittaa hengessä palvominen? Millaisen palvonnan Jumala hyväksyy? Se on palvonnan tarjoamista Jumalalle hengessä ja totuudessa. Palvonta hengessä merkitsee Raamatun 66 kirjan käyttämistä ravintona Pyhän Hengen ohjauksen mukaan ja palvomista sydämen pohjasta. Palvonta totuudessa merkitsee palvomista koko ruumiillamme, mielellämme, tahdollamme ja vilpittömyydellämme, ilolla, kiitoksella, rukouksella, ylistyksellä, teoilla ja uhreilla. Kun palvomme Jumalaa tällä tavalla, Jumala ottaa vastaan meidän jumalanpalveluksemme ja suojelee meitä onnettomuuksilta, sairauksilta ja vaaroilta. Hän siunaa myös yrityksiämme ja työpaikkojamme.

Jeesus vastasi samarialaiselle naiselle vastauksella, jota tämä ei odottanut, puhuen hengellisestä palvonnasta. Hän puhui hetkestä, joka tulee, jolloin rukoilemme hengessä ja totuudessa. Tämä "hetki", jonka Jeesus mainitsi, viittaa aikaan Jeesuksen ylösnousemuksen ja taivaaseenastumisen jälkeen, joka on Pyhän Hengen tulohetkestä Jeesuksen paluuseen saakka. Nainen ei voinut kuitenkaan täysin ymmärtää, mitä tarkoitti hengessä ja totuudessa rukoileminen.

"Minä olen se, minä, joka puhun sinun kanssasi"

> "Nainen sanoi hänelle: 'Minä tiedän, että Messias on tuleva, hän, jota sanotaan Kristukseksi; kun hän tulee, ilmoittaa hän meille kaikki.' Jeesus sanoi hänelle: 'Minä olen se, minä, joka puhun sinun kanssasi.'" (4:25-26)

Samarialainen nainen odotti hartaasti Messiasta, josta hänen esi-isänsä ja Vanhan testamentin profeetat olivat puhuneet. Kuitenkaan hän ei tiennyt, kuka Hän oli. Jopa juutalaiset, jotka väittivät tuntevansa lain, eivät uskoneet, että Messias olisi maailman Vapahtaja. He yksinkertaisesti luulivat hänen olevan kuningas, joka voisi pelastaa heidät Rooman valtakunnan sorron alta.

Jeesus kertoo salaisuuden, joka yllättää hänet täysin. Että Hän itse oli Messias. "Minä olen se, minä, joka puhun sinun kanssasi."

Kerroksittain kipua ja kärsimystä sydämeensä haudattuna tämä nainen odotti ainoastaan tätä Messiasta. Nyt kun Hän seisoi hänen silmiensä edessä, miten innoissaan hänen täytyi olla! Kuten sumu, joka katoaa savuna ilmaan, kaikki hänen epäilyksensä katosivat pois siinä hetkessä. Hän uskoi Jeesuksen sanat ilman epäilyksen hiventäkään.

Jeesus opettaa opetuslapsiaan

Kuinka paljon kului aikaa? Jeesuksen kertoessa evankeliumia samarialaiselle naiselle Hänen opetuslapsensa palasivat ruokaa ostamasta. He tiesivät, ettei Jeesus tuntenut ketään Samariassa. Kuitenkin he näkivät Hänet puhumassa naisen kanssa aivan kuin Hän olisi tuntenut hänet hyvin pitkään.

"**Samassa hänen opetuslapsensa tulivat; ja he ihmettelivät, että hän puhui naisen kanssa. Kuitenkaan ei kukaan sanonut: 'Mitä pyydät?' tai: 'Mitä puhelet hänen kanssaan?'**" (4:27)

Kaikkien opetuslasten mielestä oli outoa, että Jeesus puhui samarialaisen naisen kanssa, mutta kukaan ei kysynyt Häneltä suoraan, mitä Hän oli tekemässä. Koska he tiesivät seurattuaan Jeesusta päivittäin, että Hänen sanansa ja Hänen toimensa olivat aina totuudesta, ja että Hänessä ei ollut vilppiä tai valhetta. Siksi kukaan heistä ei voinut helposti sanoa, että se, mitä Hän oli tekemässä, oli "oikein" tai "väärin." Juutalaiset eivät seurustele samarialaisten kanssa, mutta he tiesivät, että jos Jeesus puhui samarialaisen naisen kanssa, siihen oli oltava erityinen syy. Siksi he eivät kyseenalaistaneet sitä.

Jos opetuslapsilla ei kuitenkaan olisi alun alkaenkaan ollut sydäntä arvostella tai tuomita, he eivät luultavasti olisi olleet "yllättyneitä" ensinkään. Jokainen ihminen päättää, mikä on oikein tai väärin, oman tietämyksensä, koulutuksensa, kokemuksensa ja viisautensa mukaan. Kun jokin ei osu yhteen omien henkilökohtaisten mielipiteiden kanssa, hän arvostelee ja tuomitsee helposti. Mutta oma tieto, teoria tai kokemus ei ole aina totuus, joten oma harkinta voi aina olla väärässä.

Samarialainen nainen evankelioi

> "Niin nainen jätti vesiastiansa ja meni kaupunkiin ja sanoi ihmisille: 'Tulkaa katsomaan miestä, joka on sanonut minulle kaikki, mitä minä olen tehnyt. Eihän se vain liene Kristus?' Niin he lähtivät kaupungista ja menivät hänen luoksensa." (4:28-30)

Messiaan tapaamisen ilon vuoksi hän unohti miksi hän oli kaivolla, ja jättäen vesiruukkunsa hän ryntäsi kaupunkiin. Miksi hän ei tarvinnut vesiruukkua enää? Nyt kun hän on tavannut Jeesuksen, joka on ikuinen elävä vesi, iankaikkinen elämä itse, hänen tavoitteensa oli täysin muuttunut! Uusi hehku kasvoillaan hän kertoi kaikille, että mies, jota hän ei ollut koskaan ennen tavannut, tiesi kaiken hänen menneisyydestään ja että Hän oli Messias, jota he kaikki olivat odottaneet.

"Tulkaa katsomaan miestä, joka on sanonut minulle kaikki, mitä minä olen tehnyt. Eihän se vain liene Kristus?" Nämä sanat riittivät herättämään kaupunkilaisten uteliaisuuden.

Minun ruokani on se, että minä teen Hänen tahtonsa

> "Sillävälin opetuslapset pyysivät häntä sanoen: 'Rabbi, syö!' Mutta hän sanoi heille: 'Minulla on syötävänä ruokaa, josta te ette tiedä.' Niin opetuslapset sanoivat keskenään: 'Lieneekö joku tuonut hänelle syötävää?' Jeesus sanoi heille: 'Minun ruokani on se, että minä teen lähettäjäni tahdon ja täytän hänen tekonsa.'" (4:31-34)

Samarialaisen naisen juostessa kaupunkiin Jeesuksen opetuslapset kehottivat Häntä syömään ruokaa, jota he olivat tuoneet. Mutta Jeesus kertoo heille, että Hänellä on ruokaa syötävänä. "Minulla on syötävänä ruokaa, josta te ette tiedä."

Aluksi tuntuu siltä, että Jeesus kieltäytyy ruuasta, jota opetuslapset etsivät kovasti voidakseen sitä tuoda, mutta tämä ei pidä paikkaansa. Jeesus käytti tätä otollista aikaa, jolloin he olivat kaikki nälkäisiä, opettaakseen heille "hengellisestä ruuasta" tavalla, joka syöpyisi heidän sydämiinsä. Kuitenkin ymmärtämättä opettajansa aikomuksia he kaikki tulkitsevat

Hänen Sanansa omalla tavallaan. Sitten he kysyvät toisiltaan: "Lieneekö joku tuonut hänelle syötävää?"

Opetuslapset, joiden hengellisiä silmiä ei ollut vielä avattu, puhuivat ruumiin ruuasta, kun taas Jeesus puhui hengellisestä ruuasta, joka antaa iankaikkisen elämän. Jeesus sanoo, että hengellistä ruokaa on Jumalan tahdon tekeminen ja Hänen työnsä täyttäminen. Mikä sitten on Jumalan tahto ja Jumalan työ?

1. Tess. 5:16-18 sanoo: *"Olkaa aina iloiset. Rukoilkaa lakkaamatta. Kiittäkää joka tilassa. Sillä se on Jumalan tahto teihin nähden Jeesuksessa Kristuksessa."* Ja 1. Tess. 4:3 sanoo: *"Sillä tämä on Jumalan tahto, teidän pyhityksenne..."* Joten iloitseminen, rukoileminen ja aina kiittäminen ja sydämemme pyhittäminen on Jumalan tahto. Lisäksi Jumalan sanan mukaan toimiminen, esimerkiksi toistemme rakastaminen, sovussa oleminen ja toisillemme anteeksi antaminen, on myös Jumalan tahto.

Ja mitä on Jumalan työ? Se on palvomista, evankeliointia, omistautumista ja palvelemista Jumalan valtakunnan toteuttamiseksi. Vaikka teemme paljon Jumalan työtä, emme kuitenkaan tee Jumalan tahtoa, jos teemme sen paha sydämissämme ja jatkamme synnin tekemistä, ja näin ollen työmme on turhaa. Jumala etsii puhdasta, hyvää totuuden sydäntä. Jumalan työtä tehdessämme meidän täytyy tehdä sitä Hänen tahtonsa mukaan. Vasta sitten voi sydämemme täyttyä ilosta ja Pyhän Hengen täyteydestä ja sen seurauksena saada vastaukset sydämemme toiveisiin.

Kylväjä ja leikkaaja

"Ettekö sano: 'Vielä on neljä kuukautta, niin elonleikkuu joutuu'? Katso, minä sanon teille: nostakaa silmänne ja katselkaa vainioita, kuinka ne ovat valjenneet leikattaviksi. Jo nyt saa leikkaaja palkan ja kokoaa hedelmää iankaikkiseen elämään, että kylväjä ja leikkaaja saisivat yhdessä iloita." (4:35-36)

Kerrottuaan opetuslapsilleen hengellisestä ruuasta Hän jatkaa kertomalla esimerkin "sadonkorjuusta" puhuen kylväjästä ja leikkaajasta. Siemenestä riippuen jokin sato korjataan aiemmin ja toinen paljon myöhemmin. Ja miksi luulet, että Jeesus sanoi: "Vielä on neljä kuukautta, niin elonleikkuu joutuu"?

Useimmissa tapauksissa Raamattuun tallennetuilla sanoilla ja numeroilla on syvä hengellinen merkitys, joten meidän täytyy varmistaa, että yritämme ymmärtää tämän Pyhän Hengen täyteydellä. 2. Piet. 3:8 sanoo, että: *"...yksi päivä on Herran edessä niinkuin tuhat vuotta ja tuhat vuotta niinkuin yksi päivä"*, ja Dan. 9:27 sanoo myös, että yksi päivä lasketaan vuodeksi, ja seitsemän vuotta lasketaan yhdeksi viikoksi. Niinpä "neljä kuukautta" tarkoittaa tässä tapauksessa neljää tuhatta vuotta.

Ajasta, jolloin ensimmäinen ihminen, Aadam, teki syntiä ja karkoitettiin Eedenin puutarhasta, läpi ajan, jolloin Aabrahamista tuli uskon isä, aikaan, jolloin Jeesus tuli tämän maan päälle, oli noin neljä tuhatta vuotta. Ajasta, jolloin Jumala alkoi ihmisen kasvatuksen hankkiakseen todellisia lapsia, aikaan, jolloin Jeesus Vapahtajamme tuli, kului neljä tuhatta vuotta.

Jeesuksen tulon jälkeen alkoi kasvatettujen sielujen sadonkorjuu. Koska Jeesus lunasti ihmiskunnan synneistään, ne, jotka ottavat Hänet vastaan, saavat syntinsä anteeksi ja pelastuvat uskon kautta. Joten "vielä on neljä kuukautta, niin elonleikkuu joutuu" tarkoittaa, että neljä tuhatta vuotta ihmisen kasvatuksen aloittamisen jälkeen pelastuksen tie avattiin Vapahtajamme Jeesuksen Kristuksen kautta.

Keitä siis ovat "kylväjät" ja keitä ovat "leikkaajat"? Yksi kylväjistä on Jumala, joka lähetti Poikansa Jeesuksen tähän maailmaan. Toinen kylväjä on Jeesus, joka tuli nisunjyväksi kuolemalla ristillä ja avaamalla tien pelastukseen. Ja me, Jumalan lapset, olemme leikkaajia, jotka korjaamme sadon niistä sieluista, jotka ovat kasvaneet valioviljaksi. Toisin sanoen leikkaajina voimme johtaa monia sieluja pelastukseen johtavalle polulle.

"Jo nyt saa leikkaaja palkan" tarkoittaa, että leikkaaja on jo saanut pelastuksen uskon kautta. Ef. 2:8 sanoo: *"Sillä armosta te olette pelastetut uskon kautta, ette itsenne kautta – se on Jumalan lahja."* Ja Room. 3:24 sanoo: *"...saavat lahjaksi vanhurskauden hänen armostaan sen lunastuksen kautta, joka on Kristuksessa Jeesuksessa."*

Pelastus on ilmainen lahja Jumalalta. Vaikka meidän olisi pitänyt kohdata ikuinen kuolema syntiemme tähden, uskon kautta Jeesukseen Kristukseen olemme saaneet "palkan", tai pelastuksen ihanan armon. Siksi työskentelemme kovasti kertoaksemme evankeliumista, jotta myös muut ihmiset voivat saada iankaikkisen elämän kanssamme. Tämä on "sadonkorjuuta iankaikkiseen elämään."

Kun me – kiitollisuudesta meille annettua pelastuksen armoa kohtaan – tunnollisesti jaamme evankeliumia ja leikkaamme viljaa, Jumala iloitsee taivaassa (Luuk. 15:7). Me, evankeliumin levittäjät, iloitsemme myös Hänen kanssaan. 3. Joh. 1:3:ssa Johannes puhuu tästä ilosta: *"Minua ilahutti suuresti, kun veljet tulivat ja antoivat todistuksen sinun totuudestasi, niinkuin sinä totuudessa vaellatkin."*

"Sillä tässä on se sana tosi, että toinen on kylväjä, ja leikkaaja toinen. Minä olen lähettänyt teidät leikkaamaan sitä, josta te ette ole vaivaa nähneet; toiset ovat vaivan nähneet, ja te olette päässeet heidän vaivansa hedelmille." (4:37-38)

Monet ihmiset leikkaavat, mitä Jeesus on kylvänyt. Tämä ei kuitenkaan ole meidän vaivannäkömme tai uhrauksiemme hedelmää. Tämä on seurausta Jeesuksen kuolemasta ristillä. Monet Jeesuksen opetuslapset ja muut ihmiset kokivat myös marttyyrikuoleman levittäessään evankeliumia. Jopa Vanhassa Testamentissa oli profeettoja, jotka – rakkaudestaan Jumalaan – yrittivät ohjata ihmisiä totuuden tielle, mutta joutuivat vainotuksi. Nämä ihmiset ovat kylväjiä.

Apostoli Paavali sanoi: *"Minä istutin, Apollos kasteli, mutta Jumala on antanut kasvun"* (1. Kor. 3:6). Kuka tahansa voi kastella ja leikata, mutta profeetat, Jeesus ja Jeesuksen opetuslapset olivat niitä, jotka kylvivät. Mutta tämä ei tarkoita, ettei nykyään enää ole kylväjiä. Jumala kylvää yhä tiettyjen valitsemiensa palvelijoiden kautta. Useimmat ihmiset nykyään kuitenkin vain kastelevat ja leikkaavat sitä, mitä on jo kylvetty.

Monet samarialaiset uskovat Jeesukseen

"Ja monet samarialaiset siitä kaupungista uskoivat häneen naisen puheen tähden, kun tämä todisti: 'Hän on sanonut minulle kaikki, mitä minä olen tehnyt.' Kun nyt samarialaiset tulivat hänen luoksensa, pyysivät he häntä viipymään heidän luonaan; ja hän viipyi siellä kaksi päivää. Ja vielä paljoa useammat uskoivat hänen sanansa tähden, ja he sanoivat naiselle: 'Emme enää usko sinun puheesi tähden, sillä me itse olemme kuulleet ja tiedämme, että tämä totisesti on maailman Vapahtaja.'" (4:39-42)

Jeesuksen opettaessa opetuslapsilleen hengellisestä maailmasta samarialainen nainen meni kaupunkiin ja kertoi mitä innostuneimmalla äänellä kaikille, jotka tapasi, että hän oli tavannut Messiaan. Kuultuaan naisen todistuksen, monet samarialaiset tulivat uskomaan Jeesukseen.

Jotkut ihmiset olettavat, että koska samarialaisella naisella oli viisi miestä, hänen elämänsä ei ollut kovin esimerkillistä. Ja he myös sanovat, että hän meni kaivolle keskipäivällä siksi, ettei hänen tarvitsisi olla tekemisissä muiden ihmisten kanssa. Jos tämä olettamus olisi totta, kaupunkilaiset olisivat pilkanneet häntä eivätkä olisi luultavasti edes kuunnelleet häntä. Ja kun hän huusi: "Tule ja katso!" he eivät luultavasti olisi välittäneet, mitä hän sanoi. Kuitenkin tärkeä seikka tässä on, että kaupunkilaiset luottivat siihen, mitä nainen sanoi ja uskoivat häntä.

Tästä voimme nähdä, että ihmiset yleisesti hyväksyivät ja luottivat naiseen. Siksi hänen evankeliointinsa oli tehokkaampaa ja ihmiset uskoivat, mitä hän sanoi. Ja tämän naisen todistuksen seurauksena monet ihmiset tulivat ottamaan vastaan Jeesuksen Vapahtajanaan. Ja saatuaan Jumalan armon he vaativat Jeesusta viipymään heidän luonaan hieman kauemmin, jotta he voisivat kuunnella Hänen sanojaan. Nähdessään ihmisten hyvän ja vilpittömän sydämen, Jeesus jää kertomaan heille evankeliumia.

Silloin ihmiset sanoivat naiselle: "Emme enää usko sinun puheesi tähden, sillä me itse olemme kuulleet ja tiedämme, että tämä totisesti on maailman Vapahtaja." Aluksi he uskoivat sen takia, mitä nainen sanoi, mutta tavattuaan Jeesuksen ja kuultuaan Hänen sanaansa, he pystyivät todella uskomaan sydämensä pohjasta, että Hän todellakin oli Messias, joka tuli pelastamaan heidät.

Toinen tunnusteko Kaanassa

Mikä uskomaton siunaus on, että monet ihmiset Sykarissa tulivat uskomaan Jeesukseen yhden samarialaisen naisen kautta! Ihmisten vilpittömän totuuden janon takia Jeesus jäi heidän luokseen ja jakoi evankeliuma kaksi päivää ennen lähtöä Galileaan.

Miksi profeetalla ei ole arvoa omassa isiensä maassa

"Mutta niiden kahden päivän kuluttua hän lähti sieltä Galileaan. Sillä Jeesus itse todisti, ettei profeetalla ole arvoa omassa isiensä maassa. Kun hän siis tuli Galileaan, ottivat galilealaiset hänet vastaan, koska olivat nähneet kaikki, mitä hän oli tehnyt Jerusalemissa juhlan aikana; sillä hekin olivat tulleet juhlille." (4:43-45)

Samariasta Jeesus meni suoraan Galileaan pysähtymättä Nasaretissa, kotikaupungissaan. Tämä johtuu siitä, että Hänen kotikaupunkinsa ihmiset torjuivat Jeesuksen. Kun Jeesus kerran opetti ihmisiä Nasaretissa, he tunsivat tuomion sydämisssään ja yrittivät ajaa Hänet pois kotikaupungistaan. Tämän lisäksi he jopa veivät Hänet vuoren huipulle syöstääkseen Hänet alas jyrkänteeltä (Luuk. 4:16-30).

Ihmiset torjuivat Jeesuksen, koska he eivät voineet ymmärtää, kuinka joku, jonka kanssa he kasvoivat ja joka oli pelkän puusepän poika, voisi olla heidän Messiaansa tai profeettansa (Matt. 13:53-58). He eivät nähneet hengellisillä silmillään kaikkia ihmeitä, joita Hän teki. He katsoivat Häntä vain fyysisillä silmillään.

Jeesukseen suhtauduttiin kuitenkin myönteisesti kaikkialla muualla. Varsinkin ihmiset, jotka asuivat Gennesaretin järven rannoilla, suhtautuivat myönteisesti Jeesuksen. Nähtyään kaikki tunnusteot ja ihmeet, jotka Jeesus teki Jerusalemissa pääsiäisen aikana, nämä galilealaiset tiesivät, että Hän ei ollut vain tavallinen ihminen.

Kuninkaan virkamies tuli tapaamaan Jeesusta

"Niin hän tuli taas Galilean Kaanaan, jossa hän oli tehnyt veden viiniksi. Ja Kapernaumissa oli eräs kuninkaan virkamies, jonka poika sairasti. Kun hän kuuli Jeesuksen tulleen Juudeasta Galileaan, meni hän hänen luoksensa ja pyysi häntä tulemaan ja parantamaan hänen poikansa; sillä tämä oli **kuolemaisillaan.**" (4:46-47)

Saapuessaan Galileaan Jeesus menee Kaanaan, Galilean kaupunkiin. Tämä on paikka, jossa Jeesus teki ensimmäisen tunnustekonsa muuttamalla veden viiniksi (Joh. 2). Kuningas Herodeksen kuninkaallinen virkamies kuuli, että Jeesus tuli Kaanaan, ja hän matkusti koko matkan Kapernaumista tapaamaan Häntä. Hänen poikansa oli sairas ja lähellä kuolemaa.

Kapernaum on noin 32 km Kaanasta; se ei ole helppo matka matkustaa edestakaisin. Kuninkaan kuninkaallisena virkamiehenä hän olisi voinut saada poikansa tuon ajan parhaiden lääkäreiden hoidettavaksi. Ja tuolloin ylipapit, kirjanoppineet ja muut johtajat syyttivät Jeesusta "riivatuksi."

Tämä mies oli kuitenkin kuullut Jeesuksen tekemistä merkeistä ja ihmeistä kuten veden muuttamisesta viiniksi ja sairaiden parantamisesta. Hän siis tuli Jeesuksen luokse puhtaalla uskovalla sydämellä. Hän uskoi vilpittömästi, että Jeesus parantaisi hänen poikansa, joten hän pyysi Jeesusta tulemaan ja parantamaan hänen poikansa.

"Niin Jeesus sanoi hänelle: 'Ellette näe merkkejä ja ihmeitä, te ette usko.' Kuninkaan virkamies sanoi hänelle: 'Herra, tule, ennenkuin minun lapseni **kuolee.'"** (4:48-49)

Kuninkaallinen virkamies on hätätilanteessa, jossa hänen poikansa voisi kuolla minä hetkenä hyvänsä. Kuitenkin sen sijaan, että olisi tullut hänen perässään heti, Jeesus sanoo: "Ellette näe merkkejä ja ihmeitä, te ette usko." Mies, joka on täynnä hätää ja pelkoa poikansa puolesta, ei luultavasti voi edes ymmärtää näitä sanoja. "Herra, tule, ennenkuin minun lapseni kuolee."

Usein ympärillämme on ihmisiä, jotka avaavat sydämensä ja ottavat vastaan Herran näkemättä mitään merkkejä tai ihmeitä. Mutta kokematta merkkejä ja ihmeitä on hyvin helppo uskoa omaan tietämykseen perustaen, mikä on lihallista uskoa. Sitä vastoin ihmiset, jotka kokevat Jumalan ihmeitä ja merkkejä, ymmärtävät, että kun Jumala puuttuu asioihin, mitä tahansa voi tapahtua, ja näin he saavat todellista uskoa tai hengellistä uskoa. Siksi nämä ihmiset elävät helpommin Jumalan sanan mukaan.

Tietysti jotkut ihmiset epäilevät jopa nähtyään merkkejä ja ihmeitä tapahtuvan aivan silmiensä edessä, mutta ihmiset, joilla on hyvä sydän, kasvavat uskossa, kun he todistavat Jumalan ihmeitä ja merkkejä. Tästä syystä Jeesus teki ihmeitä ja merkkejä, minne tahansa Hän meni.

Kuninkaallisella virkamiehellä oli hyvä sydän – siksi hän uskoi kaikki uutiset Jeesuksen ihmeistä. Hänellä ei kuitenkaan ollut todellista uskoa. Voimme nähdä tämän, koska hän pyytää Jeesusta tulemaan ennen kuin hänen poikansa kuolee.

Jos hän todella uskoisi kaikkivaltiaaseen Jumalaan, joka voisi herättää kuolleen eloon, hän ei huolestuisi, vaikka hänen poikansa kuolisi. Tämä on tietoon perustuvan uskon rajoitus. Edes kaikkivaltiaan Jumalan voimasta kuultuaan ei henkilö, jolla on lihallinen usko, voi osoittaa enempää uskoa tietyn vaiheen saavutettuaan. Vasta kun hän pääsee tämän vaiheen läpi, hän voi kokea ihmeen uskonsa mukaan. Tämä on todellista uskoa, jolla voi nähdä Jumalan kunnian. Siksi Jeesus sanoi: *"'Jos voit!' Kaikki on mahdollista sille, joka uskoo"* (Mark. 9:23) ja *"Mene. Niinkuin sinä uskot, niin sinulle tapahtukoon"* (Matt. 8:13).

Jeesus parantaa välittömästi sanoillaan

"Jeesus sanoi hänelle: 'Mene, sinun poikasi elää.' Ja mies uskoi sanan, jonka Jeesus sanoi hänelle, ja meni. Ja jo hänen ollessaan paluumatkalla hänen palvelijansa kohtasivat hänet ja sanoivat, että hänen poikansa eli. Niin hän tiedusteli heiltä, millä hetkellä hän oli alkanut toipua. Ja he sanoivat hänelle: 'Eilen seitsemännellä hetkellä kuume lähti hänestä.'" (4:50-52)

Jeesus ei syytä kuninkaallista virkamiestä hänen tietoon perustuvan uskonsa takia. Sen sijaan Hän vastaa hänen pyyntöönsä nähdessään hänen vilpittömyytensä siinä, että hän matkusti koko matkan Kapernaumista.

"Mene, sinun poikasi elää." Hän ei nähnyt poikansa parantuvan omien silmiensä edessä, mutta uskoen Jeesuksen sanaan hän palaa Kapernaumiin. Hänen ollessaan vielä kotimatkalla, hän näki kaukana tuttuja kasvoja. Hänen palvelijansa, joiden olisi pitänyt olla hoitamassa hänen poikaansa, juoksivat häntä kohti.

He kiiruhtivat kertomaan hänelle, että hänen poikansa oli terve. Virkamies uskoi Jeesuksen sanaan, mutta kuinka ylitsevuotavan onnellinen hänen täytyi olla kuullessaan omakohtaisesti, että hänen poikansa oli terve! Rauhoittaen sydämensä hän kyseli poikansa tilasta ja hän kysyi myös, mihin aikaan hänen poikansa oli toipunut. Hän kuuli, että hänen poikansa, joka oli ollut lähellä kuolemaa korkean kuumeen takia, oli toipunut sillä hetkellä, kun Jeesus sanoi: "Mene, sinun poikasi elää."

"Niin isä ymmärsi, että se oli tapahtunut sillä hetkellä, jolloin Jeesus oli sanonut hänelle: 'Sinun poikasi elää.' Ja hän uskoi, hän ja koko hänen huonekuntansa. Tämä oli taas tunnusteko, toinen, jonka Jeesus teki, tultuaan Juudeasta Galileaan." (4:53-54)

Jos kuninkaallinen virkamies olisi epäillyt jopa kuultuaan Jeesuksen sanat, hänen poikansa ei luultavasti olisi parantunut. Koska hän osoitti toiminnassaan uskoa loppuun asti, hän koki poikansa ihmeellisen paranemisen samoin kuin sen siunauksen saamisen, että hänen koko perheensä alkoi uskoa Jeesukseen. Veden viiniksi muuttamisen jälkeen kuninkaallisen virkamiehen pojan parantaminen oli toinen tunnusteko, jonka Jeesus teki Kaanassa.

Tällä tavoin usko muuttaa mahdottoman mahdolliseksi. Jeesus sanoi: *"Sentähden minä sanon teille: kaikki mitä te rukoilette ja anotte, uskokaa saaneenne niin se on teille tuleva"* (Mark. 11:24). Tässä Raamattu ei sano: "Uskokaa, että saatte" tulevaisuudessa. Siinä sanotaan: "Uskokaa saaneenne" menneessä aikamuodossa. Tämä tarkoittaa, että sinun täytyy rukoilla uskoen, että olet jo saanut vastauksen.

Raamattu sanoo: "Mutta anokoon uskossa, ollenkaan epäilemättä; sillä, joka epäilee, on meren aallon kaltainen, jota tuuli ajaa ja heittelee. Älköön sellainen ihminen luulko Herralta mitään saavansa." Kun rukoilemme täydessä uskossa kaikkivaltiaaseen Jumalaan epäilemättä tippaakaan, silloin tapahtuu ihmetekoja.

Luku 5

Tunnusteko Betesdan lammikolla

1. Mies, joka parannettiin 38 sairausvuoden jälkeen
(5:1-15)

2. Juutalaiset, jotka vainosivat Jeesusta
(5:16-30)

3. Jeesuksen todistus juutalaisille
(5:31-47)

Mies, joka parannettiin 38 sairausvuoden jälkeen

Tehtyään toisen tunnustekonsa Galileassa Jeesus meni ylös Jerusalemiin. On useita juhlia, joita aikuisen juutalaismiehen tulee pitää pyhinä: pääsiäinen, viikkojuhla ja lehtimajanjuhla. Jumalan tahtoa noudattaen Jeesus meni siis Jerusalemiin osallistumaan juhlille.

Betesdan lammikon ympärille kokoontuneet ihmiset

"Sen jälkeen oli juutalaisten juhla, ja Jeesus meni ylös Jerusalemiin. Ja Jerusalemissa on Lammasportin luona lammikko, jonka nimi hebreankielellä on Betesda, ja sen reunalla on viisi pylväskäytävää. Niissä makasi suuri joukko sairaita, sokeita, rampoja ja näivetystautisia, jotka odottivat veden liikuttamista. [Ajoittain astui näet enkeli alas lammikkoon ja kuohutti veden. Joka silloin veden kuohuttamisen jälkeen ensimmäisenä siihen astui, se tuli terveeksi, sairastipa mitä tautia tahansa.]" (5:1-4)

Jerusalemin temppelissä on useita portteja. Yksi porteista, joka on temppelin koillispuolella, oli nimeltään "Lammasportti." Se rakennettiin Nehemian aikana noin vuonna 445 eKr. (Neh 3:1) ja nimettiin "Lammasportiksi", koska aivan portin ulkopuolella oli karjamarkkinat ja siten uhripalvelukseen tarvittavat lampaat tuotiin tämän portin kautta. Lammasportin vieressä on allas, joka on hepreaksi nimeltään "Betesda." Tämä allas oli tehty sellaiseksi tekoaltaaksi, joka kerää sadevettä ja antaa vettä koko temppelille. Mielenkiintoinen asia tässä altaassa oli, että silloin tällöin kirkas lähdevesi suihkusi ylös altaan pohjasta ja kuohutti vettä altaassa. Ihmiset uskoivat, että tämä johtui siitä, että enkeli astui alas ja kuohutti vettä. Ja ensimmäinen henkilö, joka meni altaaseen heti tämän tapahduttua, parantuisi, sairastipa mitä tautia tahansa. Siksi allas oli aina täynnä sairaita. Sokeita, rampoja, kuivettuneita – kaikenlaisia sairauksia sairastavia ihmisiä – odotti altaalla veden kuohahtamista odottaen.

Muinaisissa Raamatun käsikirjoituksissa ei ole sanoja: "odottivat veden liikuttamista. Ajoittain astui näet enkeli alas lammikkoon ja kuohutti veden. Joka silloin veden kuohuttamisen jälkeen ensimmäisenä siihen astui, se tuli terveeksi, sairastipa mitä tautia tahansa." Tämä kohta ilmaantui kuitenkin myöhempiin käsikirjoituksiin, mikä viittaa siihen,

: : Lammasportti, joka sijaitsee Jerusalemin koillismuurissa

: : Betesdan lammikko, joka sijaitsee Lammasportin lähellä

että se oli tuolloin vain yleinen käsitys ihmisten keskuudessa. Jumalan sanana Raamatussa ei ole pienintäkään virhettä. Aika ajoin siihen on kuitenkin kirjattu sanoja auttamaan lukijaa ymmärtämään ja kokemaan paremmin tuon ajan olosuhteita.

Jeesus, joka paransi sairaita sapattina

"Ja siellä oli mies, joka oli sairastanut kolmekymmentä kahdeksan vuotta. Kun Jeesus näki hänen siinä makaavan ja tiesi hänen jo kauan aikaa sairastaneen, sanoi hän hänelle: 'Tahdotko tulla terveeksi?' Sairas vastasi hänelle: 'Herra, minulla ei ole ketään, joka veisi minut lammikkoon, kun vesi on kuohutettu; ja kun minä olen menemässä, astuu toinen sinne ennen minua.' Jeesus sanoi hänelle: 'Nouse, ota vuoteesi ja käy.' Ja mies tuli kohta terveeksi ja otti vuoteensa ja kävi. Mutta se päivä oli sapatti." (5:5-9)

Betesdan pylväiköt olivat aina täynnä invalideja. Ollakseen ensimmäisenä astumassa altaaseen veden kuohuttamisen jälkeen ihmiset yrittivät päästä niin lähelle allasta kuin mahdollista. Heidän joukossaan oli mies, joka oli sairastanut 38 vuotta. On vanha korealainen sanonta: "Pitkällä sairaudella ei ole uskollista lasta", joka tarkoittaa, ettei edes kaikkein uskollisin ihminen pysty pysymään uskollisena ja kuuliaisena, jos hänen vanhempansa sairaus kestää sietämättömän kauan. Sairastettuaan 38 vuotta tämä mies oli luultavasti jo perheensä hylkäämä ja ilman ketään auttajaa. Keskellä suurta tuskaa ja kärsimystä hän ei ollut kuitenkaan luopunut toivosta. Toivoen parantuvansa jonain päivänä hän pysyi altaalla. Nähdessään tämän miehen sydämeen, joka oli odottanut kärsivällisesti menettämättä toivoa, Jeesus lähestyi miestä rakkaudella.

"Tahdotko tulla terveeksi?"
Oltuaan pitkään ilman lempeitä sanoja, hän vastasi selittäen onnettoman tilanteensa. Jopa silloin, kun vesi kuohahti, joku muu, joka oli kykeneväisempi kuin hän, meni altaaseen ennen häntä. Hän pyysi Jeesusta auttamaan häntä altaaseen, mutta yllättyi siitä, mitä Jeesus sanoi seuraavaksi.

"Nouse, ota vuoteesi ja käy."
Jollekulle, joka oli elänyt vammaisena pitkään, tämä saattaa kuulostaa oudolta. Hän voisi jopa ajatella Jeesuksen pilkkaavan häntä. Mutta ennen kuin hän tiesikään, hän oli jaloillaan! Jotenkin voima palautui hänen ruumiiseensa. Jeesus puhui vain muutaman sanan ja sairaus, joka oli vaivannut miestä 38 vuotta, lähti hänestä heti! Jeesus ei parantanut ketä tahansa. Hän paransi ihmisiä vain tarkasteltuaan heidän uskoaan ja tekojaan. Jeesus paransi tämän miehen, koska hänen sydämensä oli hyvä pitkästä kärsimyksestä huolimatta. Se oli sinnikäs ja toiveikas.

Juutalaiset, jotka eivät ymmärtäneet sapatin todellista merkitystä

"Sentähden juutalaiset sanoivat parannetulle: 'Nyt

on sapatti, eikä sinun ole lupa kantaa vuodetta.' Hän vastasi heille: 'Se, joka teki minut terveeksi, sanoi minulle: "Ota vuoteesi ja käy."' He kysyivät häneltä: 'Kuka on se mies, joka sanoi sinulle: "Ota vuoteesi ja käy"?' Mutta parannettu ei tiennyt, kuka se oli; sillä Jeesus oli poistunut, kun siinä paikassa oli paljon kansaa." (5:10-13)

Miehellä, joka oli ollut invalidi 38 vuoden ajan, ei ollut enää mitään syytä jäädä altaalle. Hänen ottaessaan vuoteensa lähteäkseen juutalaiset lähestyivät häntä. Tämä johtuu siitä, että päivä, jona mies parannettiin, oli sapatti, ja vanhinten perinnäissäännöt kielsivät ehdottomasti jopa esineiden siirtämisen tuona päivänä. Israelilaiset kokivat vastoinkäymisiä aina, kun eivät totelleet Jumalan käskyjä tai lakia. Kun valtaistuimella oli jumalaapelkäävä kuningas, Israelilla oli rauha. Mutta kun jumalaapelkäämätön ja epäjumalia palvova kuningas oli vallassa, muut kansat valloittivat Israelin ja ottivat sen kansan vangeiksi. Joten noudattaakseen Jumalan lakia tiukemmin israelilaiset olivat muokanneet käskyt sisältämään paljon tarkempia yksityiskohtia. Tähän viitataan Raamatussa "vanhinten perinnäissääntöinä."

Niinpä esimerkiksi noudattaakseen käskyä "pyhitä lepopäivä" juutalaiset lisäsivät tähän käskyyn useita alakohtia, joissa luetellaan yksityiskohtaisesti, mistä pitää pidättäytyä. He lisäsivät käskyyn yksityiskohtaisia artikloja kuten, että ei saa kylvää siemeniä tai kyntää peltoa eikä vaivata taikinaa tai leipoa, ei saa pestä pyykkiä eikä kirjoittaa kahta sanaa tai pyyhkiä niitä, ei saa lakaista tai siirtää esinettä toiseen paikkaaan jne.

Jumala ei kuitenkaan koskaan sanonut: "Älä ota vuodettasi ja kävele sapattina." Jumala käski kansaansa pyhittämään sapatin siunatakseen heitä ja pitääkseen päivän pyhänä, mutta Hänen käskyjensä todellista merkitystä ymmärtämättä juutalaiset loivat nämä pikkutarkat säännöt vaikeuttaen elämäänsä. Kun he kuulivat, että 38 vuotta invalidina ollut oli parantunut, heidän olisi pitänyt iloita hänen puolestaan, mutta sen sijaan he tuomitsivat tämän tapahtuman.

"Nyt on sapatti, eikä sinun ole lupa kantaa vuodetta."
Ahdistuneet juutalaiset ajoivat asiaansa sitkeästi.
"Kuka on se mies, joka sanoi sinulle: 'Ota vuoteesi ja käy'?"
Onneksi Jeesus, tietäen etukäteen, että juutalaiset reagoivat herkästi Hänen parantaessaan sairaita sapattina, oli jo poistunut, kun juutalaiset aloittivat kuulustelun. Jeesus ei poistunut, koska Hän oli heikko tai voimaton. Silloinkin, kun Häntä vainottiin epäoikeudenmukaisesti, Hän toimi vain vanhurskaasti. Missä tahansa tilanteessa Hän olikin, Hän ei koskaan tehnyt mitään, mikä voisi haitata Jumalan tahdon täyttymystä.

"Sinä olet tullut terveeksi; älä enää syntiä tee."

> "Sen jälkeen Jeesus tapasi hänet pyhäkössä ja sanoi hänelle: 'Katso, sinä olet tullut terveeksi; älä enää syntiä tee, ettei sinulle jotakin pahempaa tapahtuisi.' Niin mies meni ja ilmoitti juutalaisille, että Jeesus oli hänet terveeksi tehnyt." (5:14-15)

Kun Jeesus taas tapasi 38 vuotta invalidina olleen miehen pyhäkössä, Hän varoitti häntä: "Älä enää syntiä tee, ettei sinulle jotakin pahempaa tapahtuisi."

Jeesus opetti miehelle, että Jumala kyllä paransi hänet. Jos hän ei eläisi Jumalan Sanan mukaan ja tekisi vielä syntiä, hänelle kuitenkin tulisi vakavampi sairaus. Tässä voimme siis nähdä, että sairaus tulee synnistä. Tämä ei päde vain sairauksiin vaan kaikkiin muihinkin ongelmiin. Kun me rakastamme ja pelkäämme Jumalaa ja elämme Hänen tahtonsa mukaisesti, taudit ja heikkoudet eivät pääse lähellemme ja saamme kaikilla elämämme alueilla menestymisen siunauksen.

Jos emme kuitenkaan elä Sanan mukaan, tulemme kärsimään kaikenlaisista sairauksista ja ongelmista. Useimmiten ihmiset ajattelevat, että sairastuminen johtuu huonosta onnesta tai se on perinnöllistä. Jopa perinnöllisten sairauksien syy liittyy monesti Jumalan Sanan noudattamatta jättämisen syntiin. Jos esimerkiksi syömme ateriat epäsäännöllisesti tai jos antaudumme mässäilylle, ensin ruoansulatuskanavamme ja lopulta koko kehomme elimet tulevat heikoiksi. Tämä johtuu siitä, ettemme ole onnistuneet pitämään hyvää huolta ruumiistamme, jonka Jumala antoi meille. Eli tämä on sama asia kuin tottelemattomuus Jumalan Sanalle.

2. Moos. 15:26 sanoo: *"Jos sinä kuulet Herraa, Jumalaasi, ja teet mikä on oikein hänen silmissänsä, tarkkaat hänen käskyjänsä ja noudatat kaikkea hänen lakiansa, niin minä en pane sinun kärsittäväksesi yhtäkään niistä vaivoista, jotka olen pannut egyptiläisten kärsittäviksi, sillä minä olen HERRA, sinun parantajasi."* Kun noudatamme Jumalan lakia ja elämme kelvollista elämää Jumalan edessä, Hän parantaa

mitkä tahansa sairaudet meillä onkaan ja tekee meidät ehjiksi.

Mies ei edes tiennyt, kuka se oli, joka oli parantanut hänet. Mutta tavattuaan Jeesuksen uudelleen pyhäkössä ja saatuaan tietää, että Hän oli parantanut hänet, hän oli riemuissaan. Kun he kysyivät, hän kertoi mielellään juutalaisille, että Jeesus oli parantanut hänet, mutta hän ei tiennyt heidän aikeistaan. Hän ei tiennyt, että hänen sanansa voisivat vahingoittaa Jeesusta millään tavalla.

Parannettuaan jonkun Jeesus joskus käskee tätä menemään kertomaan sukulaisillensa ja toisinaan hän käskee heitä olemaan kertomatta siitä kenellekään (Matt. 8:4, Luuk. 8:56). Jos jollakin ihmeestä kuulevalla ihmisellä on hyvä sydän ja hän on sellainen, joka antaisi kunnian Jumalalle ja uskoisi Häneen, niin Jeesus käski parantunutta ihmistä kertomaan hänelle. Jos siitä kuuleva ihminen olisi kuitenkin sellainen, joka olisi vainonnut tai vahingoittanut parantunutta sen takia mitä tapahtui, silloin Jeesus kielsi tätä kertomasta kenellekään. Siksi on tärkeää olla viisas, kun jaamme tietoa jonkun kanssa, luodaten ensin heidän sydäntänsä.

Juutalaiset, jotka vainosivat Jeesusta

Juutalaiset vainosivat Jeesusta ihmeen tekemisestä sapattina. Ymmärtämättä lakia oikein he tuomitsivat Jeesuksen, joka teki hyvän teon. Jeesus sanoo kuitenkin Mark. 2:27-28:ssa: *"Sapatti on asetettu ihmistä varten eikä ihminen sapattia varten. Niinpä Ihmisen Poika siis on sapatinkin herra."*

Sapatin Herrana Jeesus paransi sairauksista kärsiviä ihmisiä ja osoitti rakkautta, joka ylitti jopa lain. Näin Jumala suosii rakkautta ja myötätuntoa lakiin verrattuna.

> "Ja sentähden juutalaiset vainosivat Jeesusta, koska hän semmoista teki sapattina. Mutta Jeesus vastasi heille: 'Minun Isäni tekee yhäti työtä, ja minä myös teen työtä.' Sentähden juutalaiset vielä enemmän tavoittelivat häntä tappaaksensa, kun hän ei ainoastaan

kumonnut sapattia, vaan myös sanoi Jumalaa Isäksensä, tehden itsensä Jumalan vertaiseksi." (5:16-18)

Hyvä ihminen ei arvostele tai tuomitse muita. Sen sijaan hän yrittää ymmärtää muita asettamalla itsensä heidän saappaisiinsa. Juutalaiset yrittivät kuitenkin aloittaa riidan Jeesuksen kanssa ja vainota Häntä hyvän työn tekemisestä. Tähän Jeesus sanoo: "Minun Isäni tekee yhäti työtä, ja minä myös teen työtä", ja Hän painottaa sitä, että Hän ei toimi omasta tahdostaan. Kun he kuulivat tämän, juutalaiset raivostuivat ja pyrkivät vielä kovemmin tappamaan Jeesuksen. Heistä vaikutti siltä, ettei Jeesus ainoastaan kumonnut sapattia vaan teki itsensä Jumalan vertaiseksi kutsumalla Jumalaa omaksi Isäkseen.

Pohjimmiltaan Jeesus ja Jumala ovat kuitenkin yhtä. Hän oli Jumalan kanssa alusta asti ja näki, miten maailmankaikkeus luotiin ja ylläpidettiin. Koska Hän näki kaiken alusta loppuun ja tiesi kaiken alusta alkaen, Hän on aina toiminut Jumalan tahdon mukaan eikä koskaan tehnyt mitään, mikä oli vastoin Jumalan tahtoa tai suunnitelmaa. Juutalaiset, jotka olivat hengellisesti sokeita, eivät voineet ymmärtää tätä tosiasiaa. Kaiken tämän lisäksi Jeesus teki asioita, joita he itse eivät voineet tehdä, ja sai kiitosta ihmisiltä, joten he tulivat kateellisiksi ja mustasukkaisiksi

Jeesus yrittää auttaa juutalaisia ymmärtämään

"Niin Jeesus vastasi ja sanoi heille: 'Totisesti, totisesti minä sanon teille: Poika ei voi itsestänsä mitään tehdä, vaan ainoastaan sen, minkä hän näkee Isän tekevän; sillä mitä Isä tekee, sitä myös Poika samoin tekee. Sillä Isä rakastaa Poikaa ja näyttää hänelle kaikki, mitä hän itse tekee; ja hän on näyttävä hänelle suurempia tekoja kuin nämä, niin että te ihmettelette." (5:19-20)

Oletetaan, että isä, joka omistaa valtavan yrityksen, haluaa siirtää liiketoiminnan pojalleen. Hän opettaa pojalleen kaiken, mitä hänen tarvitsee tietää yrityksen pyörittämisestä, ja jopa yhtiön huippusalaiset tiedotkin. Samoin Jumala opetti rakastavalle Pojalleen Jeesukselle, joka oli Hänen kanssaan alusta alkaen (luomisesta ihmisen kasvatukseen), suunnitelmansa ja kaikki luomisen salaisuudet. Jeesus tuli tähän maailmaan näyttämään meille, mitä Isä Jumala oli opettanut ja näyttänyt hänelle. Parantamalla sairaita, herättämällä kuolleita henkiin ja tyynnyttämällä tuulet ja vedet Hän teki uskomattomia ihmeitä (Luuk. 8:24).

Ja ihmisille, jotka olivat kaikki ihmeissään siitä, mitä Hän teki, Hän profetoi, että he näkisivät vieläkin suurempia asioita, joita he ihmettelisivät. Tällä Hän viittasi tapahtumaan, jossa Hän ottaisi kantaakseen kaikkien ihmisten synnit kuolemalla ristillä ja nousemalla ylös kolmantena päivänä. Sen lisäksi Jeesuksen nostaminen ylös taivaaseen ylösnousemuksen jälkeen olisi ollut tällainen ihme ja tapahtuma, jota kukaan ei ole ennen nähnyt. Jeesuksen palaaminen tähän maailmaan lopun aikana tulee myös olemaan inspiroiva ja ihmeellinen tapahtuma.

Isän ja Pojan välinen suhde

"Sillä niinkuin Isä herättää kuolleita ja tekee eläviksi, niin myös Poika tekee eläviksi, ketkä hän tahtoo. Sillä Isä ei myöskään tuomitse ketään, vaan hän on antanut kaiken tuomion Pojalle, että kaikki kunnioittaisivat Poikaa, niinkuin he kunnioittavat Isää. Joka ei kunnioita Poikaa, se ei kunnioita Isää, joka on hänet lähettänyt." (5:21-23)

Jumala, jolla on korkein valta ihmisen elämään ja kuolemaan, antoi tämän vallan myös Pojalleen Jeesukselle. Joten kun Jeesus sanoo: "Poika tekee eläviksi, ketkä hän tahtoo", Hän tarkoittaa sitä, että Jeesus voi antaa elämän kenelle Hän haluaa.

Mitä se siis tarkoittaa, kun Raamattu sanoo, että Jumala on antanut kaiken tuomion Pojalle? Kuten Room. 3:10 sanoo: *"Ei ole ketään vanhurskasta, ei ainoatakaan"*, Aadamin lankeemuksen jälkeen koko ihmiskunta joutui kuoleman tielle. Mutta rakkauden Jumala valmisti pelastustien meille, ja se tie on Jeesus Kristus. Siten kuka tahansa, joka uskoo Häneen ja elää Hänen sanansa mukaan, pääsee taivaaseen. Siksi Raamattu sanoo: "Hän [Jumala] on antanut kaiken tuomion Pojalle." Tämä tarkoittaa, että Jumalan tahto on Jeesuksen tahto.

Kuten on kirjoitettu Room. 5:1:ssä: *"Koska me siis olemme uskosta vanhurskaiksi tulleet, niin meillä on rauha Jumalan kanssa meidän Herramme Jeesuksen Kristuksen kautta"*, Jeesus on uskon silta, joka yhdistää suhteemme Jumalaan. Kun me uskomme ja tottelemme Jeesuksen sanaa, niin me uskomme ja tottelemme Jumalan sanaa. Siksi Jeesuksen Kristuksen tunteminen ja kunnioittaminen on pohjimmiltaan Jumalan tuntemista ja kunnioittamista.

Kun kuulee Jumalan Pojan äänen

"Totisesti, totisesti minä sanon teille: joka kuulee minun sanani ja uskoo häneen, joka on minut lähettänyt, sillä on iankaikkinen elämä, eikä hän joudu tuomittavaksi, vaan on siirtynyt kuolemasta elämään. Totisesti, totisesti minä sanon teille: aika tulee ja on jo, jolloin kuolleet kuulevat Jumalan Pojan äänen, ja jotka sen kuulevat, ne saavat elää. Sillä niinkuin Isällä on elämä itsessänsä, niin hän on antanut elämän myös Pojalle, niin että myös hänellä on elämä itsessänsä. Ja hän on antanut hänelle vallan tuomita, koska hän on Ihmisen Poika." (5:24-27)

Joka kuulee Jeesuksen sanat ja uskoo Jumalaan, joka lähetti Hänet, ei joudu tuomittavaksi, vaan siirtyy kuolemasta elämään. Sana "uskoo" ei tässä kohdassa tarkoita pelkästään uskoa, joka todistetaan sanomalla huulillaan: "Minä uskon." Se tarkoittaa uskoa, joka tulee "hengellisestä uskosta", joka todistetaan omalla toiminnallaan, joka on sopusoinnussa Jumalan sanan kanssa.

"Kuolleet" ei viittaa ruumiillisesti kuolleisiin ihmisiin, vaan ihmisiin, jotka ovat hengellisesti kuolleita. Kun Jumala loi ihmiset, Hän loi heidät eläviksi olennoiksi, joilla on henki, sielu ja ruumis. Mutta kun ensimmäinen ihminen, Aadam, oli tottelematon Jumalalle, synti tuli ihmiseen ja hänen henkensä kuoli.

Niinpä kaikki Aadamin jälkeläiset syntyvät perisynnin kanssa ja heidän henkensä on kuollut, mutta kun he kuulevat evankeliumin ja ottavat Jeesuksen Kristuksen vastaan Vapahtajanaan ja saavat Pyhän Hengen, heidän henkensä elpyy. Ja kun he toimivat Jumalan sanan mukaan ja muuttuvat yhä enemmän totuuden ihmiseksi tai hengen ihmiseksi, Raamattu viittaa tähän Jumalan Pojan äänen kuulemisena. Ja Herra sanoo, että aika tulee ja on jo, jolloin ihmiset kuulevat Jumalan Pojan äänen.

Hän sanoo myös: "Sillä niinkuin Isällä on elämä itsessänsä, niin hän on antanut elämän myös Pojalle, niin että myös hänellä on elämä itsessänsä." Elämä viittaa tässä iankaikkiseen, hengelliseen elämään, joka ei katoa. Ja Jeesuksessa, joka on yhtä Jumalan kanssa, on myös elämä (Joh. 14:6), joten jos me uskomme Häneen ja otamme Hänet vastaan, saamme myös iankaikkisen elämän.

Koska Jeesus on Ihmisen Poika, Jumala antoi Hänelle vallan tuomita, ja tämä tuomio annetaan ihmisen elämän mukaan. Se tarkoittaa, että sillä, joka uskoo Jeesukseen Kristukseen, on elämä, ja hän pääsee siksi taivaaseen, ja ihminen, joka ei usko Jeesukseen Kristukseen ja jolla ei ole tätä elämää, joutuu helvettiin. Miksi Jumala siis antoi Pojalleen tämän vallan tuomita?

Aivan kuten meidän täytyy laittaa esine vaa'alle mitataksemme sen painon, tarvitsemme myös standardin, jonka avulla voimme arvioida, onko henkilöllä elämää vai ei. Jeesus Kristus on elämän vaaka ja tuomion standardi. Tämä johtuu siitä, että Jeesus yksin on elämä ja itse totuus. Ja sen vuoksi Jumala antoi Pojalleen vallan tuomita.

Elämän ylösnousemus ja tuomion ylösnousemus

"Älkää ihmetelkö tätä, sillä hetki tulee, jolloin kaikki, jotka haudoissa ovat, kuulevat hänen äänensä ja tulevat esiin, ne, jotka ovat hyvää tehneet, elämän ylösnousemukseen, mutta ne, jotka ovat pahaa tehneet, tuomion ylösnousemukseen. En minä itsestäni voi mitään tehdä. Niinkuin minä kuulen, niin minä tuomitsen; ja minun tuomioni on oikea, sillä minä en kysy omaa tahtoani, vaan hänen tahtoaan, joka on minut lähettänyt." (5:28-30)

Kun kerrotaan, että elämä ja tuomio riippuu Jumalan Pojasta, jotkut ihmiset ovat epäuskoisia. He kysyvät: "Mitä sitten tapahtuu kaikille niille ihmisille, jotka elivät ja kuolivat ennen Jeesuksen syntymää?" Siksi Jeesus sanoo: "Älkää ihmetelkö tätä", ja sitten hän kertoo omantunnon tuomiosta.

On kulunut vain noin sata vuotta siitä, kun kristinusko tuli Koreaan. Mitä sitten tapahtuisi niille ihmisille, jotka elivät sata vuotta sitten, tai Vanhan testamentin ajan ihmisille? Jos kaikki nämä ihmiset lähetetään helvettiin vain koska he eivät tunteneet Jeesusta Kristusta, niin miten voimme sanoa, että Jumala on rakkaus?

Jumala, joka on itse rakkaus, valmisti pelastuksen tien niille ihmisille, joilla on hyvä sydän. Ne ihmiset, jotka tekivät hyviä tekoja elämänsä aikana, kokevat elämän ylösnousemuksen, ja ne, jotka tekivät pahoja tekoja, kokevat tuomion ylösnousemuksen (Room. 2:14-16). "Omantunnon tuomio" on siis pelastustie, jonka Jumala valmisti niille, jotka elivät Vanhan testamentin aikana ennen kuin Jeesus tuli, ja niille, jotka elivät Uuden testamentin aikana ja joilla ei ollut koskaan mahdollisuutta kuulla evankeliumia.

Vaikka he eivät koskaan kuulleet evankeliumia, on ihmisiä, jotka tuntevat kunnioitusta ja kunnioittavaa pelkoa taivasta kohtaan ja tekevät kaikkensa yrittääkseen elää hyvää ja vanhurskasta elämää ja näin ollen elävät jossain määrin Jumalan tahdon mukaan (Saarn. 3:11, Room. 1:20). Jotkut ihmiset uhraavat henkensä maansa tai vanhempiensa tai jopa ystäviensä puolesta. Tämä on uhrautuvaa rakkautta.

Jos tällaiset ihmiset kuulevat evankeliumin, eivätkö he varmasti ottaisi vastaan Herran, saisi pelastuksen ja pääsisi taivaaseen? Siten Jumala sallii näiden ihmisten saada pelastuksen omantunnon tuomion kautta (katso kirja: Helvetti).

Näin oikeudenmukaisuuden Jumala antaa kaikille oikeudenmukaisen tuomion. Kun Jeesus puhui tuomiosta, kuunteleviin ihmisiin tarttui yhtäkkiä pelko ja he ihmettelivät: "Millainen tämä tuomio on?" Tietäen heidän mielessään olevan kysymyksen Jeesus vastasi: "En minä itsestäni voi mitään tehdä. Niin kuin minä kuulen, niin minä tuomitsen; ja minun tuomioni on oikea, sillä minä en kysy omaa tahtoani, vaan hänen tahtoaan, joka on minut lähettänyt."

Jeesuksen todistus juutalaisille

Vanhan testamentin profeetat ja Johannes Kastaja olivat jo levittäneet sanaa Jeesuksesta. He ennustivat, että Jeesus syntyisi Iisain suvusta ja että kansat turvautuisivat Häneen, että Hän syntyisi Beetlehemissä ja että *"Hänen alkuperänsä on muinaisuudesta, iankaikkisista ajoista"* (Jes. 11:10, Miika 5:2). Nämä profeetat eivät puhu omasta tahdostaan. Jumala laittoi heidät lausumaan nämä profetiat Jeesuksesta Kristuksesta.

Näiden ennustusten lisäksi tunnusteot ja ihmeet, jotka Jeesus teki, puhuivat puolestaan, että Jeesus oli Jumalasta. Mutta juutalaiset eivät silti tunnistaneet Häntä ja alkoivat vainota Häntä, joten Hän esitti todisteen siitä, että Hän oli Jumalan Poika. Hän teki tämän vain rakkaudesta heitä kohtaan, jotta he voisivat saada pelastuksen.

"On toinen, joka todistaa minusta"

"Jos minä itsestäni todistan, ei minun todistukseni ole pätevä. On toinen, joka todistaa minusta, ja minä tiedän, että se todistus, jonka hän minusta todistaa, on pätevä. Te lähetitte lähettiläät Johanneksen luo, ja hän todisti sen, mikä totta on. Mutta minä en ota ihmiseltä todistusta, vaan puhun tämän, että te pelastuisitte." (5:31-34)

Kuvittele, kuinka nololta ja hassulta se näyttäisi, jos joku kehuisi itseään, mutta kukaan ei kiinnittäisi siihen huomiota? Joten vaikka meillä olisi tarpeeksi itseluottamusta ylpeillä itsestämme, ympärillämme olevien ihmisten on ensin huomattava meidät. Jeesuksella oli täysi oikeus ylpeillä itsestään, mutta Hän vain odotti Jumalan näyttävän muille, kuka Hän oli. Sen sijaan, että todistaisi itsestään, Jeesus käytti tunnustekoja, jotka Jumala ilmensi Hänen kauttaan, puhumaan puolestaan.

Miksi sitten Jeesus sanoi, ettei Hän ota todistusta ihmiseltä? Tämä johtuu siitä, ettei ollut ketään, joka olisi voinut tuolloin antaa täyden ja tarkan todistuksen Jeesuksesta. Edes Johannes Kastaja ei voinut antaa täydellistä todistusta Jeesuksesta. Siksi Johanneksen ollessa vankilassa hän lähetti opetuslapsensa kysymään Jeesukselta: *"Oletko sinä se tuleva, vai pitääkö meidän toista odottaman?"* (Matt. 11:3).

Tähän Jeesus vastasi seuraavissa jakeissa 4-5: *"Menkää ja kertokaa Johannekselle, mitä kuulette ja näette: sokeat saavat näkönsä, ja rammat kävelevät, pitaliset puhdistuvat, ja kuurot kuulevat, ja kuolleet herätetään, ja köyhille julistetaan evankeliumia."* Hän sanoi tämän, koska pelkkä tämän tosiasian tietäminen kertoisi heille: "Ahaa, tämä on ehdottomasti se Jumalan lähettämä."

Hengellisiä asioita voivat tutkia vain hengelliset mielet (1. Kor. 2:13), mutta tuolloin ihmiset eivät tienneet, että Jeesus oli Jumalasta. Siksi heidän oli jopa vaikea tarkasti todistaa Jeesuksesta. Johtaakseen mahdollisimman paljon ihmisiä pelastukseen Jeesus puhui paljon todisteista ja Jumalan teoista. Juutalaiset, jotka olivat täynnä kateutta, erehtyivät kuitenkin luulemaan tätä Jeesuksen kehuskeluksi itsestään, ja tietäen tämän hyvin Jeesus sanoi, että todistus, jonka Hän saa, ei ole peräisin ihmisestä.

Ihmeet ja tunnusteot: Jumalan teot

"Hän oli palava ja loistava lamppu, mutta te tahdoitte ainoastaan hetken iloitella hänen valossansa. Mutta minulla on todistus, joka on suurempi kuin Johanneksen; sillä ne teot, jotka Isä on antanut minun täytettävikseni, ne teot, jotka minä teen, todistavat minusta, että Isä on minut lähettänyt." (5:35-36)

Lamppu sammuu, kun siitä loppuu öljy. Jeesus vertaa Johannesta lamppuun, koska hänen elämänsä oli lyhyt. Johannes syntyi 6 kuukautta ennen Jeesusta, mutta Jeesuksen julkisen toiminnan aikana – kun Johannes oli vasta juuri kolmissakymmenissä – Herodes Antipas surmasi hänet.

Lyhyen elinikänsä aikana Johannes kuitenkin nuhteli

syntisiä ja lainrikkojia todistamalla totuudesta kuten lamppu, joka antaa valoa pimeydessä (Joh. 5:33). Lamppuna valmistaen tietä Herralle hän osoitti ihmisten synnit ja ohjasi heitä tekemään parannuksen ja tulemaan vanhurskauteen.

Kuten aiemmin mainittiin, profeetta Malakian jälkeen Israel oli hengellisessä pimeydessä 400 vuotta ja Johannes oli itse asiassa ensimmäinen profeetta, joka julisti taas Jumalan Sanaa. Siksi hänen suosionsa oli niin suuri. Koska Johanneksesta tuli kuin lamppu, ihmiset nauttivat nähdessään tämän valon, mutta Johanneksen huuto vanhurskauden puolesta oli lyhytaikainen, sillä hän julisti Hänestä, joka olisi tuleva hänen jälkeensä, joka oli Jeesus.

Siten todiste, joka olisi tarkempi kuin Johanneksen todistus, olisi varsinaiset Jumalan teot, joita Jeesus itse tekee. Lukuisten tunnustekojen ja ihmeiden avulla Jeesus näyttää ihmisille todisteita siitä, että Jumala on Hänen kanssaan.

Kirjoitukset todistavat Jeesuksesta

> "Ja Isä, joka on minut lähettänyt, hän on todistanut minusta. Te ette ole koskaan kuulleet hänen ääntänsä ettekä nähneet hänen muotoansa, eikä teillä ole hänen sanaansa teissä pysyväisenä; sillä te ette usko sitä, jonka hän on lähettänyt. Te tutkitte kirjoituksia, sillä teillä on mielestänne niissä iankaikkinen elämä, ja ne juuri todistavat minusta; ja te ette tahdo tulla minun tyköni, että saisitte elämän. En minä ota vastaan kunniaa ihmisiltä; mutta minä tunnen teidät, ettei teillä ole

Jumalan rakkautta itsessänne. Minä olen tullut Isäni nimessä, ja te ette ota minua vastaan; jos toinen tulee omassa nimessään, niin hänet te otatte vastaan." (5:37-43)

Jumala todisti Jeesuksesta monien tunnustekojen ja ihmeiden avulla, mutta fariseukset, saddukeukset ja lainopettajat eivät uskoneet Häneen. Tähän Jeesus sanoo, että "te ette ole koskaan kuulleet hänen ääntänsä ettekä nähneet hänen muotoansa." Hän lisää, että se johtuu siitä, että heillä ei ole Hänen sanaansa heissä pysyväisenä. Nämä ihmiset ylpeilevät tuntevansa paremmin Jumalan sanan kuin kukaan muu. Miksi Jeesus sanoisi näille ihmisille: "Teillä ei ole hänen sanaansa teissä pysyväisenä?"

Lopputulos on täysin erilainen riippuen siitä, ottaako ihminen Jumalan Sanan kuullessaan sen vastaan hyvällä sydämellä vai pahalla sydämellä. Nämä ihmiset tiesivät varsin hyvin, että Jumala lähettää heille Vanhassa testamentissa ennustetun Messiaan. Kuitenkin sen sijaan, että olisivat ottaneet nämä sanat vastaan Jumalan sydäntä ymmärtäen, he ottivat ne vastaan omien ajatuksiensa ja tapojensa mukaan, jotka hyödyttävät heitä itseään. Joten kun todellinen Messias oli heidän edessään, he eivät voineet tunnistaa Häntä eivätkä hyväksyä Häntä. Koska he olivat ylpeitä lain tuntemuksestaan ja pyrkivät itsekkäästi pitämään asemansa yhteiskunnassa, he itse asiassa vainosivat Jeesusta. Siksi Jeesus sanoi, ettei Jumalan sana ole heissä.

Monet ihmiset ajattelevat, että jos he lukevat Jumalan sanaa

Raamatusta ja kuuntelevat saarnoja, he saavat pelastuksen. Tämä ei kuitenkaan ole totta. Vasta kun me ymmärrämme Jumalan sanaa ja toimimme sen mukaan, voi pelastuksemme tulla täydelliseksi (Matt. 7:21). Vaikka tietäisimme varmasti, missä määränpäämme on, emme voi koskaan saavuttaa sitä, ellemme liiku sitä kohti. Samoin jos tiedämme, että haluamme päästä taivaaseen, pelkästään Jumalan tahdon tunteminen ei saa meitä sinne. Meidän täytyy ymmärtää Hänen tahtonsa ja toimia sen mukaisesti.

Koska nämä lainopettajat olivat oman pahuutensa sokaisemia eivätkä voineet tunnistaa Jeesusta, Jeesus puhui heille hyvin tiukasti: "En minä ota vastaan kunniaa ihmisiltä; mutta minä tunnen teidät, ettei teillä ole Jumalan rakkautta itsessänne." Jeesus ei yritä saada kunniaa tämän maailman ihmisiltä. Tämän maailman kunnia on turhaa ja lopulta se varmasti katoaa.

Jumala ei anna meille pelastusta saadakseen kunniaa. Hän tarjoaa meille pelastuksen vain, koska Hän rakastaa meitä. Jumala haluaa jakaa todellista rakkauttaan meidän kanssamme, jotka saatuamme pelastuksen olemme tulleet Hänen todellisiksi lapsikseen. Kun ihminen ottaa vastaan pelastuksen ja totuus muuttaa hänet, hän antaa Jumalalle kunnian, jonka Jumala ottaa vastaan suurella ilolla.

Ihmiset, jotka eivät ota vastaan Jeesusta, eivät rakasta Jumalaa. Koska he elävät oman itsekkyytensä keskellä ja sen sokaisemina, he eivät tunnista Jeesusta, vaikka Hän tuli Jumalan nimessä.

Jos te Moosesta uskoisitte, niin te uskoisitte minua

"Kuinka te voisitte uskoa, te, jotka otatte vastaan kunniaa toinen toiseltanne, ettekä etsi sitä kunniaa, mikä tulee häneltä, joka yksin on Jumala? Älkää luulko, että minä olen syyttävä teitä Isän tykönä; teillä on syyttäjänne, Mooses, johon te panette toivonne. Sillä jos te Moosesta uskoisitte, niin te uskoisitte minua; sillä minusta hän on kirjoittanut. Mutta jos te ette usko hänen kirjoituksiaan, kuinka te uskoisitte minun sanojani?" (5:44-47)

Riippuen pahuuden määrästä sydämissämme me yritämme siinä määrin täyttää itsekkäitä halujamme, ja tästä syystä emme voi rakastaa Jumalaa. Tuolloin juutalaiset halusivat saada mainetta, valtaa ja vastaavaa eivätkä etsineet kunniaa, joka tulee Jumalalta. Niinpä Jeesus osoitti, mikä heidän sydämissään sai heidät vainoamaan häntä ja haluamaan hänen kukistumistaan.

Mitä siis tarkoittaa, kun Jeesus sanoo: "Syyttäjänne on Mooses"? Noina aikoina ihmiset lukivat ahkerasti ja uskoivat lakia, koska ihmiset saivat pelastuksen tekojensa perusteella Mooseksen laki mittapuuna. Oikeudessa puolustava asianajaja puolustaa syytettyä, kun taas syyttäjä ahdistelee syytettyä hänen rikkomuksistaan. Kun seisomme Jumalan edessä, Mooseksen laki toimii kuten syyttäjä, joka ryhtyy oikeudellisiin toimiin meitä vastaan.

Tulevaisuudessa Herran paluun jälkeen, kun tuhatvuotinen valtakunta päättyy, tapahtuu suuren valkean valtaistuimen tuomio. Tällä tuomiolla Jumala on tuomari ja Jeesus on asianajaja. Jumalan ja Jeesuksen ympärillä kaksikymmentäneljä vanhinta osallistuu tuomioon valamiehistönä ja jokainen ihminen tuomitaan sen mukaan, kuinka paljon hän eli totuudessa Mooseksen lain mukaan. Ihminen ei saa pelastusta vain, koska uskoo Jeesukseen Kristukseen. Hänen elämänsä tuomitaan lain valossa.

Mooseksen laki tallennettiin Jeesusta Kristusta varten. Siksi Jeesus kysyy lainopettajilta, kuinka he voivat uskoa Hänen sanojaan, jos he eivät usko Mooseksen kirjoituksia. Jos ihminen uskoo Jumalan meille antaman lain todellisen merkityksen, niin hän uskoo myös Jeesukseen Kristukseen, joka täyttää lain. Ja jos joku todella uskoo sydämensä pohjasta, niin Jeesuksen Kristuksen kaltaisesti hän toimii valossa ja vanhurskaudessa ja kulkee kohti pelastuksen tietä.

Luku 6

Elämän leipä

1. Kahden kalan ja viiden leivän ihme
(6:1-15)

2. Jeesus, joka käveli veden päällä, ja kansa, joka seurasi Häntä
(6:16-40)

3. Ihmisen Pojan ruumiin syöminen ja veren juominen
iankaikkisen elämän saamiseksi
(6:41-59)

4. Opetuslapset, jotka jättivät Jeesuksen
(6:60-71)

Kahden kalan ja viiden leivän ihme

Gennesaretin järvi on teknisesti järvi, mutta Raamattu (engl. käännös: Galilean meri) viittaa siihen sanalla "meri", koska järvi on erittäin suuri ja siinä näyttää olevan runsaasti vettä kuten meressä tai valtameressä. Vanhassa testamentissa sitä kutsutaan Kinneretin järveksi, koska se on harpun muotoinen ja Uudessa testamentissa Gennesaretin järveksi ja joskus Tiberiaan järveksi. Julkisen toimintansa aikana Jeesus kiersi Gennesaretin järven rannoilla kertomassa ihmisille Jumalan valtakunnasta ja Hän teki myös monia tunnustekoja ja ihmeitä minne tahansa Hän meni.

"Sen jälkeen Jeesus meni Galilean, se on Tiberiaan, järven tuolle puolelle. Ja häntä seurasi paljon kansaa, koska he näkivät ne tunnusteot, joita hän teki sairaille.

: : Gennesaretin järven lähialueet

> Ja Jeesus nousi vuorelle ja istui sinne opetuslapsinensa.
> Ja pääsiäinen, juutalaisten juhla, oli lähellä." (6:1-4)

Jeesuksen kaksitoista opetuslasta lähtivät myöskin pareittain ja levittivät evankeliumia näyttäen Jumalan voiman tunnusteoilla ja ihmeillä. Luonnollisesti sana Jeesuksesta levisi nopeasti. Levätäkseen hetken Jeesus ja Hänen opetuslapsensa menivät veneeseen ja lähtivät Beetsaidan kaupunkiin, Tiberiaan meren toisella puolella sijaitsevaan kaupunkiin. Ja nähdessään heidän lähtevän veneellä monet ihmiset monista kaupungeista kävelivät katsomaan heitä. Ihmiset itseasiassa menivät heidän edellään ja odottivat heitä. Nähdessään ihmisjoukon osoittavan kunnioitustaan ja ihailuaan nähtyään tunnusteon, Jeesus tunsi myötätuntoa heitä kohtaan, sillä he olivat kuin lammaslauma paimenta vailla. Niinpä Hän paransi sairaita ja valaisi heitä monilla opetuksilla (katso Matt. 14:13-14, Mark. 6:30-34, Luuk 9:10-11).

Se oli pari päivää ennen pääsiäistä. Ihmiset kuuntelivat Jumalan Sanaa tajuamatta ajan kulumista. Koska oli jo myöhä, opetuslapset, jotka olivat Jeesuksen kanssa, huolestuivat, koska he olivat suurella tyhjällä pellolla, jossa ei ollut ruokaa.

Jeesus koettelee Filippusta

> "Kun Jeesus nosti silmänsä ja näki paljon kansaa tulevan tykönsä, sanoi hän Filippukselle: 'Mistä ostamme leipää näiden syödä?' Mutta sen hän sanoi koetellakseen häntä, sillä itse hän tiesi, mitä aikoi

tehdä. Filippus vastasi hänelle: 'Eivät kahdensadan denarin leivät heille riittäisi, niin että kukin saisi edes vähän.'" (6:5-7)

Oli myöhä ja ihmiset eivät olleet syöneet koko päivänä. Tietäen heidän olevan nälkäisiä, Jeesus kysyy Filippukselta: "Mistä ostamme leipää näiden syödä?"

Jeesus tiesi, mitä hän aikoi tehdä, mutta Hän odotti Filippuksen vastausta. Hän koetteli häntä. Ei Jeesus tietenkään yrittänyt laittaa häntä pinteeseen. Hän vain antoi Filippukselle mahdollisuuden havainnoida itse ja hankkia suuremman uskon.

Koetukset voidaan luokitella pitkälti kahteen tyyppiin. Ensimmäinen tyyppi on kiusaus, joka tulee viholliselta, paholaiselta, kun emme elä Jumalan sanan mukaan (Jaak. 1:13-15). Toinen tyyppi on koettelemus, jonka Jumala antaa meille siunatakseen meitä, kuten Aabrahamin tapauksessa, kun Jumala pyysi häntä uhraamaan Iisakin, ainoan poikansa. Jos me uskolla voitamme koetuksen ja Jumala hyväksyy meidät, voimme saada sekä hengellisiä että fyysisiä siunauksia aivan kuten Aabraham, josta tuli siunausten juuri. Sitä vastoin, kun meitä koetellaan omien vikojemme takia, jos me teemme parannuksen ja tottelemme Jumalan sanaa, koetus päättyy, mutta emme saa siitä mitään erityisiä siunauksia.

Kaikkien pappisvuosieni aikana olen kokenut monia koetuksia ja ahdistuksia. Yksi näistä koetuksista oli, kun minun kolme tytärtäni saivat hiilimonoksidimyrkytyksen brikettikaasusta, ja toinen oli, kun menetin niin paljon verta, että olin kuoleman partaalla. Näitä tapahtumia lukuunottamatta kokemani koetukset olivat niin vaikeita, että lihallisen ihmisen näkökulmasta koetusten tuoma suru ja kärsimys oli sietämätön. Sitten oli aikoja, jolloin koetus oli niin suuri, että olisi ollut helpompaa antaa henkeni kuin päästä koetuksen läpi.

Selvisin kuitenkin jokaisesta koettelemuksesta uskon avulla. Jumala ei sallinut näitä koetuksia elämääni joidenkin rikkomuksien takia. Näiden koetusten sarjan kautta Jumala lisäsi voimaansa elämääni entistä enemmän ja enemmän.

Jeesuksen äkillisen kysymyksen jälkeen Filippus alkoi laskea. Arvioiden, kuinka paljon ruokaa olisi tarpeen kullekin ihmiselle, ja laskien, kuinka paljon ihmisiä oli, Filippus vastaa luottavaisesti:

"Eivät kahdensadan denarin leivät heille riittäisi, niin että kukin saisi edes vähän."

Denari oli Rooman valtakunnan rahayksikkö. Yksi denari oli yhden miehen päiväpalkan arvoinen, joten kaksisataa denaria vastaisi kahdensadan päivän palkkaa. Oletetaan, että päiväpalkka on arvoltaan noin viisikymmentä dollaria. Silloin heidän tarvitsemansa rahamäärä olisi ollut kymmenentuhatta dollaria. Filippuksen laskelma näyttää melko kohtuulliselta. Jos hän kuitenkin olisi omistanut todellisen uskon, hän ei olisi käyttänyt inhimillistä päättelyä. Hän olisi vastannut: "Uskon, että voit hoitaa tämän."

Filippus ei ollut vielä tajunnut Jeesuksen rajatonta voimaa, jolla mikään ei ole mahdotonta. Monesti ihmiset yrittävät ratkaista ongelmansa käyttäen ihmisen tietoa ja viisautta; ihmisen tiedolla on kuitenkin puutteensa, joten yhdessä tai toisessa vaiheessa ihmiset kohtaavat rajansa. Mutta jos meillä on hengellinen usko, niin mikään ei ole mahdotonta (Mark. 9:23). Miksi? Koska Jumalan kanssa kaikki on mahdollista.

Opetuslapset, joilta puuttui hengellistä uskoa

>"Niin toinen hänen opetuslapsistansa, Andreas, Simon Pietarin veli, sanoi hänelle: 'Täällä on poikanen, jolla on viisi ohraleipää ja kaksi kalaa, mutta mitä ne ovat näin monelle?' Jeesus sanoi: 'Asettakaa kansa aterioimaan.' Ja siinä paikassa oli paljon ruohoa. Niin miehet, luvultaan noin viisituhatta, laskeutuivat maahan." (6:8-10)

Sillä aikaa, kun Jeesus ja Filippus puhuivat, Andreas käveli väkijoukon läpi katsomassa oliko kenelläkään mitään ruokaa. Hän tarkasti monilta ihmisiltä, mutta ainoa ruoka, jonka hän löysi, oli nuoren pojan lounas, joka koostui kahdesta kalasta ja viidestä ohraleivästä. Jeesukselle kertoessaankin hän tiesi, että ruokaa oli liian vähän, että sillä olisi mitään merkitystä. Kuka tahansa olisi nähnyt, että se määrä ruokaa, joka heillä oli, oli hirveän riittämätön.

Opetuslapset näkivät lukuisia tunnustekoja ja ihmeitä seuratessaan Jeesusta Hänen julkisen toimintansa aikana, mutta heillä ei siltikään ollut täydellistä uskoa Häneen. Monet ihmiset tunnustavat uskovansa kaikkivaltiaaseen Jumalaan, mutta kun he kohtaavat vaikeuksia, he epäonnistuvat uskonsa osoittamisessa ja he ovat hätää kärsimässä. Hänen opetuslapsensa, kuten Andreas, osoittivat tietoon perustuvaa uskoa. Heillä ei ollut hengellistä uskoa – uskoa, jossa todella uskotaan sydämensä pohjasta ja toimitaan sen mukaan.

Jeesus asetti ihmiset istumaan sadan ja viidenkymmenen ryhmiin (Mark. 6:40). Koska pelto oli täynnä ruohoa, ihmisten oli helppoa istua ryhmissä. Ihmisiä oli niin paljon, että he näyttivät kuin veden aalloilta laajalla avoimella pellolla. Miehiä oli viisituhatta, paitsi naisia ja lapsia (Matt. 14:21). Niinpä ihmisiä oli luultavasti yhteensä kymmenen tuhatta tai enemmän. Kaikki nämä ihmiset tarvitsivat ruokaa, mutta oli vain viisi ohraleipää ja kaksi kalaa.

Kaikkivaltiaalle Jumalalle ihmisten lukumäärä ei kuitenkaan ole ongelma. Olipa se sitten 10000 ihmiselle tai 100000 ihmiselle, se ei ole ongelma, koska Hän voi luoda jotain tyhjästä joka tapauksessa. Sairauden tapauksessa on pitkälti samoin. Sairauden vakavuus ei määrää sitä, kuinka helppoa tai kuinka vaikeaa on saada parannus kyseisestä sairaudesta. Se riippuu oikeastaan yksilön uskosta. Jumalalle kaikki sairaudet ovat samanlaisia.

Jeesus tekee kahden kalan ja viiden leivän ihmeen

"Ja Jeesus otti leivät ja kiitti ja jakeli istuville; samoin kaloistakin, niin paljon kuin he tahtoivat. Mutta kun he olivat ravitut, sanoi hän opetuslapsillensa: 'Kootkaa tähteeksi jääneet palaset, ettei mitään joutuisi hukkaan.' Niin he kokosivat ne ja täyttivät kaksitoista vakkaa palasilla, mitkä olivat viidestä ohraleivästä jääneet tähteeksi niiltä, jotka olivat aterioineet." (6:11-13)

Ottaen kalat ja leivät opetuslapsilta Jeesus kiitti ja alkoi jakaa ruokaa ihmisille. Seurattuaan Jeesusta koko päivän kaikkien täytyi olla melko nälkäisiä! Heidän nälkänsä tyydyttämiseksi tarvittavan ruuan kokonaismäärä olisi ollut uskomattoman suuri. Mutta mitä tapahtui? Jokainen sai niin paljon leipää ja kalaa kuin he halusivat, eikä ruoka loppunut. Yli 10 000 ihmistä oli syönyt itsensä täyteen ja silti siellä täällä oli tähteeksi jääneitä ruuanpaloja. Jeesus käski opetuslapsiaan kokoamaan kaikki tähteet. Heidän suureksi yllätyksekseen tähteistä täyttyi kaksitoista koria.

On olemassa syy siihen, miksi Jeesus käski opetuslastensa koota tähteet. Tähteeksi jäänyt ruoka oli todiste ihmeestä, jonka Jumala näytti heille. Ihmisillä on taipumus unohtaa, mitä menneisyydessä tapahtui. Jopa todistettuaan Jumalan voiman toimivan, ihmiset ajan mittaan unohtavat sen helposti. Jos tämä päivä olisi päättynyt kaikkien vain syödessä itsensä kylläiseksi, niin tämä tapahtuma olisi ollut vain ihana muisto vähän aikaa, ja sitten ennemmin tai myöhemmin se olisi unohtunut. Mutta kaikki tähteeksi jäänyt kala ja leipä oli konkreettinen todiste siitä, että Jumala oli toimittanut ihmeen.

Mikä merkitys on kahdellatoista korilla? Raamatussa jokaisella numerolla on merkitys. Numero 12 on valon lukumäärä ja se merkitsee täydellisyyttä (Joh. 11:9). Jos tarkastellaan Israelin kahtatoista heimoa, Jeesuksen kahtatoista

: : Kalan ja leivän ruokkimisihmeen kirkko Tabghassa

opetuslasta ja kahtatoista helmiporttia Uudessa Jerusalemissa, Jumala käyttää numeroa 12 merkkinä luvatuista siunauksista. Joten kun Raamattu sanoo, että tähteitä oli jäänyt kaksitoista korillista, se tarkoittaa, että niille ihmisille, jotka toimivat täysin valossa, joka on totuus, Jumala vastaa ylitsevuotavin siunauksin.

Ihmiset halusivat tehdä Jeesuksesta kuninkaan

"Kun nyt ihmiset näkivät sen tunnusteon, jonka

Jeesus oli tehnyt, sanoivat he: 'Tämä on totisesti se profeetta, joka oli maailmaan tuleva.' Kun nyt Jeesus huomasi, että he aikoivat tulla ja väkisin ottaa hänet, tehdäkseen hänet kuninkaaksi, väistyi hän taas pois vuorelle, hän yksinänsä." (6:14-15)

Ihme on jotain, joka tapahtuu Jumalan voimasta, joka on kaukana ihmisten kykyjen ulottumattomissa. Ihmiset, jotka näkivät uskomattoman tunnusteon, joka oli juuri tapahtunut heidän silmiensä edessä, alkoivat puhua innoissaan keskenään. Ihmiset joutuivat vimmoihinsa huutaen: "Ei vain parantumattomia sairauksia paranneta, vaan voimme myös syödä niin paljon kuin haluamme ja milloin haluamme!" He tunnustivat: "Tämä on todella se profeetta, joka on tullut maailmaan", ja puhe hämmästyttävästä asiasta, joka oli juuri tapahtunut, alkoi kukoistaa kaikkialla.

Ihmiset olivat odottaneet pitkään Messiasta, josta Vanhan testamentin profeetat olivat ennustaneet (5. Moos. 18:15). Sen lisäksi israelilaiset olivat roomalaisten sorron alla. Vain nähdessään Jeesuksen ihmiset ymmärsivät, että Hänellä oli viisautta, Hän julisti vahvaa sanomaa ja teki tunnustekoja. Ketään muuta ei voisi alkaakaan verrata Häneen millään alalla. He ajattelivat, että jos Jeesuksesta tulisi kuningas, Hän voisi varmasti vapauttaa heidät Rooman vallasta. Todellisen uskon saamisen sijaan ihmiset alkoivat etsiä omaa kunniaansa nähtyään tunnusteon.

Jeesus tiesi, että nämä ihmiset halusivat tehdä Hänestä kuninkaan väkisin. Siksi Hän käski opetuslapsiaan ottamaan veneen ja menemään toiselle puolelle, ja lähetettyään väkijoukot pois Hän nousi vuorelle rukoilemaan (Matt. 14:22-23). Jeesus ei tehnyt kahden kalan ja viiden leivän ihmettä tullakseen kuninkaaksi. Hän teki ihmeen vain antaakseen ihmisille todisteita, jotka vahvistivat sanaa, jota Hän opetti, saadakseen heidät uskomaan itseensä, Jumalan Poikaan, ja Jumalaan, joka lähetti Hänet (Joh. 4:48, Mark. 16:20).

Jeesus, joka käveli veden päällä, ja kansa, joka seurasi Häntä

Gennesaretin järveä ympäröivät korkeat jyrkät vuoret kuten Golanin kukkulat ja Hermonvuori. Se on myös noin 200 metriä Välimeren pinnan alapuolella. Näiden maantieteellisten ominaisuuksien takia sää on siellä hyvin arvaamaton. Vahvat tuulenpuuskat ilmaantuvat ja puhaltavat siellä täällä usein ja arvaamattomasti.

"Mutta kun ilta tuli, menivät hänen opetuslapsensa alas järven rantaan, astuivat venheeseen ja lähtivät menemään järven toiselle puolelle, Kapernaumiin. Ja oli jo tullut pimeä, eikä Jeesus ollut vielä saapunut heidän luokseen; ja järvi aaltoili ankarasti kovan tuulen puhaltaessa. Kun he olivat soutaneet noin viisikolmatta tai kolmekymmentä vakomittaa, näkivät he Jeesuksen kävelevän järven päällä ja tulevan lähelle venhettä; ja he peljästyivät. Mutta hän sanoi heille: 'Minä se olen; älkää peljätkö.' Niin he tahtoivat ottaa hänet veneeseen, ja kohta venhe saapui sen maan rantaan, jonne he olivat matkalla." (6:16-21)

Illan lähestyessä opetuslapset nousivat veneeseen matkustaakseen Kapernaumiin. Kuten tavallista, tuuli oli hyvin kova. Ajan mittaan tuuli yltyi kovemmaksi ja meri muuttui aaltoilevaksi, ja opetuslapsia kuljettava vene heilui aalloilla kuin puusta pudonnut lehti tuulisena päivänä syksyllä. Oli pilkkopimeää, joten opetuslapset eivät voineet nähdä mitään. Kun Jeesus oli heidän kanssaan, heihin suhtauduttiin myönteisesti kaikkialla, minne he menivät, ja kaikki oli aina hyvin. Nyt he kuitenkin olivat yksin ilman Jeesusta, ja raju tuuli ja aallot löivät heitä vasemmalta ja oikealta. Luonnollisesti pelko tarttui heihin.

Kun opetuslapset olivat vihdoin saaneet airot veteen ja soutaneet noin 4 km, he näkivät hahmon, joka näytti ihmiseltä tumman veden yläpuolella. Nähdessään opetuslasten kamppailevan pyörteissä Jeesus käveli veden päällä päästäkseen heidän luokseen (Matt. 14:25). Hetken opetuslapset luulivat Häntä aaveeksi ja huusivat peloissaan. Veden päällä kävelevä mies oli uskomaton näky! Rauhoittaakseen kauhuissaan olevia opetuslapsia, jotka eivät olleet kyenneet tunnistamaan opettajaansa, Jeesus sanoi: "Minä se olen; älkää peljätkö."

Jos katsot Matt. 14:28:aa, Pietari sanoo Jeesukselle: *"Jos se olet sinä, Herra, niin käske minun tulla tykösi vettä myöten."* Tähän Jeesus vastasi: "Tule!" Pietari astui ulos veneestä ja käveli veden päällä. Mutta pian hän näki kuinka tuuli, pelästyi ja rupesi vajoamaan veteen. Pietari huusi: "Herra, auta minua!" Jeesus veti hänet heti pois vedestä ja astui veneeseen hänen kanssaan. Opetuslapset eivät pystyneet tunnistamaan Jeesusta ja tulivat täyteen pelkoa, koska he yhdistivät lihalliset ajatuksensa tilanteeseen, jossa olivat. Totuudessa elävä ihminen saavuttaa uskallusta Jumalan edessä niin, ettei pelko pääse häneen (1. Joh. 3:21-22, 4:18). Tämä johtuu siitä, että Jumala suojelee aina ihmistä, joka noudattaa Hänen käskyjään, ja pysyy tämän luona aina.

Koska he näkivät Jeesuksen vaikeuksien keskellä, opetuslapset olivat haltioituneempia kuin koskaan ennen. Miten upeaa olisikaan, jos ratkaisematon ongelma yhtäkkiä ratkaistaisiin Jumalan voimalla? Kun Jeesus nousi veneeseen, tuuli pysähtyi. Silloin ne, jotka olivat veneessä, kumarsivat Häntä ja tunnustivat: *"Totisesti sinä olet Jumalan Poika!"* (Matt. 14:33). Ja ennen kuin he huomasivatkaan, heidän veneensä oli saavuttanut Kapernaumin rannat.

Ihmiset, jotka tulivat Kapernaumiin tapaamaan Jeesusta

"Seuraavana päivänä kansa yhä vielä oli järven toisella puolella, sillä he olivat nähneet, ettei siellä ollut muuta venhettä kuin se yksi ja ettei Jeesus mennyt opetuslastensa kanssa venheeseen, vaan että hänen opetuslapsensa lähtivät yksinään pois. Kuitenkin oli muita venheitä tullut Tiberiaasta lähelle sitä paikkaa, jossa he olivat syöneet leipää, sittenkuin Herra oli lausunut kiitoksen. Kun siis kansa näki, ettei Jeesus ollut siellä eivätkä hänen opetuslapsensa, astuivat hekin venheisiin ja menivät Kapernaumiin ja etsivät Jeesusta. Ja kun he löysivät hänet järven toiselta puolelta, sanoivat he hänelle: 'Rabbi, milloin tulit tänne?'" (6:22-25)

Ihmiset, jotka kokivat kahden kalan ja viiden leivän ihmeen, eivät voineet unohtaa, miten vahvan vaikutuksen he kokivat siellä edellisenä päivänä, ja he tulivat takaisin samaan paikkaan seuraavana päivänä. He olivat varmoja, että edellisenä iltana vain opetuslapset olivat lähteneet Kapernaumiin toisessa niistä kahdesta veneestä, jotka olivat rannalla. Siten he ajattelivat: "Koska Jeesus ei mennyt heidän kanssaan, ehkä voimme vielä tavata Hänet täällä." Siellä ei kuitenkaan ollut enää ketään.

Koska toinen kahdesta veneestä oli vielä siellä, kansa halusi kovasti tietää Jeesuksen olinpaikan. Se vene, joka oli jäljellä, on varma todiste, joka todistaa Jeesuksen kävelleen veden päällä päästäkseen toiselle puolelle. Kansa, joka ei tiennyt, mitä edellisenä iltana tapahtui, oli kuitenkin ymmällään ja ihmetteli: "Mitä tapahtui?"

Suunnilleen samaan aikaan tuli onneksi muita veneitä Tiberiaasta. Niinpä ihmiset astuivat näihin veneisiin ja lähtivät Kapernaumiin Jeesuksen löytämisen toiveissa. Jeesus oli siellä, kun he saapuivat. Se yksi vene oli edelleen rannalla toisella puolella ja he halusivat kovasti tietää, miten Jeesus pääsi järven yli ilman venettä. Kun he löysivät Hänet, he kysyivät: "Rabbi, milloin tulit tänne?"

Jeesus tiesi, miksi he etsivät Häntä niin innokkaasti. Jotkut seurasivat Häntä, koska heitä kiehtoi Hänen poikkeukselliset opetuksensa, ja jotkut siksi, että Hänen tekemänsä tunnusteot hämmästyttivät heitä. Merkittävimpiä syitä, miksi he etsivät Häntä, olivat kuitenkin lihalliset syyt. He etsivät Jeesusta joko parantukseen sairauksista tai täyttääkseen vatsansa ruualla. Ihmiset eivät seuranneet Jeesusta, koska he voisivat saada hengellistä ymmärrystä, vaan sen sijaan he seurasivat Häntä ennen muuta juuri henkilökohtaisten ja fyysisten etujen vuoksi. Jos he olisivat etsineet Häntä hengellistä syistä, Jeesus olisi ollut iloisempi, mutta totuus oli, että heidän sydämensä oli kiinnittynyt lihallisiin asioihin.

Mitä meidän pitää tekemän, että me Jumalan tekoja tekisimme?

> "Jeesus vastasi heille ja sanoi: 'Totisesti, totisesti minä sanon teille: ette te minua sentähden etsi, että olette nähneet tunnustekoja, vaan sentähden, että saitte syödä niitä leipiä ja tulitte ravituiksi. Älkää hankkiko sitä ruokaa, joka katoaa, vaan sitä ruokaa, joka pysyy hamaan iankaikkiseen elämään ja jonka Ihmisen Poika on teille antava; sillä häneen on Isä, Jumala itse, sinettinsä painanut.' Niin he sanoivat hänelle: 'Mitä meidän pitää tekemän, että me Jumalan tekoja tekisimme?' Jeesus vastasi ja sanoi heille: 'Se on Jumalan teko, että te uskotte häneen, jonka Jumala on lähettänyt.'" (6:26-29)

Jeesus sanoi kansalle, joka ylitti järven Kapernaumiin: "Ette te minua sentähden etsi, että olette nähneet tunnustekoja, vaan sentähden, että saitte syödä niitä leipiä ja tulitte ravituiksi. Älkää hankkiko sitä ruokaa, joka katoaa, vaan sitä ruokaa, joka pysyy hamaan iankaikkiseen elämään ja jonka Ihmisen Poika on teille antava; sillä häneen on Isä, Jumala itse, sinettinsä painanut."

Tässä "ruoka, joka katoaa" viittaa lihan ruokaan, jota me nautimme ja sulatamme. Toisinaan ihmiset ovat niin keskittyneitä lihan ruokaan ja asioihin, jotka täyttävät lyhyen fyysisen elämän täällä maan päällä, että he päätyvät kulkemaan kohti iankaikkista kuolemaa. Miten typerä asia tehdä! Tietenkään tämä ei tarkoita, ettei meidän pitäisi tehdä työtä ansaitaksemme lihan ruokaa – se tarkoittaa vain, että meidän pitäisi asettaa hengellisen ruuan hankkiminen etusijalle. Jeesus lupasi antaa heille tätä hengellistä ruokaa.

Hengellinen ruoka on Jumalan sana, joka on totuus. Aivan kuten ihmiset nauttivat ruokaa ylläpitääkseen fyysistä elämää, meidän on nautittava Jumalan sanaa eli totuutta ylläpitämään hengellistä elämää. Jeesus on se, joka antaa tämän hengellisen ruuan. Hän on se, johon Isä Jumala on "sinettinsä painanut." Sinetin painaminen merkitsee luottamista ja jonkun tai jonkin laadun takaamista, joten sinetti symboloi "luotettavuutta." Siten tämä kirjoitus tarkoittaa, että Jumala uskoi Jeesukselle ihmiskunnan pelastustehtävän. Jeesus tuli tähän maailmaan ja kantoi ahdistukset ja kärsi ristillä meidän syntiemme tähden.

Koska Jeesus käski ihmisiä olemaan hankkimatta ruokaa, joka katoaa, heistä tuli levottomia. Ainoa syy, miksi he kysyivät: "Mitä meidän pitää tekemän, että me Jumalan tekoja tekisimme?", ei ollut, koska heillä oli uskoa Jeesukseen, vaan koska tunnusteot, joita Hän teki, hämmästyttivät heitä. Tuntien heidän sydämensä, Jeesus vastasi: "Se on Jumalan teko, että te uskotte häneen, jonka Jumala on lähettänyt."

Nykyään monet kristityt tunnustavat uskovansa Jumalaan. On kuitenkin olemassa ero todellisen uskomisen ja vain kirkossa käymisen välillä. Henkilö, joka todella tuntee Herran ja uskoo Häneen, toimii kuuliaisena Jumalan sanalle ilolla ja kiitoksella. Hän myös kokee Jumalan jokapäiväisessä elämässään. Kuitenkaan ne, jotka vain kulkevat edestakaisin kirkkoon ilman tätä iloa, kuuliaisuutta ja kiittämistä, eivät eroa ei-uskovaisista. Jos he tunnustavat olevansa kristittyjä ja silti joutuvat epätoivoon, valittavat ja katkeroituvat kohdatessaan koetuksia tai vaikeuksia, niin he pelkästään lausuvat Herran nimeä huulillaan eivätkä todella elä totuudessa.

Usko ei ole vain tavan takia kirkossa jumalanpalveluksessa käymistä. Usko on Jumalan rakastamista ja Hänen sanansa mukaan toimimista. Tämä on "Jumalan tekojen tekemistä." Niitä, jotka kysyvät, miten tehdä Jumalan tekoja, Jeesus valistaa antamalla heille hengellisen vastauksen. Hän käskee heitä uskomaan Jeesukseen Kristukseen, Häneen, jonka Jumala on lähettänyt, ja tulemaan pyhäksi Jumalan lapseksi.

> "He sanoivat hänelle: 'Minkä tunnusteon sinä sitten teet, että me näkisimme sen ja uskoisimme sinua? Minkä teon sinä teet? Meidän isämme söivät mannaa erämaassa, niinkuin kirjoitettu on: "Hän antoi leipää taivaasta heille syötäväksi."' Niin Jeesus sanoi heille:

'Totisesti, totisesti minä sanon teille: ei Mooses antanut teille sitä leipää taivaasta, vaan minun Isäni antaa teille taivaasta totisen leivän. Sillä Jumalan leipä on se, joka tulee alas taivaasta ja antaa maailmalle elämän.'" (6:30-33)

Vaikka Jeesus antoi heille hengellisen sanoman, ihmiset halusivat silti nähdä tunnusteon omin silmin. He ihmettelivät, josko Jeesus pystyisi saamaan leipää tulemaan taivaasta, tai ehkä Hän voisi tehdä jotain vielä sitäkin ihmeellisempää. He eivät uskoneet Jeesuksen olevan Jumalan Poika, vaan sen sijaan he vain uskoivat, että Hän oli joku, jolla oli poikkeuksellinen voima, jota tavallisella ihmisellä ei ole. He pitivät Häntä toisena sen kaltaisena profeettana kuin Mooses, joka sai mannaa putoamaan taivaasta israelilaisten Egyptistä paon aikana.

Jeesus sanoo Matt. 12:39:ssä: *"Tämä paha ja avionrikkoja sukupolvi tavoittelee merkkiä."* Joku, joka on kiinnostunut vain itsestään huolehtimisesta, ei usko edes, jos hänelle kerrotaan hengellisiä viestejä, vaan jatkaa merkkien pyytämistä. Toisaalta ihminen, jolla on hyvä sydän, liikuttuu pelkästään totuuden sanasta itsestään ja vastaanottaa Jeesuksen Kristuksen, kun joku kertoo hänelle evankeliumin. Tämä on ero lihan ihmisen ja hengen ihmisen välillä.

Tietäen, mitä ihmisten mielissä oli, Jeesus opettaa heille, että Mooses ei saanut mannaa tulemaan alas omalla voimallaan, vaan sen antoi Jumala. Osoittaakseen heille, että on olemassa hengellinen maailma – vaikka emme voi nähdä sitä silmillämme – Hän korostaa sitä, että manna tuli alas taivaasta ja että heidän tarvitsee uskoa tämä sydämellään. Ja koska he eivät voineet ymmärtää asioita, jotka ovat luonteeltaan hengellisiä, Hän vertaa sitä leipään. Hän sanoo, että leipä, joka tulee taivaasta, on elämä, ja leipä tulee antamaan iankaikkisen elämän.

Minä olen elämän leipä

"Niin he sanoivat hänelle: 'Herra, anna meille aina sitä leipää.' Jeesus sanoi heille: 'Minä olen elämän leipä; joka tulee minun tyköni, se ei koskaan isoa, ja joka uskoo minuun, se ei koskaan janoa. Mutta minä olen sanonut teille, että te olette nähneet minut, ettekä kuitenkaan usko. Kaikki, minkä Isä antaa minulle, tulee minun tyköni; ja sitä, joka minun tyköni tulee, minä en heitä ulos.'" (6:34-37)

Vaikka Jeesus käytti leipää kuvaamaan iankaikkista elämää, ihmisten mielet olivat vielä leivässä, jota he söivät innokkaasti edellisenä päivänä. Ymmärtämättä Jeesuksen sanojen takana olevaa hengellistä merkitystä, he vaativat, että Jeesus antaa heille leipää, että he voisivat syödä, aivan kuten Mooses oli antanut mannaa heidän esi-isilleen. Tällä kertaa Jeesus antaa odottamattoman vastauksen. "Minä olen elämän leipä; joka tulee minun tyköni, se ei koskaan isoa, ja joka uskoo minuun, se ei koskaan janoa."

Jeesus sanoi, että Hän oli elämän leipä. Kun Raamattu käskee tulla Jeesuksen luo, joka on elämän leipä, se tarkoittaa totuuteen tulemista (Joh. 14:6). Vasta kun etsimme totuudessa elämistä, voimme mennä Herran eteen ja saada kaiken, mitä

Hänessä on. Niitä, jotka tulevat Herran eteen ja laittavat kaiken Hänen käsiinsä rukoillessaan ja eläessään totuudessa, Jumala suojelee ja siunaa heidän perheitään, työpaikkojaan ja kaikkia asioita sekä hengellisesti että fyysisesti. Koska he saavat lisäksi voiman ylhäältä, he voivat tehdä asioita, jotka ylittävät heidän rajallisuutensa, ja mikä tärkeintä, koska heillä on iankaikkinen elämä, heidän henkensä ei enää koskaan ole nälkäinen tai janoinen.

Vaikka saisimme mainetta, valtaa ja rikkautta tässä maailmassa, elämämme päättyessä kaikki nämä asiat katoavat kuin savu (1. Jaak. 4:14). Kuten on kirjoitettu Saarn. 1:8:ssa: *"Kaikki tyynni itseänsä väsyttää, niin ettei kukaan sitä sanoa saata. Ei saa silmä kyllääansä näkemisestä eikä korva täyttänsä kuulemisesta"*, vaikka ihminen saa monia hyviä asioita, hän haluaa aina lisää. Niinpä ihminen, joka tekee työtä saavuttaakseen lihan asioita eikä ole Jumalasta riippuvainen, saa vain sen verran kuin minkä eteen hän teki töitä tietämättä koskaan, mitä on edessä elämän kuluessa. Ja toisinaan hän saattaa kohdata jopa odottamattomia vaaroja ja ansoja. Tämän lisäksi todellista tyydytystä ei löydy mistään.

Vaikka Jeesus opetti ihmisille siitä, miten he eivät enää koskaan janoaisi ja olisi nälkäisiä, ihmiset silti etsivät, mitä he voisivat syödä ja saada juuri silloin. Tällaisilla ihmisillä, jotka tavoittelevat lihan asioita, on paha sydämessään. Tästä samasta syystä he epäilivät eivätkä uskoneet Häneen, vaikka Jeesus näytti heille uskomattomia tunnustekoja ja ihmeitä. He kuuntelivat toisella korvalla ja antoivat sen mennä ulos toisesta korvasta. Sitä vastoin hyväsydämiset ihmiset näkivät tunnusteot ja ihmeet, joita Jeesus teki, ja tunnustivat: *"Jos hän ei olisi Jumalasta, ei hän voisi mitään tehdä"*, ja he myönsivät Hänet Jumalan Pojaksi (Joh. 9:33). Siksi Jeesus sanoi: "Kaikki, minkä Isä antaa minulle, tulee minun tyköni; ja sitä, joka minun tyköni tulee, minä en heitä ulos." Ihmiset, joilla on hyvyys sydämessään, ovat sydämensä pohjasta valmiita vastaanottamaan pelastuksen. Niinpä kuullessaan Jumalan teoista he tulevat Jeesuksen eteen ja haluavat tietää enemmän. Vaikka joku ei ehkä tunne Jumalaa nyt, jos hänellä on hyvyyden sydän, hän tulee jonakin päivänä Jeesuksen eteen ja ottaa Hänet vastaan Vapahtajanaan.

Herra ei koskaan heittäisi ulos ketään, jolla on hyvyyttä sydämessään. Ja vaikka hän tekisi syntiä ja kasvaisi erillään Jumalasta, kunhan hän vain katuu ja kääntyy, Jumala antaa hänelle anteeksi eikä edes muista hänen syntejänsä (Hepr. 8:12). Tämä on Jumalan rakkautta.

Ennen kuin kohtasin elävän Jumalan, minäkin ajattelin: "Ei ole Jumalaa. Kun kuolen, se on siinä." Kuitenkin syvällä sydämessäni en täysin kiistänyt elämää kuoleman jälkeen ja minulla oli tapana pelätä ajatellen: "Mitä jos on olemassa helvetti? Mitä tapahtuu, jos kuolen ja joudun helvettiin?" Siksi yritin elää hyvin. Ja kun Jumala paransi kaikki sairauteni, otin heti Herran vastaan.

Minä teen lähettäjäni tahdon

"Sillä minä olen tullut taivaasta, en tekemään

omaa tahtoani, vaan hänen tahtonsa, joka on minut lähettänyt. Ja minun lähettäjäni tahto on se, että minä kaikista niistä, jotka hän on minulle antanut, en kadota yhtäkään, vaan herätän heidät viimeisenä päivänä. Sillä minun Isäni tahto on se, että jokaisella, joka näkee Pojan ja uskoo häneen, on iankaikkinen elämä; ja minä herätän hänet viimeisenä päivänä." (6:38-40)

Jumalan Poikana Jeesus tuli tähän maailmaan lihassa. Hän ei koskaan ylistänyt itseään toimintansa aikana, vaan antoi kaiken kunnian vain Jumalalle. Estääkseen väärinkäsitysten syntymistä ihmisissä, jotka näkivät Hänet fyysisillä silmillään, Jeesus kertoi vain Jumalasta ja teki vain sen, mikä oli Jumalan tahto.

Kun Jeesus sanoo: "Minä kaikista niistä, jotka hän on minulle antanut, en kadota yhtäkään", Hän tarkoittaa, että Hänellä ei ollut mitään pahaa sydämessään eikä tekoja, jotka saattaisivat aiheuttaa jonkun kääntymään pois Jumalasta, vaan rakkaudestaan syntisiä kohtaan Hän antoi henkensä maksaakseen rangaistuksen heidän synneistänsä. Eikä Hän ainoastaan osoittanut rakkautta kaikkia ihmisiä kohtaan, vaan jokaisesta sielusta, jonka Hän kohtasi, Hän piti erityistä huolta varjellakseen sitä eksymästä ja yritti antaa sille täyden mahdollisuuden katua. Niinpä kun Jeesus sanoo, että Hän "ei kadottanut yhtäkään", Hän tarkoittaa, ettei Hän menettänyt ketään, sillä jokaisesta, joka ottaa Hänet vastaan ja heittää pois synnin ja pahan sydämestään ja tulee totuuteen, tulee Jumalan lapsi.

Jeesus tuli tähän maailmaan siksi, että kaikki ihmiset voisivat saada iankaikkisen elämän ja viimeisenä päivänä elää uudelleen. Miten siis ihmisen pitäisi pystyä elämään uudelleen? Kun maanviljelijä kylvää siemenen, siemen kuolee, mutta siitä tulee esiin uusi verso. Ja talvella puut näyttävät paljailta ja kuolleilta, mutta kun kevät tulee, uudet silmut alkavat itää ja puu herää taas henkiin. Kuten toukka muuttuu laulukaskaaksi ja kotelo muuttuu perhoseksi, viimeisenä päivänä, jolloin Herra palaa, kaikki ihmiset, jotka uskovat Häneen, muuttuvat ylösnousemusruumiiksi.

Kuten on kirjoitettu 1. Kor. 15:52:ssä: *"Sillä pasuna soi, ja kuolleet nousevat katoamattomina, ja me muutumme"*, Herran palatessa jo kuolleiden uskovien ruumiit nousevat ylös ja muuttuvat katoamattomiksi ylösnousemusruumiiksi ja yhdistyvät jälleen henkiinsä, jotka olivat taivaassa. Ja silmänräpäyksessä uskovaiset, jotka ovat vielä elossa, muuttuvat myös säteileviksi ylösnousemusruumiiksi ja nostetaan ylös. Tätä kutsutaan "ylöstempaukseksi."

Ja näissä hengellisissä ruumiissa uskovat osallistuvat 7-vuotiseen hääjuhlaan ilmassa ja palaavat sitten maan päälle ja hallitsevat Herran kanssa tuhat vuotta. Sen ajanjakson jälkeen tulee suuren valkean valtaistuimen tuomio, minkä jälkeen jokaiselle uskovalle nimetään ikuinen asuinpaikka taivaassa riippuen kunkin niittämistä palkkioista.

Ihmisen Pojan ruumiin syöminen ja veren juominen iankaikkisen elämän saamiseksi

Eteläisen Juudan kaaduttua ja temppelin tuhouduttua juutalaiset tarvitsivat uuden seurakunnan ja uuden paikan, jossa hoitaa uskonelämäänsä. Tämä on se historiallinen tausta, jossa juutalainen synagooga syntyi. Synagooga oli paikka, jossa pidettiin kaikenlaisia kokouksia, ja se oli myös voimavarakeskus erilaisille asioille kuten lasten koulutukselle ja laille. Kapernaumin synagoogassa Jeesus opetti, että Hän oli elämän leipä, joka tuli alas taivaasta.

Juutalaiset nurisevat Jeesusta vastaan

"Niin juutalaiset nurisivat häntä vastaan, koska hän sanoi: 'Minä olen se leipä, joka on tullut alas taivaasta';

ja he sanoivat: 'Eikö tämä ole Jeesus, Joosefin poika, jonka isän ja äidin me tunnemme? Kuinka hän sitten sanoo: "Minä olen tullut alas taivaasta?"' Jeesus vastasi ja sanoi heille: 'Älkää nurisko keskenänne. Ei kukaan voi tulla minun tyköni, ellei Isä, joka on minut lähettänyt, häntä vedä; ja minä herätän hänet viimeisenä päivänä. Profeetoissa on kirjoitettuna: "Ja he tulevat kaikki Jumalan opettamiksi." Jokainen, joka on Isältä kuullut ja oppinut, tulee minun tyköni. Ei niin, että kukaan olisi Isää nähnyt; ainoastaan hän, joka on Jumalasta, on nähnyt Isän."' (6:41-46)

Juutalaiset alkoivat nurista keskenänsä. He olivat varmoja, että Jeesus oli syntynyt Mariasta ja Joosefista. He olivat myös nähneet Hänet heidän kanssaan. Mutta koska Jeesus nyt väitti tulleensa taivaasta, he eivät ymmärtäneet. Nämä ihmiset nurisivat kuitenkin siksi, koska he katsoivat Jeesusta vain lihallisilla silmillään. Vaikka Hän osoitti tunnustekojen ja ihmeiden avulla, että Jumala oli Hänen kanssaan, he olivat lihallisten ajatustensa sokaisemia eivätkä uskoneet.

Siksi Jeesus sanoi heille lempeään sävyyn: "Älkää nurisko keskenänne. Ei kukaan voi tulla minun tyköni, ellei Isä, joka on minut lähettänyt, häntä vedä." Tämä pätee meihinkin nykyään. Ellei Jumala valvoisi mieltämme ja sydäntämme ja ohjaisi askeleitamme, ei kukaan voisi tulla Jeesuksen luo. Sanan kuuleminen ja sen ymmärtäminen on myös mahdollista vain Jumalan armosta.

Lausuma "jokainen, joka on Isältä kuullut ja oppinut" ei tarkoita, että joku kohtasi Jumalan ja oppi Häneltä kasvoista kasvoihin. Se tarkoittaa, että kun joku kuulee sanaa tai lukee sitä, Jumala antaa sille ihmiselle hänen tarvitsemansa valaistumisen tai ymmärryksen. Toisin sanoen joku, joka palvoo Jumalaa hengessä ja totuudessa uskossa, kuuntelee Herran palvelijoiden sanoja ja vastaanottaa sen ikään kuin sanat tulisivat Jumalalta itseltään, ja hänet johdetaan ymmärrykseen. On olemassa erityistapauksia, joissa ihmiset todella tapaavat Jumalan kasvoista kasvoihin tai kuulevat Hänen äänensä suoraan kuten Mooses tai Elias, mutta useimmissa tapauksissa ihmiset kohtaavat Hänet tutkiessaan ja ymmärtäessään Hänen sanaansa tai näkyjen tai sen sellaisten kautta. Vaikka emme saisikaan oikeasti nähdä Jumalaa silmillämme, voimme silti kohdata Hänet ja kokea Hänet tutkiessamme Raamattua, koska Pyhä Henki koskettaa meitä.

Oletetaan esimerkiksi, että saamme selville, että on Jumalan tahto rakastaa jopa vihollisiamme ja yritämme antaa anteeksi ja rakastaa jotakuta, josta emme todellakaan pidä. Voimme heittää pois synnin nimeltään viha ja saada hengellistä rakkautta Pyhän Hengen voimasta siinä määrin kuin yritämme. Kun teemme tämän, voimme kantaa rakkauden hedelmää, Hengen hedelmää ja totuuden hedelmää – tätä tarkoittaa Jeesuksen ja Jumalan luo "tuleminen."

Kuultuaan, että jokainen, joka on Isältä oppinut, voi tulla Jeesuksen luo, juutalaiset saattoivat ymmärtää väärin ja kysyä: "Kuka näki Jumalan? Ja koska he oppivat Häneltä?" Siksi Jeesus lisäsi, ettei tämä itseasiassa tarkoita, että joku on fyysisesti "nähnyt" Isän.

Se leipä, jonka minä annan, on minun lihani, maailman elämän puolesta

"Totisesti, totisesti minä sanon teille: joka uskoo, sillä on iankaikkinen elämä. Minä olen elämän leipä. Teidän isänne söivät mannaa erämaassa, ja he kuolivat. Mutta tämä on se leipä, joka tulee alas taivaasta, että se, joka sitä syö, ei kuolisi. Minä olen se elävä leipä, joka on tullut alas taivaasta. Jos joku syö tätä leipää, hän elää iankaikkisesti. Ja se leipä, jonka minä annan, on minun lihani, maailman elämän puolesta." (6:47-51)

Ellei maksa jonkin hintaa, ei voi saada sitä. Samoin vaikka tunnet elämän sanan, ellet usko siihen ja toimi sen mukaan, et voi saada iankaikkista elämää (Jaak. 2:22). Se, joka ei tunne Jumalaa, vihaa, on katkera ja elää elämänsä omien halujensa mukaan. Sitä vastoin se, joka on uskossa, elää Jumalan sanan mukaan, heittää pois kateuden, mustasukkaisuuden ja pahan ja pyrkii elämään ilon ja kiitoksen elämää. Tämä johtuu siitä, että hän tietää ja uskoo, että hän voi saada iankaikkisen elämän kunhan hän elää sanan mukaan.

Israelilaiset, jotka tulivat Egyptistä, söivät Jumalan lähettämää mannaa, mutta Joosuaa ja Kaalebia lukuun ottamatta he kaikki kuolivat autiomaassa. Tämä johtuu siitä, että huolimatta siitä, että he näkivät lukuisia merkkejä ja ihmeitä, he olivat katkeria ja valittivat, kun he kohtasivat vaikeuksia, sen sijaan, että olisivat osoittaneet uskonsa. Vaikka he söivät Jumalan taivaasta lähettämää mannaa, he eivät voineet saada todellista elämää, koska he eivät toimineet uskossa.

Mutta Jeesus sanoo, että Hän on elämän leipä ja ettei kukaan, joka syö hänen lihaansa, kuole vaan elää ikuisesti. Miten siis voimme syödä lihaa, joka oli täällä kaksi tuhatta vuotta sitten? Tämä Raamatun kohta ei tarkoita, että meidän täytyy todella syödä Jeesuksen lihaa.

Aivan kuten syömme ruokaa pitääksemme yllä fyysistä ruumistamme, meidän täytyy syödä leipää, jota Herra antaa meille, eli hänen "lihaansa" voidaksemme elää ikuisesti. Herran "liha" on Jumalan sanan vertauskuva. Ihminen, joka kuuntelee Jumalan sanaa ja elää sen mukaan, pääsee lopussa ylösnousemukseen ja elää iankaikkisesti, ja siksi Jeesus kutsui itseään "elämän leiväksi."

Sillä minun lihani on totinen ruoka, ja minun vereni on totinen juoma

>"Silloin juutalaiset riitelivät keskenään sanoen: 'Kuinka tämä voi antaa lihansa meille syötäväksi?' Niin Jeesus sanoi heille: 'Totisesti, totisesti minä sanon teille: ellette syö Ihmisen Pojan lihaa ja juo hänen vertansa, ei teillä ole elämää itsessänne. Joka syö minun lihani ja juo minun vereni, sillä on iankaikkinen elämä, ja minä herätän hänet viimeisenä päivänä. Sillä minun lihani on totinen ruoka, ja minun vereni on totinen juoma.'" (6:52-55)

Kun Jeesus kutsui lihaansa leiväksi tai elämäksi, juutalaiset pilkkasivat Häntä. He nostivat metelin kysyen, miten he voivat syödä Jeesuksen lihaa. Jos heillä olisi häivääkään hyvyyttä sydämissään, joka kehottaisi heitä yrittämään ymmärtää Jeesuksen sanat, he olisivat luultavasti valaistuneet Hänen sanojensa hengellisellä merkityksellä. Kuitenkin he alkoivat nurista ja tuomita vain siksi, että Hänen sanansa eivät vastanneet heidän omia ajatuksiaan ja mielipiteitään. Tämän vuoksi puhkesi riita.

Jeesus kuitenkin jatkoi hengellisen sanomansa opettamista. Hän sanoi, että heidän täytyi syödä Ihmisen Pojan lihaa ja juoda Hänen vertansa, jotta heillä olisi elämä itsessänsä. Mitä siis edustaa Ihmisen Pojan liha ja veri?

Koska Jeesus kutsui itseään "Pojaksi", Ihmisen Pojan liha on Jeesuksen liha. Mutta jos tarkastellaan Joh 1:1:tä, se sanoo: *"Alussa oli Sana, ja Sana oli Jumalan tykönä, ja Sana oli Jumala."* Ja jakeessa 14 sanotaan: *"Ja Sana tuli lihaksi ja asui meidän keskellämme, ja me katselimme hänen kirkkauttansa, senkaltaista kirkkautta, kuin ainokaisella Pojalla on Isältä; ja hän oli täynnä armoa ja totuutta."*

Tämä tarkoittaa sitä, että Jeesus tuli tähän maailmaan lihassa, Jumalan Sanana. Joten Ihmisen Pojan liha on Jumalan Sana, joka on totuus itse, ja Ihmisen Pojan lihan syöminen tarkoittaa Jumalan Sanan nauttimista hengellisenä ruokana. Jeesus näytti meille omakohtaisesti, miten tämä tehdään toimimalla totuudessa – täsmälleen Jumalan Sanan mukaan – ja tekemällä tämän meidän keskellämme Hän antoi meille lihansa.

Kun syömme ruokaa, meidän täytyy huuhdella se alas jonkinlaisella nesteellä. Samoin meidän on syötävä Ihmisen

Pojan liha totuuden juoman kera, joka on Ihmisen Pojan veri. Ihmisen Pojan veren juominen tarkoittaa sitä, että ottaa hengellisenä ruokana syödyn Jumalan Sanan ja toimii sen mukaan uskossa. Jos esimerkiksi opettelisimme käskyä "Rukoilkaa", niin meidän pitäisi rukoilla, rakentaa itseämme ja yrittää toimia totuudessa.

Usko ei ole vain Jumalan Sanan kuulemista ja siitä valaistuksi tulemista. Se on sen mukaan toimimista ja sen noudattamista. Jaak. 2:26 sanoo, että jos tunnemme Sanan, mutta emme toimi sen mukaan, silloin uskomme on kuollut. Kuollut usko ei voi antaa meille elämää. Siksi Jeesuksen Kristuksen lihaa syömällä ja verta juomalla saatu elämä elää iankaikkisesti. Jeesus vertasi lihaansa ja vertansa totiseen leipään ja juomaan. Hän teki tämän, koska, aivan kuten tarvitsemme jokapäiväistä leipää ylläpitämään elämää, meidän täytyy syödä Hänen lihansa ja juoda Hänen verensä voidaksemme elää iankaikkisesti.

Emme kuitenkaan voi elää Jumalan Sanan mukaan pelkästään ihmisvoimin. Ensinnäkin meillä itsellämme täytyy olla tahtoa ja yritystä elää Sanan mukaisesti. Sitten meidän on saatava Herran armo ja voima palavan rukouksen kautta ja viimeiseksi meidän on saatava Pyhän Hengen apua. Jos voisimme heittää pois syntimme omin voimin, niin Jeesuksella ei olisi mitään syytä tulla ristiinnaulituksi ristillä eikä Jumalalla olisi mitään syytä lähettää alas Pyhää Henkeä. Koska emme yksin voi ratkaista synnin ongelmaa, Jeesuksen täytyi kuolla ristillä maksaakseen meidän syntiemme rangaistuksen ja Jumalan täytyi lähettää Pyhä Henki auttamaan meitä elämään Hänen Sanansa mukaan.

Joka syö minun lihani ja juo minun vereni

"'Joka syö minun lihani ja juo minun vereni, se pysyy minussa, ja minä hänessä. Niinkuin Isä, joka elää, on minut lähettänyt, ja minä elän Isän kautta, niin myös se, joka minua syö, elää minun kauttani. Tämä on se leipä, joka tuli alas taivaasta. Ei ole, niinkuin oli teidän isienne: he söivät ja kuolivat; joka tätä leipää syö, se elää iankaikkisesti.' Tämän hän puhui synagoogassa opettaessaan Kapernaumissa." (6:56-59)

Ihmiset ajattelevat, että kun he uskovat Jeesukseen, he luonnollisesti ovat Jeesuksessa ja Jeesus on heissä. Mutta Raamattu ei sano näin. Se sanoo, että täytyy syödä Ihmisen Pojan liha ja juoda hänen verensä. Jeesus ei tullut tähän maailmaan omin voimin. Jumala lähetti Hänet tähän maailmaan. Mutta juutalaisille oli ongelma jopa pelkästään se, että Jumala lähetti Hänet tänne. Koska Jeesus oli selvästi Jumalan lähettämä, Hän sanoi todisteeksi: "Niin myös se, joka minua syö, elää minun kauttani."

Tuolloin edes opetuslapset eivät voineet ymmärtää, mitä Jeesus sanoi. Kun Jeesus kuoli ristillä ja nousi ylös, he kuitenkin tulivat ymmärtämään. Miksi sitten Jeesus sanoi asioita niin hengellisellä tavalla, ettei kukaan pystynyt ymmärtämään selvästi? Se oli tulevaisuuden ihmisiä varten. Kuten Joh. 14:26 sanoo: *"Mutta Puolustaja, Pyhä Henki, jonka Isä on lähettävä minun nimessäni, hän opettaa teille kaikki ja muistuttaa teitä kaikesta, minkä minä olen teille sanonut"*, Jeesus sanoi nämä asiat, jotta tulevaisuudessa ihmiset, jotka saavat Pyhän Hengen, lukisivat ja ymmärtäisivät nämä sanat ja saisivat voimaa niistä.

Opetuslapset, jotka jättivät Jeesuksen

Yleensä ihmisillä on taipumus uskoa vasta nähtyään jotain omakohtaisesti omin silmin. Kun joku puhuu hengellisestä maailmasta, jota ei voi havaita fyysisin silmin, he eivät yritä uskoa. Jeesus tiesi, että jopa Hänen opetuslastensa keskuudessa oli muutamia, jotka kuten juutalaiset mutisivat itsekseen, koska he eivät voineet ymmärtää Hänen hengellisiä sanojaan. Mutta Jeesus puhuu edelleenkin hengellisiä sanoja heille, koska he lopulta näkisivät Hänen kuolevan ristillä, nousevan ylös ja astuvan taivaaseen.

Henki on se, joka eläväksi tekee; ei liha mitään hyödytä

"Niin monet hänen opetuslapsistansa, sen kuultuaan, sanoivat: 'Tämä on kova puhe, kuka voi sitä kuulla?' Mutta kun Jeesus sydämessään tiesi, että hänen opetuslapsensa siitä nurisivat, sanoi hän heille: 'Loukkaako tämä teitä? Mitä sitten, jos saatte nähdä Ihmisen Pojan nousevan sinne, missä hän oli ennen! Henki on se, joka eläväksi tekee; ei liha mitään hyödytä. Ne sanat, jotka minä olen teille puhunut, ovat henki ja ovat elämä.'" (6:60-63)

Kun Jeesus opetti kokouspaikalla Kapernaumissa, Jeesuksen opetuslasten joukossa oli joitakin, jotka puhuivat keskenään sanoen, että Hänen opetuksiansa oli vaikea ymmärtää. Opetukset, joihin oli vaikea tarttua ja joita oli vaikea ymmärtää, olivat ne, että Jeesus oli "leipä, joka on tullut alas taivaasta" ja että täytyy "syödä hänen lihansa elääkseen." Jos edes Jeesuksen opetuslapset eivät voineet ymmärtää, niin millä todennäköisyydellä muut ihmiset ymmärtäisivät!

Jeesus tunsi hyvin opetuslastensa sydämet. Hän oli surullinen, ettei voisi opettaa heille hengellisen maailman syvemmistä ulottuvuuksista. Hän puhui vain totuudesta, mutta siitä tuli kompastuskivi. Ihmisillä, joilla on monia kompastuskiviä sydämessään, on niitä, koska heillä on monia eri pahuuden muotoja sisällään. Tietäen, että opetuslapset mutisivat itsekseen, Jeesus sanoi heille: "Loukkaako tämä teitä?" Hän halusi antaa heille oikean vastauksen. Sitten hän kysyy, mitä he tekisivät, kun näkevät Hänet kuolemassa ristillä, nousevan ylös ja astuvan taivaaseen.

Henki on Jumalasta ja henki on muuttumaton, hyvä ja tosi. Henki antaa meille elämän ja johtaa meidät lopulta iankaikkiseen elämään. Esimerkiksi totteleminen, rukoileminen, rakastaminen, anteeksi antaminen jne. ovat merkki Hengessä olemisesta. Sitä vastoin lihassa oleminen ei ole totuudesta ja se johtaa lopulta kuolemaan. Haluttomuus rukoilla, vihaaminen, arvosteleminen, tuomitseminen jne. ja paha sydämessä, toisin kuin rakastaminen ja anteeksiantaminen, on elämää uskossa, joka perustuu lihaan.

Lihallisuus saa toiset ymmärtämään väärin ja siitä aiheutuu riitojen syntyminen. Kaksi ihmistä voi saada saman ojennuksen tai nuhteen, mutta hengen ihminen tottelee, muuttaa tapojaan ja tekee parannuksen, kun taas lihan ihminen tulee vihaiseksi tai hautoo muita epämiellyttäviä tunteita sydämessään. Tämän tyyppisellä lihaan perustuvalla uskolla ei voi saada iankaikkista elämää. Jos suhtaudumme Jumalan sanaan pelkästään järjellämme vain tietona ja jos arvostelemme ja tuomitsemme, silloinkin elämme uskossa, joka perustuu lihaan.

Tämä ei anna meille elämää. Siksi meidän on siirryttävä nopeasti Henkeen perustuvaan uskoon. Meidän on ymmärrettävä Jumalan sana sydämellämme ja Pyhällä Hengellä, ei tietämyksellämme ja ajatuksillamme. Meidän on avattava sydämemme ammolleen ja sanomalla vahvasti "Aamen!" meidän on nautittava se hengellisenä ruokana. Vaikka olisimme diakoneja tai seurakunnan vanhimpia, emme voi voittaa tiellemme tulevia vaikeuksia todellisella uskolla, jos elämme lihallista uskonelämää.

Tämän kääntöpuolena on, että kun olemme Hengessä, voimme tehdä mitä tahansa. Asiat, jotka näyttävät mahdottomilta ihmismielestä, ovat mahdollisia Hengessä uskolla. Kuten Herra sanoi, kaikki voidaan tehdä uskomme mukaan. Jos meillä on hengellinen usko, kaikki tapahtuu uskomme mukaan. Tämän Hengessä ja lihassa olemisen suuren eron vuoksi Jeesus korosti sitä, että meidän pitää heittää pois liha, joka ei mitään hyödytä, ja pyrkiä olemaan Hengessä. Siten kaikki, mitä Jeesus opetti opetuslapsilleen tähän mennessä, oli ollut henki ja elämä, joten Hän halusi syvästi opetuksiensa antavan heille elämän ja johtavan heidät iankaikkiseen elämään.

Opetuslapset lähtevät pystymättä ymmärtämään hengellistä sanomaa

>"'Mutta teissä on muutamia, jotka eivät usko.' Sillä Jeesus tiesi alusta asti, ketkä ne olivat, jotka eivät uskoneet, ja kuka se oli, joka oli kavaltava hänet. Ja hän sanoi: 'Sentähden minä olen sanonut teille, ettei kukaan voi tulla minun tyköni, ellei minun Isäni sitä hänelle anna.' Tämän tähden monet hänen opetuslapsistaan vetäytyivät pois eivätkä enää vaeltaneet hänen kanssansa." (6:64-66)

On vain luonnollista, että juutalaiset eivät voineet ymmärtää Jeesuksen hengellistä sanomaa. Kuitenkaan eivät edes Hänen opetuslapsensakaan, jotka olivat viettäneet pitkän ajan

Hänen kanssaan, voineet ymmärtää eivätkä uskoa sanomaa. He ymmärsivät sen Jeesuksen ylösnousemuksen jälkeen, mutta tuolloin he eivät vain voineet ymmärtää. Jeesus tiesi jo, että heidän joukossaan Juudas Iskariot ei uskoisi edes viime hetkellä. Siksi Hän puhui yhdestä, joka oli kavaltava Hänet, ja valitettavasti juuri sen Juudas teki. Hän myi opettajansa ja kulki kuoleman tietä.

Ihmiset, jotka seurasivat Häntä toivoen lisää sellaisia tunnustekoja kuin kahden kalan ja viiden leivän ihme, eivät myöskään ymmärtäneet hengellistä sanomaa ja hekin lopulta jättivät Jeesuksen. Siksi Jeesus sanoi, ettei kukaan voi tulla Hänen luokseen, ellei Jumala sitä anna. Tämä pätee myös tänään. Toisinaan on ihmisiä, jotka eivät voi elää totuudessa ja päätyvät sitten jättämään kirkon. Koska alttarilta toimitettu Jumalan Sana on kuin terävä miekka, joka lävistää sielun ja hengen, erottaa nivelet ja irrottaa luun ytimestä, jotkut eivät pysty kestämään sitä vaan lähtevät. Vaan jos he todella tietäisivät, että Jumalan sanassa on iankaikkinen elämä ja pelastus, he eivät lähtisi.

Kenen tykö me menisimme? Sinulla on iankaikkisen elämän sanat.

"Niin Jeesus sanoi niille kahdelletoista: 'Tahdotteko tekin mennä pois?' Simon Pietari vastasi hänelle: 'Herra, kenen tykö me menisimme? Sinulla on iankaikkisen elämän sanat; ja me uskomme ja ymmärrämme, että sinä olet Jumalan Pyhä.' Jeesus vastasi heille: 'Enkö minä ole valinnut teitä, te kaksitoista? Ja yksi teistä on perkele.' Mutta sen hän sanoi Juudaasta, Simon Iskariotin pojasta; sillä tämä oli hänet kavaltava ja oli yksi niistä kahdestatoista." (6:67-71)

Jeesuksen tehtyä tunnustekoja ja ihmeitä monet ihmiset halusivat tulla Hänen opetuslapsikseen ja seurasivat Häntä. Mutta siksi, etteivät he voineet ymmärtää Hänen hengellistä sanomaansa, he alkoivat yksi toisensa jälkeen lähteä. Jeesus oli erilainen kuin se Messias, joka heillä oli mielessään. Miltä luulet Jeesuksesta tuntuneen, kun Hän katseli näitä ihmisiä?

Niinpä Jeesus kysyi niiltä kahdeltatoista opetuslapselta: "Tahdotteko tekin mennä pois?" Pietari, joka yleensä haluaa kovasti osallistua, teki yllättävän tunnustuksen sanoen: "Herra, kenen tykö me menisimme? Sinulla on iankaikkisen elämän sanat; me uskomme ja ymmärrämme, että sinä olet Jumalan Pyhä."

Pietari oli aina eturintamassa kuin isoveli. Aina kun Jeesus ja Hänen opetuslapsensa menivät jonnekin, Pietari oli ohjaamassa ja johtamassa kaikkia muita. Mutta jopa Pietari, joka tunnusti, että Jeesus on Jumalan Pyhä, ja ettei hän koskaan jättäisi Häntä, kielsi Jeesuksen kolme kertaa sinä iltana, kun Hänet pidätettiin. Pietarilla ei ollut sydämessään aikomusta tehdä niin, mutta koska tämä tapahtui ennen kuin hän sai Pyhän Hengen ja hänen lihansa oli vielä heikko, hän ehti reagoimaan tällä tavalla ennen kuin tiesikään.

Jeesus tiesi myös, että niiden kahdentoista opetuslapsen joukossa, jotka Hän oli valinnut, oli yksi, joka ilmiantaisi Hänet rahasta. Tässä meidän on oltava varovaisia. Pelkästään se, että henkilö vietti aikaa Jeesuksen kanssa, kuunteli Hänen sanojaan ja näki ihmeet, jotka Hän teki, ei tarkoita, että hänellä on pelastus.

Kun Juudas Iskariot tuli Jeesuksen opetuslapseksi, hän ei luultavasti lainkaan kuvitellut, että hän kavaltaisi opettajansa rahasta. Hän ei pannut toimeen totuuden sanoja, jotka hän oppi Jeesukselta, sen sijaan hän alkoi tehdä syntiä vähitellen varastamalla rahaa kassasta. Koska hän antautui Saatanan kiusauksille ja synnille, Jeesus sanoi: "Yksi teistä on perkele." Siksi meidän ei pitäisi pysähtyä vain Jumalan sanan tuntemiseen. Meidän on nautittava Ihmisen Pojan liha ja juotava Hänen verensä, elettävä totuudessa ja siten kuljettava kohti iankaikkista elämää.

Luku 7

Opetus lehtimajanjuhlassa

1. Jeesus menee Jerusalemiin salaa
(7:1-13)

2. Jeesus paljastaa itsensä temppelissä
(7:14-31)

3. Juutalaiset yrittävät ottaa Jeesuksen kiinni
(7:32-53)

Jeesus menee Jerusalemiin salaa

Pitäen Galileaa toimintansa tukikohtana Jeesus palveli lähinnä Israelin pohjoisilla alueilla kuten Kapernaumissa ja Beetsaidassa. Näillä alueilla asui paljon pakanakansojen ihmisiä, joten ihmiset näillä seuduilla eivät oikeastaan hyljeksineet tai vainonneet Jeesusta. Ihmiset Juudean alueen eteläosissa, tyypillisesti Jerusalemin tienoilla, vainosivat kuitenkin Jeesusta siihen pisteeseen asti, että yrittivät tappaa Hänet.

Lehtimajanjuhlan lähestyessä

"Ja sen jälkeen Jeesus vaelsi ympäri Galileassa; sillä hän ei tahtonut vaeltaa Juudeassa, koska juutalaiset tavoittelivat häntä tappaaksensa. Ja juutalaisten juhla, lehtimajanjuhla, oli lähellä." (Joh. 7:1-2)

Juutalaisilla oli suuri kansallinen ylpeytensä ja he olivat vakuuttuneita siitä, että he tottelivat Jumalan jokaista käskyä. Koska Jeesus kuitenkin osoitti sen ajan poliittisten ja uskonnollisten johtajien, fariseusten ja saddukeusten, erehdykset ja nuhteli niistä, juutalaisilla ei ollut kovin hyviä tunteita Jeesusta kohtaan. Ja koska Jeesus kutsui itseänsä Jumalan Pojaksi, he luulivat Hänen pilkkaavan Jumalaa. Jeesus yritti valistaa näitä ihmisiä todellisella Jumalan sanalla. Aika ajoin Hän kuitenkin viisaasti välti heitä.

Jonkun vältteleminen täysin ilman pätevää syytä ei tietenkään ole Jumalan tahto. Esimerkiksi apostoli Paavalin tapauksessa hän tiesi, että jos hän menisi Jerusalemiin, juutalaiset ottaisivat hänet kiinni. Hän meni kuitenkin joka tapauksessa, koska se oli Jumalan tahto. Voidakseen noudattaa Jumalan sanaa Daniel ja hänen ystävänsä eivät tehneet kompromisseja ympäristönsä kanssa, vaikka se merkitsi leijonan luolaan tai tuliseen pätsiin heitetyksi tulemista. Samoin jos me tiedämme, että jokin on Jumalan tahto, meidän pitäisi pystyä toteuttamaan Hänen tahtonsa pelkäämättä edes kuolemaa. Ja sitten on hetkiä keskellä Jumalan tahdon toteuttamista, kun meidän on viisaasti välteltävä jotain tai jotakuta.

Kun Saul oli tulossa tappamaan Daavidin, piti Daavidin kerran näytellä hullua Gatin kuninkaan Aakiin edessä pelastaakseen itsensä. Tämä johtui siitä, ettei hän voinut vaarantaa elämäänsä ennen Jumalan asettamaa aikaa. Jeesus toimi myös viisaasti ja välti tiettyjä yhteenottoja silloin tällöin voidakseen toteuttaa Jumalan tahdon määrättynä aikana.

Näihin aikoihin juutalaisten lehtimajanjuhla oli lähellä. Lehtimajanjuhla tunnetaan myös nimellä sukkot ja se on sadonkorjuun lopussa oleva juhla, jolloin juutalainen kansa pystyttää telttoja ja kiittää Jumalaa esi-isiensä Egyptistä paon muistoksi. Tämän juhlan aikana kansa kiittää ja juhlistaa sitä, kuinka Jumala pelasti israelilaiset Egyptin orjuuden kahleista. He myös muistelevat, miten Jumala aina ohjasi ja suojeli heitä erämaassa. Israelilaiset pitivät tätä juhlaa pyhänä uhraamalla sonneja tai pässejä päivittäin seitsemän päivän ajan. Tämä on perinne, joka jatkui monien sukupolvien ajan.

Jeesuksen veljet kehottavat Häntä

"Niin hänen veljensä sanoivat hänelle: 'Lähde täältä ja mene Juudeaan, että myös sinun opetuslapsesi näkisivät sinun tekosi, joita sinä teet; sillä ei kukaan, joka itse tahtoo tulla julki, tee mitään salassa. Koska sinä näitä tekoja teet, niin ilmoita itsesi maailmalle.' Sillä hänen veljensäkään eivät häneen uskoneet." (7:3-5)

Juhliakseen lehtimajanjuhlaa ihmiset yleensä menivät ylös Jerusalemin temppeliin. Koska lehtimajanjuhla lähestyi eikä näyttänyt siltä, että Jeesus suunnitteli lähteä Jerusalemiin, hänen veljensä masentuivat. He halusivat Jeesuksen menevän Jerusalemiin ja tekevän ihmetekoja ja siirtyvän sitten Juudeaan kokoamaan kansan tukea. "Lähde täältä ja mene Juudeaan, että myös sinun opetuslapsesi näkisivät sinun tekosi, joita sinä teet."

Jeesuksen veljet kehottivat Häntä hankkimaan hieman julkisuutta, koska Hänen toimintansa oli monien ihmisten hyväksi. He neuvovat häntä: "Sillä ei kukaan, joka itse tahtoo tulla julki, tee mitään salassa." Tämä saattaa kuulostaa järkevältä neuvolta, ja voipa se tuntua jopa hyvältä neuvolta. Koska on kuitenkin kirjoitettu: *"Ihmisen ovat mielen aivoittelut, mutta Herralta tulee kielen vastaus"* (Sananl. 16:1), ei ole väliä, kuinka oikeassa ihmisen ajatus tai idea onkaan, jos se ei ole yhtä mieltä Jumalan tahdon kanssa, sillä ei ole mitään tekemistä Jumalan kanssa.

Hyvä esimerkki ihmisestä, joka koki tämän, oli kuningas Saul, Israelin ensimmäinen kuningas. Jumala käski Saulin tuhota kaiken, mikä kuului amalekilaisille, mutta Saul ei totellut. Hän vangitsi vihollisen kuninkaan ja otti mukaansa heidän valiokarjansa ja -lampaansa. Saul päätteli, että olisi hyvä tarjota Jumalalle laadukasta karjaa ja lampaita, ja teki niin kuin tahtoi. Hänen ulkoinen syynsä eläinten tuontiin oli Jumalalle uhraaminen, mutta sydämessään hänellä oli halu näyttää suuri teko kansalle ja saada heidän kehujansa. Jumala päätti lopulta hylätä hänet, koska Saul oli toistuvasti tottelematon Hänelle ja kieltäytyi muuttamasta tapojaan.

Samoin Jeesuksen veljet alkoivat suhtautua kärsimättömästi Jeesukseen, koska Hän odotti aina Jumalan asettamaa aikaa, johtuen siitä, että heidän omat ajatuksensa menivät Jumalan tahdon edelle. Tämä johtui pohjimmiltaan siitä, että heiltä puuttui uskoa Jeesukseen. Jos Jeesuksen veljillä olisi ollut edes perusluottamus Jeesukseen ja he olisivat tienneet, että Jeesuksen ainoa tahto oli toteuttaa Jumalan tahto kaikessa, mitä Hän teki, he eivät olisi puhuneet näin. Sen sijaan, että kommentoivat sitä, minkä näkivät aivan silmiensä edessä, he olisivat luultavasti yrittäneet ymmärtää hengellisen merkityksen kaikessa, mitä Jeesus teki.

Kun luottaa Jeesukseen tarpeeksi totellakseen Häntä kyseenalaistamatta mitä tahansa Hän käskee tehdä, silloin alkaa nähdä ymmärryksellä. Kaanan häissä Neitsyt Maria käski palvelijoita tekemään mitä tahansa Jeesus käskisi heidän tehdä, koska hän tiesi, kuka Jeesus oli. Tämä tarkoittaa, että Marian oli varmasti täytynyt opettaa lapsilleen Jeesuksesta. Siltikään he eivät uskoneet Häneen. He alkoivat uskoa vasta Jeesuksen noustua kuolleista ja astuttua ylös taivaaseen.

Jeesus vastaa tietäen aikansa

> "Niin Jeesus sanoi heille: 'Minun aikani ei ole vielä tullut; mutta teille aika on aina sovelias. Teitä ei maailma voi vihata, mutta minua se vihaa, sillä minä todistan siitä, että sen teot ovat pahat. Menkää te ylös juhlille; minä en vielä mene näille juhlille, sillä minun aikani ei ole vielä täyttynyt.' Tämän hän sanoi heille ja jäi Galileaan." (7:6-9)

Kun Hänen veljensä kehottivat Häntä tekemään itseään tunnetummaksi julkisesti, Jeesus vastasi: "Minun aikani ei ole vielä täyttynyt." Aluksi Hänen vastauksensa vaikuttaa hyvin satunnaiselta. On kuitenkin olemassa syy, miksi Jeesus vastasi heille tällä tavalla. Kuten on kirjoitettu Saarn. 3:1:ssä: *"Kaikella on määräaika, ja aikansa joka asialla taivaan alla",* oli tietty aika, jolloin Jeesuksen piti näyttäytyä ja tulla otetuksi kiinni täyttääkseen Jumalan tahdon. Jos Hänen veljillään olisi uskoa, Jeesus olisi luultavasti selittänyt kaiken tämän tarkemmin, mutta koska heillä ei ollut uskoa, Hän pidättäytyi selittämästä heille kovin yksityiskohtaisesti.

Vaikka Jeesus teki ainoastaan hyviä tekoja pelastaakseen ne ihmiset, jotka kulkivat kohti iankaikkista kuolemaa, maailma vihasi Häntä. Koska Jeesus levitti valon sanaa ja hyvyyden sanaa pimeyttä hallitsevan vihollisen, perkeleen, alaisessa maailmassa, Häneen ei suhtauduttu myönteisesti.

Lisäksi pahat ihmiset tunsivat piston sydämessään, koska Jeesus osoitti pahat teot ja opetti hyvyyden tietä. Ei ainoastaan heidän sisäistä pahuuttaan ollut tuotu esille kirkkaassa päivänvalossa, vaan he eivät voineet osoittaa Jumalan kirkkautta niin kuin Jeesus teki. Ei ihme, että he olivat kateellisia Jeesukselle ja jopa vihasivat Häntä. Ja Jeesus tiesi, ettei ollut vielä Hänen aikansa olla tällaisten ihmisten kuultavana. Siksi Hän käski veljiänsä menemään ylös temppeliin edellään, kun Hän itse jäi Galileaan.

Jeesus menee ylös Jerusalemiin salaa

"Mutta kun hänen veljensä olivat menneet juhlille, silloin hänkin meni sinne, ei julki, vaan ikäänkuin salaa. Niin juutalaiset etsivät häntä juhlan aikana ja sanoivat: 'Missä hän on?' Ja hänestä oli paljon kiistelyä kansassa; muutamat sanoivat: 'Hän on hyvä', mutta

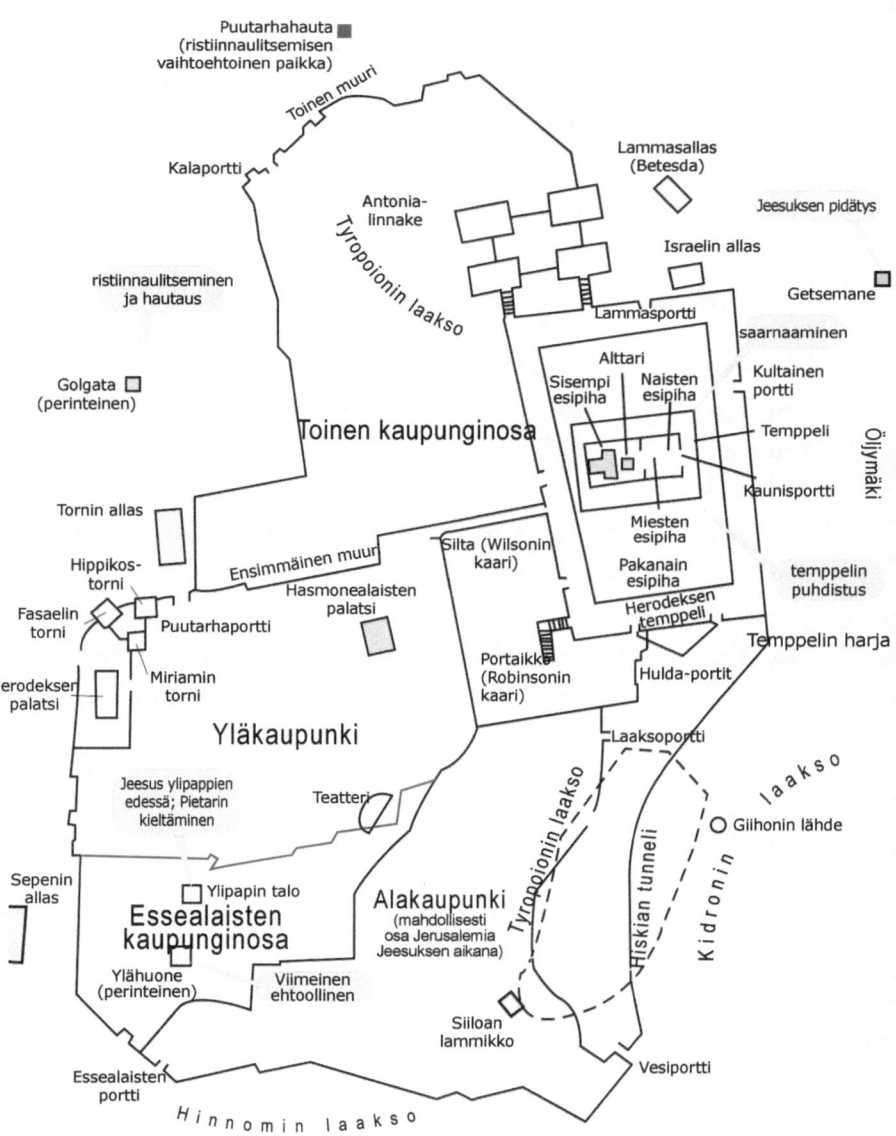

: : Jerusalem Uuden testamentin aikana

toiset sanoivat: 'Ei ole, vaan hän villitsee kansan.' Ei kuitenkaan kukaan puhunut hänestä julkisesti, koska he pelkäsivät juutalaisia." (7:10-13)

Veljiensä mentyä ylös temppeliin Jeesus meni ylös Jerusalemiin salaa. Hän tiesi tarkalleen milloin mennä ja milloin pysähtyä, ja jokaisella askeleella, jonka Hän otti, Hän meni ainoastaan sinne, minne Jumala johti Häntä. Ihmisten kokoontuessa juhlille juutalaiset alkoivat etsiä Jeesusta. He tiesivät, että Hän olisi siellä. Hänestä oli paljon puhetta. Jotkut sanoivat, että Hän oli hyvä mies, ja jotkut sanoivat, että Hän petkutti kansaa.

Koska Jeesus teki asioita, jotka olivat inhimillisesti mahdottomia, jotkut ihmiset halusivat kovasti tietää Hänestä. Jotkut toiset kuitenkin yrittivät kaikkensa ollakseen esteeksi Hänelle. Hyväsydämiset ihmiset tiesivät, että se, mitä Jeesus teki, oli hyvää ja oikein. Peläten, että juutalainen yhteiskunta tekisi Jeesukselle vääryyttä, he eivät kuitenkaan voineet puhua Hänestä julkisesti

Jeesus paljastaa itsensä temppelissä

Jeesus opetti evankeliumia monin eri tavoin kuhunkin tilanteeseen soveltuvasti. Joskus Hän opetti vuorella, joskus pelloilla ja toisinaan Hän seisoi vedessä kelluvassa veneessä ja puhui rannalla seisovalle kansalle. Joskus Hän kävi ihmisten luona yksityisesti heidän kodeissaan, ja toisinaan hän jakoi Jumalan sanaa temppelissä. Oli aikoja, jolloin Hän paljasti opetuksia vain muutamalle valitulle opetuslapselleen salassa.

Minun oppini on Hänen, joka on minut lähettänyt

"Mutta kun jo puoli juhlaa oli kulunut, meni Jeesus ylös pyhäkköön ja opetti. Niin juutalaiset ihmettelivät ja sanoivat: 'Kuinka tämä osaa kirjoituksia, vaikkei ole oppia saanut?' Jeesus vastasi heille ja sanoi: 'Minun oppini ei ole minun, vaan hänen, joka on minut lähettänyt. Jos joku tahtoo tehdä hänen tahtonsa, tulee hän tuntemaan, onko tämä oppi Jumalasta, vai puhunko minä omiani. Joka omiaan puhuu, se pyytää omaa kunniaansa, mutta joka pyytää lähettäjänsä kunniaa, se on totinen, eikä hänessä ole vääryyttä.'" (7:14-18)

Kun seitsemän päivän lehtimajanjuhla oli noin puolivälissä, Jeesus meni ylös temppeliin ja opetti ihmisiä. Koska Jeesus opetti Raamattua ja Jumalan sanaa aivan ongelmitta, juutalaiset olivat ihmeissään. He olivat hämmästyneitä Jeesuksen opetuksesta, koska Jeesus puhui Jumalan sanoja suuremmalla vallalla kuin rabbit, jotka olivat lain asiantuntijoita. Ja vaikkei ollut koskaan saanut kunnon koulutusta laissa, Jeesus käytti Raamatun sanaa vapaasti selittääkseen tarkasti Jumalan tahdon. Ei ole ihme, että ihmiset hämmästyivät!

Seisoessaan Hänen opetuksistaan hämmästyneiden ihmisten edessä Jeesus antoi kaiken kunnian Jumalalle. Ja vaikka Hän oli Jumalan Poika, palvelijan nöyryydellä Hän tunnusti, että kaikki Hänen opetuksensa tulivat Jumalalta. Hän totesi myös, että kun ihmiset uskovat opetuksiin ja toimivat niiden mukaisesti, he tulevat tietämään, ovatko Hänen opetuksensa Jumalasta vai ei. Näin Hän ei jättänyt mitään sijaa väittelylle.

Vaikka sanat puhutaan ihmisen huulten kautta, hämmästyttäviä asioita tapahtuu näiden sanojen seurauksena, jos tuon ihmisen asiat ovat Jumalan hallinnassa. Nykyäänkin voimme kokea hämmästyttäviä asioita, jos otamme vastaan sanat Jumalan palvelijalta, jonka kanssa Jumala todella on, ja uskomme nämä sanat ja tottelemme näitä sanoja aivan kuin ne olisivat Jumalan sana. Hepr. 4:12:n mukaisesti tiedämme, että Jumalan sana on elävä ja voimallinen. Siksi jokainen, joka uskoo ja tottelee Hänen sanaansa, saa kokea Hänen voimansa. Koska Jumala takaa uskottujen palvelijoidensa sanat, heidän rukouksensa kautta sairaudet paranevat, perheet saavat rauhan, ei-uskovat ottavat vastaan evankeliumin ja monia muita näitten kaltaisia siunauksia tulee Isältä.

Ihmiset, jotka etsivät omaa kunniaansa, tekevät voitavansa esitelläkseen hyviä tekojaan ja saadakseen kehuja. Oman etunsa tavoittelun sokaisemina he polkevat muita ihmisiä ja tuomitsevat heitä ja toimivat vääryydellä. Siksi heidän lopulliset tuloksensa eivät ole kovin hyviä. Esimerkiksi Hitler, toisen maailmansodan pahamaineinen sotarikollinen, laittoi kansansa tervehtimään: "Heil Hitler!" tarkoittaen: "Terve, Hitler" tai "Eläköön, Hitler!" Lopulta molemmat, Hitler ja Saksa, raunioituivat.

Sen sijaan ihminen, joka on Jumalan lähettämä ja etsii Jumalan kirkkautta, tuo armon monille ihmisille ja pelastaa monia sieluja. Apostoli Paavali omisti koko elämänsä Jumalan kunnian hyväksi. Suuria ihmeitä tehden hän antoi kunnian Jumalalle, ja pakanain apostolina hän johti lukemattomia sieluja Kristuksen luo. Hän omisti koko sydämensä ja tahtonsa Kristuksen asialle. Siksi hän pystyi rohkeasti sanomaan: *"Olkaa minun seuraajiani"* (1. Kor. 11:1). Hän ei sano tätä pöyhkeilläkseen; pikemminkin hän käski ihmisten jäljitellä Kristuksen elämää niin kuin hänkin teki.

Jeesuskin pyrki vain kirkastamaan Jumalaa. Hän ei koskaan yrittänyt korottaa itseänsä tai saada jotain itselleen. Siksi tehdessään kahden kalan ja viiden leivän ihmeen Hän katsoi kohti taivasta ruokaa siunatessaan (Mark. 6:41). Herättäessään Lasaruksen henkiin Hän ensin rukoili luoden silmänsä ylös antaen kunnian Jumalalle. Hänestä tuli työkalu elävän Jumalan ja Hänen tahtonsa näyttämiseksi maailmalle. Ja Jumala sai kunnian takaamalla jokaisen sanan, joka tuli Jeesuksen suusta.

Miksi tavoittelette minua tappaaksenne?

"'Eikö Mooses ole antanut teille lakia? Ja kukaan teistä ei lakia täytä. Miksi tavoittelette minua tappaaksenne?' Kansa vastasi: 'Sinussa on riivaaja; kuka sinua tavoittelee tappaaksensa?' Jeesus vastasi ja sanoi heille: 'Yhden teon minä tein, ja te kaikki kummastelette.'" (7:19-21)

Laissa, jonka Mooses sai Siinain vuorella Egyptistä paon aikana, on käskyjä kuten: "Kunnioita isääsi ja äitiäsi, älä tapa, älä tee huorin ja älä sano väärää todistusta." Tämän lain keskeinen tarkoitus on ymmärtää, antaa anteeksi ja rakastaa kaikkia ihmisiä armolla ja myötätunnolla.

Tuon ajan juutalaiset käyttivät kuitenkin lakia ahkerasti parhaaksi katsomallaan tavalla tuomitakseen ihmisiä, jopa niin, että arvostelivat Jeesusta hyvistä teoista. Kun Jeesus paransi miehen, joka oli ollut invalidi 38 vuotta, he yrittivät tappaa Hänet, koska Hän teki tämän lepopäivänä. Jos ihmeteko tapahtuu ja Jumala kirkastetaan, heidän pitäisi iloita. Mutta sen sijaan he yrittivät tappaa Jeesuksen väittäen, että Hän rikkoi sapatin.

Nähdessään heidän pahat sydämensä, Jeesus sanoi heille: "Ja kukaan teistä ei lakia täytä. Miksi tavoittelette minua tappaaksenne?" Hän opetti heille, että vaikka Jumala antoi heille lain, jotta he tekisivät hyviä tekoja, he käyttivät sitä yrittääkseen tappaa jonkun. Ihminen, joka harjoittaa lakia oikein, ei ikinä tekisi mitään tuollaista.

Juutalaiset eivät voineet ymmärtää Jeesuksen sanojen hengellistä merkitystä, ja he väittivät Hänen olevan riivattu. Juutalaiset katsoivat Jeesuksen olevan harhainen siinä, että Hän ajatteli olevansa vainottu ja uhri. Vaikka he eivät koskaan yrittäneet avoimesti tappaa Häntä, heidän sydämissään oli jo todellisuudessa halu tappaa Hänet (Joh. 5:18). Tämä keskustelu toi avoimesti näkyviin pahan heidän sydämissään. Tietämättä, miksi Jeesus sanoi sen, mitä Hän sanoi, he vain syyttivät Hänen olevan riivattu oman päättelykykynsä mukaan.

Juutalaiset eivät voineet ymmärtää, miksi Jeesus oli parantanut sairaan sapattina, joten he arvostelivat Häntä ja pitivät Häntä jotenkin outona. Joten muistuttamalla heitä, kuinka he itse antavat luvan ympärileikkaukseen sapattina, Jeesus opetti heille tärkeän asian.

Jos ihminen saa ympärileikkauksen sapattina

"Mooses antoi teille ympärileikkauksen – ei niin, että se olisi Moosekselta, vaan se on isiltä – ja sapattinakin te ympärileikkaatte ihmisen. Sentähden: jos ihminen saa ympärileikkauksen sapattina, ettei Mooseksen lakia rikottaisi, miksi te olette vihoissanne minulle siitä, että minä tein koko ihmisen terveeksi sapattina? Älkää tuomitko näön mukaan, vaan tuomitkaa oikea tuomio." (7:22-24)

Ympärileikkaus on israelilaisten rituaali, jossa siittimen esinahka poistetaan poikavauvalta 8 päivää syntymän jälkeen. Tämä tapa alkoi uskonisä Aabrahamin aikana (1. Moos. 17:10-14). Tehtyään Abrahamin kanssa siunauksen liiton Jumala käski Aabrahamia ympärileikkaamaan koko perheensä liiton merkiksi. Jos joku ei ollut ympärileikattu, hänet poistettiin Jumalan kansasta eikä hän voinut saada luvattua siunausta.

Jumala lähes tappoi jopa Mooseksen, joka otti suorittaakseen Egyptistä paon suuren tehtävän, koska hän ei ollut ympärileikkauttanut itseään. Koska Mooseksen täytyi olla täydellisempi ja kokonaisempi kuin kukaan muu niin tärkeän tehtävän johtajana kuin israelilaisten johtaminen pois Egyptistä. Jumala varoitti Moosesta ankarasti ympärileikkauksen tärkeydestä. Juutalaiset pitivät Mooseksen kokemusta suurena opetuksena ja pitivät mielessään itse ympärileikkauksen tärkeyden. Siksi Jeesuksen ajan juutalaisessa yhteiskunnassa, jopa 2000 vuotta Aabrahamin liiton jälkeen, ympärileikkauksen suorittaminen oli luvallista varauksetta jopa sapattina.

Niinpä Jeesus sanoi juutalaisille, jotka arvostelivat ja tuomitsivat Hänen toimiaan: "Jos ihminen saa ympärileikkauksen sapattina, ettei Mooseksen lakia rikottaisi, miksi te olette vihoissanne minulle siitä, että minä tein koko ihmisen terveeksi sapattina?" Jeesus ei sanonut tätä siksi, etteikö Hän ymmärtänyt juutalaisten herkkyyttä Hänen sairaiden parantamisestaan sapattina tai koska Hän oli pettynyt heihin. Ympärileikkausta esimerkkinä käyttäen Hän halusi vain opettaa heille, mikä oli oikein. Kertoen heille, että rakkauden ja myötätunnon tulee mennä lain edelle, Hän opetti heitä: "Älkää tuomitko näön mukaan, vaan tuomitkaa oikea tuomio."

1. Sam. 16:7:ssä, jossa Samuel yritti voidella Iisain vanhimman pojan Eliabin, Jumala sanoi hänelle: *"Sillä ei ole niinkuin ihminen näkee: ihminen näkee ulkomuodon, mutta Herra näkee sydämen."* Jeesus, joka tuntee Jumalan sydämen oikein hyvin, katsoo myös ihmisen sydämeen eikä vain hänen ulkomuotoaan (Jaak. 2:1-4). Siksi Hän yritti opettaa juutalaisia, jotka arvostelivat ja tuomitsivat lailla, tuomitsemaan sen sijaan totuudella ja oikeudenmukaisuudella.

Ihmiset, jotka tuomitsevat ulkonäön perusteella

"Niin muutamat jerusalemilaisista sanoivat: 'Eikö tämä ole se, jota he tavoittelevat tappaaksensa? Ja katso, hän puhuu vapaasti, eivätkä he sano hänelle mitään. Olisivatko hallitusmiehet tosiaan saaneet tietoonsa, että tämä on Kristus? Kuitenkin, me tiedämme, mistä tämä on; mutta kun Kristus tulee, niin ei kukaan tiedä, mistä hän on.'" (7:25-27)

Kun Jeesus kysyi kansalta: "Miksi yritätte tappaa minut?"

juutalaiset tajusivat, että heidän sisäiset motiivinsa olivat paljastuneet, joten he alkoivat syyttämään Jeesusta riivatuksi ja kohtelivat Häntä aivan kuin Hän olisi houraillut. Sitten ilmaantui kolmas osapuoli ja todisti tästä totuudesta. Jotkut ihmiset tulivat ja sanoivat, että johtajat yrittivät tappaa Jeesuksen. Ja siten kolmas osapuoli vahvisti Jeesuksen sanojen totuudenmukaisuuden.

Koska Jumala on oikeudenmukaisuuden Jumala, Hän huolehtii siitä, että totuus voittaa aina, kun kuljemme vanhurskauden polkua (Ps. 37:6, Aam. 5:24). Siksi kypsä kristitty ei väittele eikä riitele, vaikka häntä syytettäisiin tai käsiteltäisiin epäoikeudenmukaisesti. Tämä johtuu siitä, että kun aika tulee, kaikki asiat paljastetaan.

Kolmas osapuoli, joka vahvisti Jeesuksen sanat, ei kuitenkaan poikennut ihmisistä, jotka yrittivät vangita Jeesuksen. He kyselivät, miksi syytettyä ei ollut jo viipymättä otettu säilöön. Aivan kuten koko maailma näyttää siniseltä, kun sitä tarkastelee sinisten aurinkolasien läpi, nämä ihmiset katsoivat Jeesusta negatiivisin tuntein ja ajatuksin, jotta voisivat vain löytää syyn tuomita Hänet.

Kun kuuntelee Jumalan sanaa hyvällä ja aidolla sydämellä, inspiroituu ja liikuttuu tekemään parannuksen ja muuttumaan. Kun taas sekoittaa omia tunteitaan tai ajatuksiaan sanoen asioita kuten "Se varmaan meni näin tai niin", sitten lopulta syyllistyy arvostelemisen ja tuomitsemisen vakavaan syntiin.

Kansa kysyi myös: "Olisivatko hallitusmiehet saaneet tietoonsa, että tämä on Kristus?" Ja sitten he lisäsivät: "Me tiedämme, mistä tämä on." He tarkoittivat, että he tiesivät, että Jeesus oli syntynyt Joosefin poikana, tarkoittaen, ettei Hän ole jumala ja ettei Hän ole Jumalan poika. Heidän logiikkansa ja järkeilynsä mukaan kenenkään ei pitäisi tietää, mistä Messias tulee.

Mutta onko totta, että kukaan ei voinut tietää, mistä Messias tuli? Raamattu ei kirjaa Kristuksen tai Messiaan syntymän tarkkaa päivämäärää ja aikaa. Tuolloin ei ollut myöskään lainopettajille tai saddukeuksille helppoa ennustaa Messiaan syntymäaikaa, koska heillä oli vain pari jaetta, jotka viittasivat Hänen syntymäänsä (Dan. 9:25, Mal. 3:1). Siksi jopa heidän keskuudessaan oli eriäviä mielipiteitä Messiaan syntymästä. He jopa ajattelivat, että Messiaalla tulisi olemaan yliluonnollinen ja salaperäinen persoonallisuus ja että Hän ilmestyisi äkillisellä tavalla. Vaikka olisikin ollut vaikea tietää Messiaan syntymän tarkkaa ajankohtaa, on kuitenkin paljon ennustuksia, jotka kertovat Messiaasta.

Miika 5:2 sanoo: *"Mutta sinä, Beetlehem Efrata, joka olet vähäinen olemaan Juudan sukujen joukossa, sinusta minulle tulee se, joka on oleva hallitsija Israelissa, jonka alkuperä on muinaisuudesta, iankaikkisista ajoista."* Aivan kuten tämä profetia toteaa, Jeesus syntyi Beetlehemissä Juudan sukuun.

Se, että Messias syntyisi Beetlehemissä, tunnettiin myös Jeesuksen ajan juutalaisten keskuudessa. Jos tarkastellaan Matt. 2:1-6:tta, siinä sanotaan, että kuultuaan kolmelta tietäjältä, että kuningas oli syntynyt, kuningas Herodes halusi tappaa hänet, koska hän pelkäsi menettävänsä asemansa kuninkaana. Niinpä hän kokosi kaikki ylipapit ja kirjanoppineet ja kysyi heiltä: "Missä Kristus on syntyvä?" Käyttäen Miikan kirjan profetiaa he vastasivat sitten, että Hän syntyisi Beetlehemissä, Juudean maassa.

5. Moos. 18:18 puhuu siitä, kuinka Jeesusta pidetään profeettana, ja Jes. 9:1 profetoi, että Jeesuksen julkinen toiminta alkaa Galileasta. Raamatussa on monia muita profetioita, kuten Jes. 53, joista löytyy ennustuksia Jeesuksesta. Jopa ilman profetioita voimme kuitenkin tunnistaa todellisen Messiaan Jumalan voimateoista, joita Hän teki, ja sanoista, jotka tulivat ulos Hänen suustaan.

Myös yksinäinen ja hurskas Simon, Anna (nainen, joka vietti koko elämänsä rukoillen temppelissä ja odottaen Messiasta), hyvät paimenet, jotka olivat kaitsemassa lampaita, ja kolme tietäjää kaikki tunnistivat Messiaan (Luuk. 2, Matt. 2:1-11). Joko Pyhän Hengen ohjaamana tai saatuaan ilmoituksen enkeleiltä nämä ihmiset menivät Jeesus-lapsen luo ja palvoivat Häntä antaen kunnian Jumalalle. Siksi ihmiset, jotka tunnustivat, ettei kenenkään pitäisi tietää, mistä Messias tulee, tunnustivat itse asiassa, etteivät he ole Jumalan ihmisiä. Messias oli aivan heidän silmiensä edessä, eivätkä he silti pystyneet tunnistamaan häntä.

Itsestäni minä en ole tullut

"Niin Jeesus puhui pyhäkössä suurella äänellä, opetti ja sanoi: 'Te tunnette minut ja tiedätte, mistä minä olen; ja itsestäni minä en ole tullut, vaan hän, joka minut on lähettänyt, on oikea lähettäjä, ja häntä te ette tunne. Minä tunnen hänet, sillä hänestä minä olen, ja hän on minut lähettänyt.' Niin heillä oli halu ottaa hänet kiinni; mutta ei kukaan käynyt häneen käsiksi, sillä hänen hetkensä ei ollut vielä tullut. Mutta monet kansasta uskoivat häneen ja sanoivat: 'Kun Kristus tulee, tehneekö hän enemmän tunnustekoja, kuin tämä on tehnyt?'" (7:28-31)

Juutalaiset tiesivät Jeesuksen syntymäpaikan ja Hänen perhetilanteensa, mutta se oli vain Jeesuksen ruumiillinen puoli. Niinpä Jeesus ensin myönsi heidän sanansa ja kertoi sitten heille, että Hän tuli Jumalasta.

Aluksi Hän sanoi heille: "Te tunnette minut ja tiedätte mistä minä olen." Ihminen, joka ymmärtää Jeesuksen sanat hengessä ja uskoo, että Hän on tosi Kristus, tietää, että Hän tuli tähän maailmaan Jumalan Poikana ja Vapahtajana. Toisaalta ihminen, joka ymmärtää Hänen sanansa kirjaimellisesti ja lihassa, tietää, että Jeesus on Joosefin poika, puuseppä. Niinpä kun juutalaiset sanoivat, että he tunsivat Jeesuksen, he tarkoittivat kirjaimellista merkitystä.

Jeesus sanoi, että Hän ei tullut itsestään ja että on olemassa Hän, joka lähetti Hänet. Sitten Hän lisäsi, että Hän, joka lähetti Hänet, on oikea lähettäjä. Kun Jeesus sanoo, että Hän ei tullut itsestään, se tarkoittaa, että Hän tuli Isästä Jumalasta. Jumalan sallimana Jeesus, joka oli Jumalan tykönä alusta asti, tuli tähän maailmaan pelastamaan ihmiskunnan, jonka kuolema synnin takia oli väistämätön.

Jeesus sanoi myös: "Hän, joka minut on lähettänyt, on oikea lähettäjä." Totuus tarkoittaa henkeä, elämää ja sitä, mikä on ikuinen – ei koskaan kuihtuva tai muuttuva. Ja oikean Jumalan, joka on totuus, voima oli Hänen kanssaan tähän asti, minkä takia niin monia tunnustekoja ja ihmeitä tapahtui Jeesuksen kautta.

Jeesus sanoi tuntevansa Hänet, jota he eivät tunne. Monet ihmiset ovat vuorovaikutuksessa presidentin kanssa monen erilaisen median kautta ja he väittävät: "Minä tunnen presidentin." Tämä ei tarkoita, että presidentti tuntee heidät kaikki. Presidentin on myös väitettävä tuntevansa heidät, jotta he voivat sanoa, että he todella tuntevat presidentin. Sama koskee Jumalan tuntemista. Jos joku väittää tuntevansa Jumalan, hänellä täytyy olla suhde Jumalaan. Suhde Jumalaan tarkoittaa valkeudessa elämistä tai Jumalan sanan mukaan elämistä (1. Joh. 1:7). Mutta juutalaisilla ei ollut tällaista suhdetta Jumalaan. He eivät olleet koskaan edes nähneet Jumalan kuvaa. Lisäksi he olivat lihan ihmisiä, joten heidän tarvitsi nähdä kaikki fyysisillä silmillään. Siksi Jeesus sanoi, että he eivät tunne Jumalaa. Sitten Hän selitti, että Hän tuntee Jumalan, koska Hän on Jumalasta ja että Hän tuli tähän maailmaan Jumalan tahdon mukaisesti.

Sitten pyhäkössä olevissa ihmisissä, jotka kuuntelivat tätä, alkoi näkyä erilaisia reaktioita. Jotkut sanoivat Jeesuksen herjaavan Jumalaa ja he yrittivät ottaa Hänet kiinni. Onneksi ei vielä ollut Hänen aikansa, joten he eivät voineet tehdä Hänelle mitään. Sitä vastoin oli monia, jotka näkivät Jeesuksen myönteisessä valossa. Hän ei pelkästään sanonut: "Minä olen totuus, joten uskokaa minuun." Hän johti ihmisiä uskomaan tekemällä tunnustekoja ja ihmeitä todistaakseen, että Jumala oli Hänen kanssaan.

38 vuotta sairastaneesta miehestä alkaen Jeesus paransi ihmisiä kaikenlaisista sairauksista. Hän paransi sokeita

ja kuuroja ja teki heistä jälleen eheitä. Hän muutti veden viiniksi, syötti yli viisi tuhatta ihmistä kahdella kalalla ja viidellä ohraleivällä ja käveli myös veden päällä. Monet ihmiset joko kuulivat näistä ihmeteoista tai todistivat niitä omakohtaisesti. Siksi he kysyivät: "Kun Kristus tulee, tehneekö hän enemmän tunnustekoja, kuin tämä on tehnyt?" Vaikka eivät todistaneetkaan tarkalleen mitä tapahtui, hyväsydämiset ihmiset katsoivat asioita, joita Jeesus teki, ja vahvistivat sen totuudeksi.

Juutalaiset yrittävät ottaa Jeesuksen kiinni

Nähtyään Jeesuksen tekevän suuria tunnustekoja kansa ylisti Jumalaa sanoen, että suuri profeetta on noussut heidän keskellensä ja että Jumala on katsonut kansansa puoleen (Luuk. 7:16). Kaikki eivät kuitenkaan ajatelleet näin. Oli niitä juutalaisia, jotka halusivat ottaa Hänet kiinni.

Ylipapit ja fariseukset

"Fariseukset kuulivat kansan näin kiistelevän hänestä; niin ylipapit ja fariseukset lähettivät palvelijoita ottamaan häntä kiinni. Mutta Jeesus sanoi: 'Minä olen vielä vähän aikaa teidän kanssanne, ja sitten minä menen pois hänen tykönsä, joka on minut lähettänyt. Silloin te etsitte minua, mutta ette löydä; ja missä minä olen, sinne te ette voi tulla.' Niin juutalaiset sanoivat keskenään: 'Minne tämä aikoo mennä, koska emme voi löytää häntä? Eihän vain aikone mennä niiden luo, jotka asuvat hajallaan kreikkalaisten keskellä, ja opettaa kreikkalaisia? Mitä tämä sana on, jonka hän sanoi: "Te etsitte minua, mutta ette löydä", ja: "Missä minä olen, sinne te ette voi tulla"?'" (7:32-36)

Ylipapit ja fariseukset huomasivat kansan suuren kiinnostuksen Jeesukseen ja kaiken puheen, joka oli meneillään Hänestä. Pappien johtajana ylipappi on kerran vuodessa vastuussa pyhäksi erotettuun kaikkeinpyhimpään menemisestä ja uhraa ihmisten puolesta. Ja uskonnollisena johtajana hänellä on oikeus käyttää poliittista valtaa. Pappeina ja niinä, keitä he olivat, he eivät enää voineet vain tarkkailla, kuinka Jeesus julisti olevansa Jumalan lähettämä. Niinpä he lopulta suunnittelivat fariseusten kanssa vangita Jeesuksen ja lähettivät vartijat Hänen peräänsä.

Tässä vaikeassa tilanteessa Jeesus kertoi rohkeasti kansalle, että Hän palaisi Isän Jumalan luokse. Hän selitti, ettei Hän olisi enää täällä maan päällä ja että Jumalan asettamana aikana Hän ottaisi ristin, nousisi ylös ja istuisi Jumalan oikealle puolelle. Mutta ymmärtämättä Jeesuksen sanojen hengellistä merkitystä juutalaiset, fariseukset ja kirjanoppineet mukaan lukien, pilkkasivat Häntä.

Fariseukset olivat yksi suurimmista juutalaisten puolueista ensimmäisellä vuosisadalla eKr. ja ensimmäisellä vuosisadalla jKr. Fariseukset uskoivat enkeleiden olemassaoloon, kuolleiden ylösnousemukseen ja pyrkivät tiukkaan juutalaisten lakien noudattamiseen viimeistä pykälää myöten. Jeesus kuitenkin nuhteli näitä ihmisiä sanoen: *"Mutta voi teitä, kirjanoppineet ja fariseukset..."* (Matt. 23:13). Hän teki tämän, koska valkoiseksi kalkittujen hautojen lailla he näyttivät pyhiltä ulkopuolelta, mutta olivat täynnä pahaa sisältä.

Kirjanoppineet ovat niitä ihmisiä, jotka tulkitsevat ja opettavat lakia. Palattuaan Baabelista juutalaiset vangit aloittivat voimakkaan liikkeen lain pitämiseksi vahvana Juudean valtiossa. Joten siitä alkaen opettajat, jotka osasivat tulkita lakia ja opettaa ihmisille, kuinka lakia sovelletaan, ryhtyivät erittäin tärkeään tehtävään. Mutta koska nämä opettajat kerskasivat auktoriteetistansa perustellen vanhinten perinnäissäännöillä, jotka tulivat lakien siirtämisestä eteenpäin suullisesti, he eivät voineet välttää konfliktia Jeesuksen kanssa, joka tulkitsi Raamattua vain Jumalan tahdon mukaan. Lisäksi Jeesuksen voimakkaat sanat vaaransivat heidän valtansa ja auktoriteettinsa.

Nämä juutalaiset eivät voineet ymmärtää Jeesusta, ja he jatkoivat lihallisten ajatustensa käyttämistä Jeesuksen sanojen tulkinnassa. He ihmettelivät: "Jos Hän sanoo, ettemme voi löytää Häntä, vaikka yrittäisimme, tarkoittaako tämä, että Hän aikoo lähteä tästä paikasta ja mennä kreikkalaisten luo?" Jeesus ei koskaan sanonut olevansa menossa Kreikkaan eikä Hänellä ollut koskaan aikeita tehdä niin, mutta he tekivät kaikenlaisia vääriä oletuksia.

Miksi näiden ihmisten, jotka oletettavasti tutkivat ja opettivat Jumalan sanaa, oli niin vaikea ymmärtää Jeesuksen sanat? Lihallisina he liittivät maallisen viisautensa ja tietonsa kaikkeen. He katsoivat myös oman osaamisensa, ajatustensa ja kokemustensa olevan parempia kuin kaikkien muiden. Siksi he eivät voineet kohdata Jumalaa, joka on henki (Room. 8:5-8). Koska he olivat takertuneet lihan ajatuksiin, jotka ovat vihamielisiä Jumalalle, he eivät tunnistaneet, kuka Jeesus oli.

Jeesuksen lupaus Pyhästä Hengestä

"Mutta juhlan viimeisenä, suurena päivänä Jeesus seisoi ja huusi ja sanoi: 'Jos joku janoaa, niin tulkoon minun tyköni ja juokoon. Joka uskoo minuun, hänen sisimmästään on, niinkuin Raamattu sanoo, juokseva elävän veden virrat.' Mutta sen hän sanoi Hengestä, joka niiden piti saaman, jotka uskoivat häneen; sillä Henki ei ollut vielä tullut, koska Jeesus ei vielä ollut kirkastettu." (7:37-39)

Autiomaan, jossa aurinko paahtaa kuumasti, läpi kävelevälle miehelle lasillinen kylmää vettä on kalliimpi kuin pussillinen kultaa. Mutta tämä on vain pelkkää lihan janoa. Kaikissa ihmisissä on toisen tyyppinen jano: hengellinen jano. Jeesus puhui tämän tyyppisestä janosta.

Hengellistä janoa on myös kahdenlaista. Yksi tyyppi on jano, jota paha ihminen tuntee. Paha ihminen pyrkii jatkuvasti pahaan. Tämän tyyppiset ihmiset eivät koskaan saa rauhaa elämänsä aikana. Israelin ensimmäinen kuningas, kuningas Saul, oli hyvin nöyrä ihminen ennen kuin hän tuli kuninkaaksi. Tultuaan kuninkaaksi hänestä tuli kuitenkin ylpeä ja itsepäinen eikä hän totellut Jumalaa. Hän oli aina ahdistunut ja huolissaan valtaistuimensa menettämisestä Daavidille, jonka Jumala tunnusti "mielensä mukaiseksi." Tämän seurauksena Saul vietti koko elämänsä yrittäen tappaa Daavidin. Hän aiheutti vaikeuksia itselleen omalla pahalla sydämellään ja kärsi polttavaa tuskaa sydämessään.

Hyvän ihmisen kokema jano on kuitenkin täysin päinvastainen. Yksinäisellä ihmisellä on vahva halu tavata todellinen ystävä, jonka kanssa hän voi rakentaa muuttumattoman suhteen ja jonka kanssa hän voi jakaa syvimmät ajatuksensa ja tunteensa. Vanhemmat ja lapset sekä miehet ja vaimot haluavat kaikki luottavaisen suhteen toisiinsa. Jokainen janoaa sisimmässään rakkautta, uskoa, totuutta, iloa ja toveruutta.

Juhlittuaan lehtimajanjuhlaa Jerusalemissa Jeesus sanoi ihmisille, jotka tunsivat tämän tyyppistä janoa: "Jos joku janoaa, niin tulkoon minun tyköni ja juokoon." Jeesus sanoo sitten, että elävän veden virrat virtaavat heidän sisimmästään. Tässä elävä vesi merkitsee Pyhää Henkeä, jonka Kristukseen uskovat saavat. Niiden, jotka ottavat vastaan Jeesuksen ja saavat Pyhän Hengen, vanhurskauden nälkä tyydytetään ja sielun jano sammutetaan. Siksi Raamattu sanoo: "Hänen sisimmästään on juokseva elävän veden virrat."

Jeesuksesta tulee kiistelyn keskipiste

"Niin muutamat kansasta, kuultuaan nämä sanat, sanoivat: 'Tämä on totisesti se profeetta.' Toiset sanoivat: 'Tämä on Kristus.' Mutta toiset sanoivat: 'Ei suinkaan Kristus tule Galileasta? Eikö Raamattu sano, että Kristus on oleva Daavidin jälkeläisiä ja tuleva pienestä Beetlehemin kaupungista, jossa Daavid oli?' Niin syntyi kansassa eripuraisuutta hänen tähtensä. Ja muutamat heistä tahtoivat ottaa hänet kiinni. Mutta ei kukaan käynyt häneen käsiksi." (7:40-44)

Kaikilla oli erilainen mielipide Jeesuksesta. Jotkut sanoivat, että Hän oli profeetta, toiset sanoivat, että Hän oli Kristus ja toiset vielä epäilivät: "Ei suinkaan Kristus tule Galileasta?"

Miksi ihmisten ajatukset olivat niin erilaisia? Tämä johtuu siitä, että jotkut näkivät Jeesuksen hengellisestä näkökulmasta ja jotkut näkivät Hänet oman mielensä puitteiden ikkunasta. Ihmiset, jotka näkivät Hänet hengellisillä silmillään, hyväksyivät Jeesuksen Kristukseksi, mutta ne, jotka näkivät Hänet omaan tietoonsa perustaen, eivät voineet nähdä, kuka Jeesus todella oli. He päätyivät epäilemään Häntä. Siksi he historian tuntemuksensa tai taustansa perusteella kyseenalaistivat: "Ei suinkaan Kristus tule Galileasta?"

Israelin kaikkein pohjoisimpana osana Galilea oli usein alttiina monien vieraiden kansakuntien hyökkäyksille. Siksi Galileassa oli vahvasti läsnä pakanakulttuurit. Siksi Jes. 8:23:ssa sitä kutsutaan "pakanain alueeksi" ja Joh. 7:52:ssa fariseukset sanoivat: *"Tutki ja näe, ettei Galileasta nouse profeettaa."* Tietämyksensä ja logiikkansa puitteissa he uskoivat, ettei Kristus, joka on pelastava Israelin, voisi mitenkään syntyä niin alhaisessa paikassa. Koska he vertailivat Jeesusta luomaansa Messiaan kuvaan, joka perustui heidän omaan tietämykseensä, he eivät voineet ymmärtää totuutta.

Tuolloin israelilaiset olivat roomalaisten sorron alla, joten he haaveilivat poliittisesti ja sotilaallisesti voimakkaasta Messiaasta, joka voisi pelastaa heidät roomalaisilta. Jeesus ei vastannut heidän odotuksiaan. Heidän silmissään Hän ei ollut kuin köyhän puusepän poika. Siksi he eivät voineet mitenkään nähdä Häntä kuninkaana, joka pelastaisi koko Israelin.

Niinpä kirjoitukseen "Kristus tulee Beetlehemistä" perustuen he eivät tunnustaneet Jeesusta. He todellakin käyttivät Raamattuun kirjattua profetiaa Messiaasta kieltääkseen Jeesuksen.

Kyllä, aivan niin kuin profetia sanoi, Jeesus syntyi Beetlehemissä ja sitten Hän varttui Nasaretissa. Mutta ihmiset tunsivat Hänet vain nasaretilaisena. Koska he katselivat ennakkoluuloisin ajatuksin, he eivät voineet nähdä totuutta. Näiden erilaisten näkökulmien seurauksena syntyi kiista. Näiden ihmisten joukossa oli joitakin, jotka yrittivät löytää syyn vangita Jeesus, mutta ei ollut vielä Jumalan asettama aika, joten kukaan ei voinut päästä Häneen käsiksi.

Miksi ette tuoneet häntä tänne?

"Niin palvelijat palasivat ylipappien ja fariseusten

luo, ja nämä sanoivat heille: 'Miksi ette tuoneet häntä tänne?' Palvelijat vastasivat: 'Ei ole koskaan ihminen puhunut niin, kuin se mies puhuu.' Niin fariseukset vastasivat heille: 'Oletteko tekin eksytetyt? Onko kukaan hallitusmiehistä uskonut häneen tai kukaan fariseuksista? Mutta tuo kansa, joka ei lakia tunne, on kirottu.'" (7:45-49)

Kun ylipappien ja fariseusten lähettämät palvelijat kuulivat Jeesuksen sanat, he huomasivat, ettei Hän ollut kuten muut ihmiset, ja he tunsivat voiman ja vallan Hänen sanoissaan. Ja koska Jeesus oli täydellinen kaikin tavoin, palvelijat joutuivat palaamaan vangitsematta Häntä, vaikka heidän isäntänsä käskivät vangita Hänet. Ylipapit ja fariseukset kysyivät palvelijoiltaan, jotka tulivat takaisin tyhjin käsin: "Miksi ette tuoneet Häntä tänne?"

Palvelijat antoivat turhautuneille isännilleen odottamattoman vastauksen: "Ei ole koskaan ihminen puhunut niin, kuin se mies puhuu." Palvelijoiden näkökulmasta Jeesuksen ympärillä oli aina joukko ihmisiä, joten Häntä ei ollut helppo vangita. He olisivat voineet käyttää tätä ja monia muita tekosyinä sille, etteivät pystyneet vagitsemaan Jeesusta, mutta he vastasivat isännilleen varsin rohkeasti. Tämä osoittaa, että nämä ihmiset olivat vahvasti liikuttuneita Jeesuksen sanoista.

Kuultuaan palvelijoiden raportin, fariseukset nuhtelivat heitä ankarasti liioiteltuun sävyyn: "Oletteko tekin eksytetyt?" Sitten he kysyivät, josko kukaan hallitusmiehistä tai fariseuksista, jotka olivat ilmeisesti eliittiä, oli myös eksytetty. Meidän on ymmärrettävä, että nämä ihmiset olivat täynnä ylpeyttä asemastaan ja pitivät itseään erilaisina kuin kouluttamaton, tavallinen kansa. He ajattelivat, että jos joku hallitusmiehistä taikka fariseuksista uskoisi Jeesukseen, niin se tarkoittaisi, että hänet oli eksytetty ja että hän oli järjetön ihminen, joka ei tunne lakia.

Siksi fariseukset eivät pidättäytyneet tuomitsemasta niitä ihmisiä, jotka seurasivat Jeesusta, ja kutsuivat heitä "kirotuiksi." He tuomitsivat heidät käyttäen sanoja 5. Moos. 27:26:sta: *"'Kirottu olkoon se, joka ei pidä tämän lain sanoja eikä täytä niitä.' Ja kaikki kansa sanokoon: 'Amen.'"* Juuri ne ihmiset, jotka ylpeilivät tuntevansa lain, itse asiassa vääristivät Jumalan sanaa.

Fariseukset olivat uutteria. He eivät ainoastaan jakaneet lakia pieniin osiin noudattaakseen sitä tarkemmin, vaan he myös ahkerasti painoivat muistiinsa ja tutkivat vanhoja lain tulkintoja, jotka olivat periytyneet suullisesti. Kun he näkivät ihmisiä, joiden näkemykset erosivat edes hieman heidän omistaan, he tuomitsivat heidät typeriksi ja jopa kirosivat heidät.

Vaan ketkä ihmiset ovat todella kirottuja? Umpimieliset ja ylimieliset fariseukset olivat kulkemassa kohti kuolemaa kieltäytymällä uskomasta Jeesukseen. Jeesuksen tappamisen jälkeen he ja sukupolvet heidän jälkeensä saivat päällensä kirouksen maksaa takaisin Jeesuksen veren hinnan. Jerusalemin tuhouduttua 70 jKr. juutalaiset ajettiin pois kotimaastaan ja he hajaantuivat ympäri maailmaa. Ja pitkään sen jälkeen monet kansakunnat vainosivat ja sortivat heitä.

Room. 12:14 sanoo: *"Siunatkaa vainoojianne, siunatkaa,*

älkääkä kirotko." Ihminen, jolla on hyvä sydän, joka on täynnä totuutta, ei koskaan loukkaa ketään sanoillaan tai paljasta toisen ihmisen vikoja. Hänellä ei ole pahoja ajatuksia eikä hän iloitse vääryydestä. Sen sijaan hän sallii vain hyvien ja kauniiden sanojen tulla ulos suustaan. Jeesuksella oli voima ja valta tuomita maailma, mutta Hän ei kuitenkaan koskaan kironnut ketään mielivaltaisesti niin kuin fariseukset tekivät.

Nikodeemus puolustaa Jeesusta

"Niin Nikodeemus, joka ennen oli käynyt Jeesuksen luona ja joka oli yksi heistä, sanoi heille: 'Tuomitseeko lakimme ketään, ennenkuin häntä on kuulusteltu ja saatu tietää, mitä hän on tehnyt?' He vastasivat ja sanoivat hänelle: 'Oletko sinäkin Galileasta? Tutki ja näe, ettei Galileasta nouse profeettaa.' Ja he menivät kukin kotiinsa." (7:50-53)

Kun fariseukset jatkoivat Jeesukseen uskovien kiroamista, Nikodeemus ei voinut enää vain katsoa sivusta, ja hän huomautti heidän epäoikeudenmukaisista ja ennakkoluuloisista näkemyksistään. Nikodeemus kyseli: "Tuomitseeko lakimme ketään, ennenkuin häntä on kuulusteltu ja saatu tietää, mitä hän on tehnyt?" Hienotunteisesti Nikodeemus valaisi fariseuksia, jotka vääristyneiden näkemystensä perusteella kiistelivät jatkuvasti oman asemansa takia. Nikodeemus ei ollut samanlainen kuin muut fariseukset. Hän yritti totella Jumalan lakia hyvällä sydämellä.

Muut fariseukset, jotka luulivat Nikodeemuksen olevan heidän puolellaan, järkyttyivät siitä, mitä Nikodeemus sanoi, ja hetken he olivat häkeltyneitä. He yrittivät keksiä vahvaa vastaväitettä, mutta koska Nikodeemuksen väite oli niin terävä ja kohdallaan, he eivät pystyneet kumoamaan sitä. He pystyivät sanomaan vastaukseksi vain: "Oletko sinäkin Galileasta? Tutki ja näe, ettei Galileasta nouse profeettaa. Ja he menivät kukin kotiinsa." Tämä oli heikko vastaus, joka vähätteli Jeesusta kutsumalla Häntä galilealaiseksi.

On vaikea uskoa, etteivät he tienneet, ettei Jeesus ollut syntynyt Galileassa. He eivät kuitenkaan keksineet loogista ja vakuuttavaa vastaväitettä Nikodeemuksen väitteelle, joten muuta he eivät osanneet sanoa. Ja niin he lopettivat riitansa Jeesuksesta ja kukin palasi kotiinsa. Niiden salaliitto, jotka halusivat ottaa Jeesuksen kiinni, epäonnistui. Hyvän totuuden ihmisen edessä kaikki valheellisuudet – valheet, vilppi ja muut – tulevat kaikki esiin. Hyvyyden viisaus on Jumalalta, siksi pimeys ei voi tehdä muuta kuin paeta sitä.

Luku 8

Totuus tekee sinut vapaaksi

1. Jeesus antaa anteeksi naiselle, joka teki aviorikoksen
(8:1-11)

2. Jeesuksen sanoma juutalaisille
(8:12-30)

3. Vapaus totuudessa
(8:31-47)

4. Juutalaiset yrittävät kivittää Jeesuksen
(8:48-59)

Jeesus antaa anteeksi naiselle, joka teki aviorikoksen

Eräänä päivänä Pietari kysyi Jeesukselta: *"Herra, kuinka monta kertaa minun on annettava anteeksi veljelleni, joka rikkoo minua vastaan? Ihanko seitsemän kertaa?"* (Matt. 18:21). Pietari ajatteli, että seitsemän kertaa anteeksiantaminen osoitti suurta myötätuntoa. Kuitenkin Jeesuksen vastaus ylitti Pietarin mielikuvituksen. Hän sanoi: *"Ei seitsemän kertaa, vaan seitsemänkymmentä kertaa seitsemän"* (j. 22).

Tässä Jeesus ei sano, että meidän pitäisi antaa anteeksi jollekulle 490 kertaa. Seitsemän on täydellinen tai kokonainen numero. Niinpä anteeksiantaminen seitsemänkymmentä kertaa seitsemän merkitsee täydellistä anteeksiantoa tai anteeksiantamista rajoittamattoman määrän kertoja. Samoin Jeesus ei ainoastaan tehnyt hyviä tekoja ja antanut elämän ihmisille, vaan Hän myös antoi syntisille anteeksi heidän syntinsä ja auttoi niitä, jotka olivat saaneet anteeksi, tuntemaan Jumalan syvää rakkautta.

Saddukeukset ja fariseukset, jotka saivat kiinni aviorikoksen tekijän

"Mutta Jeesus meni Öljymäelle. Ja varhain aamulla hän taas saapui pyhäkköön, ja kaikki kansa tuli hänen luoksensa; ja hän istuutui ja opetti heitä. Silloin kirjanoppineet ja fariseukset toivat hänen luoksensa aviorikoksesta kiinniotetun naisen, asettivat hänet keskelle ja sanoivat Jeesukselle: 'Opettaja, tämä nainen on tavattu itse teosta, aviorikosta tekemästä. Ja Mooses on laissa antanut meille käskyn, että tuommoiset on kivitettävä. Mitäs sinä sanot?'" (John 8:1-5)

Lehtimajanjuhlassa puhuttuaan Jeesus meni Öljymäelle. Jerusalemin itäosassa sijaitseva Öljymäki sai nimensä, koska siellä on harvinaisen suuri määrä oliivipuita. Vuoren huipulta voi nähdä koko Jerusalemin kaupungin yhdellä silmäyksellä. Siellä Jeesus saarnasi taivaan evankeliumia ja siellä Hän myös itki ennustaessaan tulevia tapahtumia. Se on merkittävä paikka, koska siellä näyttää olevan Jeesuksen jalanjäljet.

Öljymäki on merkittävä paikka myös Israelin historiassa. Sak. 14:1-5 mainitsee, että Messias seisoo sillä ja profeetta Hesekiel sanoi myös nähneensä näyn, jossa Herran kirkkaus on siellä. Öljymäen juurella on Getsemane, jossa Jeesus usein kävi rukoilemassa. Siellä Jeesus rukoili niin hartaasti, että Hänen

:: Öljymäki, joka sijaitsee Jerusalemin itäosassa

hikensä oli kuin veripisarat viimeisenä iltana ennen kuin Hänet otettiin kiinni ristiinnaulittavaksi.

Rukoiltuaan Öljymäellä yöllä Jeesus palasi temppeliin aamulla. Hänen opettaessaan ihmisiä siellä syntyi suuri hälinä. Saddukeukset ja fariseukset raivasivat tiensä läpi väkijoukon ja toivat Jeesuksen luo naisen. Työntäen hänet huomion keskipisteeksi he sanoivat kuin sattumalta: "Opettaja, tämä nainen on tavattu itse teosta, aviorikosta tekemässä."

Mooseksen lain mukaan aviorikoksen tekijää, miestä tai naista, rankaistiin kuolemalla (3. Moos. 20:10). Saddukeukset ja fariseukset pyysivät soveltamaan tätä lakia tähän naiseen. Nainen tärisi häpeästä ja kuolemanpelosta, kun hänen syntinsä olivat julkisesti kaikkien nähtävillä. Saddukeukset ja fariseukset eivät kuitenkaan välittäneet hänen elämästään. He olivat varsin voitonriemuisia, sillä käyttämällä lakia heillä oli nyt tekosyy koetella Jeesusta.

Joka teistä on synnitön, se heittäköön häntä ensimmäisenä kivellä

"Mutta sen he sanoivat kiusaten häntä, päästäkseen häntä syyttämään. Silloin Jeesus kumartui alas ja kirjoitti sormellaan maahan. Mutta kun he yhä edelleen kysyivät häneltä, ojensi hän itsensä ja sanoi heille: 'Joka teistä on synnitön, se heittäköön häntä ensimmäisenä kivellä.' Ja taas hän kumartui alas ja kirjoitti maahan." (8:6-8)

Saddukeukset ja fariseukset olivat tosiasiassa kriisissä, koska niin monet ihmiset olivat alkaneet seurata Jeesusta. Heidän opetuksiinsa verrattuna Jeesuksen opetukset olivat ylivertaisesti voimakkaampia. Lisäksi Jeesus nuhteli heitä, joten kansan johtajina he olivat epämiellyttävässä tilanteessa. Niinpä heidän Jeesuksen vastaisten tunteidensa alkaessa kasaantua he rupesivat hakemaan joka paikasta tapaa, jolla yllättää Jeesus. Otettuaan kiinni naisen aviorikosta tekemässä he tarttuivat tähän tapahtumaan loistavana mahdollisuutena koetella Jeesusta.

Sen sijaan, että he olisivat keskittyneet aviorikoksen tehneen naisen syntiin, he keskittyivät yrittämään löytää jonkinlaista vikaa Jeesuksen reaktiossa. He luulivat tietävänsä jossain määrin, mikä Hänen reaktionsa olisi. He tiesivät, että Hänen tyypillisen opetuksensa mukaan Hän käskisi heitä olemaan kivittämättä häntä. Jos Jeesus olisi tällä kertaa sanonut: "Rakastakaa, antakaa anteeksi", mitä tapahtuisi? Silloin kuulostaisi kuin Hän puhuisi Mooseksen lakia vastaan, mikä antaisi heille hyvän syyn syyttää häntä. Lakia vastaan toimimista pidettiin vakavana syntinä, vihamielisyytenä Jumalan sanaa kohtaan. Tämä oli siis loistava tilaisuus löytää perusteita Jeesuksen vastaisille syytöksille lain perusteella.

Jos Jeesus toimisi vastoin heidän odotuksiaan ja sanoisi lain mukaan: "Kivittäkää hänet", myös tämä antaisi heille syyn syyttää Häntä, koska se olisi vastoin Hänen tavallista opetustaan rakkaudesta ja anteeksiannosta. Saddukeukset ja fariseukset kysyivät Jeesukselta, mitä tehdä, tietäen aivan hyvin, että tilanne aiheuttaisi jonkinlaisen ongelman, johon Jeesus ei pystyisi sanomaan tätä eikä tuota. Niinpä he luulivat saaneensa Jeesuksen ansaansa.

Näille ihmisille, jotka vaativat vastausta, Jeesus ei sanonut sanaakaan. Sen sijaan Hän kumartui alas ja alkoi kirjoittaa sormellaan maahan jotain. Oli hetken hiljaista. Vähän ajan kuluttua Jeesus ojensi itsensä, ja katsoen väkijoukkoon Hän sanoi: "Joka teistä on synnitön, se heittäköön häntä ensimmäisenä kivellä." Sitten Hän kumartui alas ja kirjoitti taas sormellaan maahan. Ja mitä luulet sitten tapahtuneen?

Ihmiset, joiden omatunto kolkutti

> "Kun he tämän kuulivat ja heidän omatuntonsa todisti heidät syyllisiksi, menivät he pois, toinen

toisensa perästä, vanhimmista alkaen viimeisiin asti; ja siihen jäi ainoastaan Jeesus sekä nainen, joka seisoi hänen edessään." (8:9)

Sinne kerääntyneet ihmiset alkoivat lähteä pois toinen toisensa perään. Saddukeukset ja fariseukset, jotka olivat tunteneet voitonriemua vain hetkeä aiemmin, ja ihmiset, jotka olivat vain uteliaita näkemään, mitä oli tapahtumassa, lähtivät kaikki hiljaa, aivan kuin olisivat olleet vähän häpeissään. Mitähän Jeesus oli kirjoittanut maahan, että se sai kaikki tuntemaan omantunnon kolkutusta? Se, mitä Hän oli kirjoittanut, osoitti heidän syntinsä.

Jeesus tiesi pienimmätkin ihmisten tekemät synnit. Aivan kuin Hän olisi nähnyt kaikkien siellä olevien ihmisten yhteiset synnit alkaessaan kirjoittaa niitä maahan toinen toisensa perään. Syy siihen, miksi Hän kirjoitti synnit maahan eikä sanonut niitä ääneen, oli se, että Jumalan tahto oli, ettei niitä laitettu Raamattuun.

Kun Jumala käskee meitä olemaan arvioimatta, tuomitsematta tai paheksumatta muita, mitä olisi mahtanut tapahtua, jos Jeesus olisi osoittanut jokaisen ihmisen synnit yksityiskohtaisesti ja se kaikki olisi tallennettu Raamattuun? Eivätkö ihmiset olisi voineet käyttää sellaista vastausta todisteena Jeesusta vastaan ja syyttää Häntä arvostelusta ja tuomitsemisesta? Siksi Jeesus ei huutanut kovaan ääneen ja paljastanut jokaista heidän syntiään, vaan ennemminkin kirjoitti ne kaikki alas maahan, jotta mitään todisteita ei jäisi jäljelle.

Ihmiset, jotka osoittivat naisen vääriä tekoja ja vaativat

hänen syntinsä rankaisemista, tajusivat yhtäkkiä, että he itse olivat syntisiä, jotka olisi pitänyt myös kivittää. Häpeissään he livahtivat pois ääneti. Lopulta kaikki lähtivät jättäen vain Jeesuksen ja naisen.

Jeesus antaa naiselle tilaisuuden katua

"Ja kun Jeesus ojensi itsensä eikä nähnyt ketään muuta kuin naisen, sanoi hän hänelle: 'Nainen, missä ne ovat, sinun syyttäjäsi? Eikö kukaan ole sinua tuominnut?' Hän vastasi: 'Herra, ei kukaan.' Niin Jeesus sanoi hänelle: 'En minäkään sinua tuomitse; mene, äläkä tästedes enää syntiä tee.'" (8:10-11)

Kun ihmiset, jotka tuomitsivat ja syyttivät avionrikkojaa, olivat häpeissään lähteneet jättäen naisen aivan yksin, Jeesus puhui ja sanoi hänelle tilanteeseen sopivasti: "En minäkään sinua tuomitse; mene, äläkä tästedes enää syntiä tee." Häpeästä ja pelosta tärisevälle naiselle Jeesuksen sanat olivat luultavasti kuin ainoa auringon säde. Kun Jeesus sanoo tässä, että Hän ei tuomitse naista, se tarkoittaa, että Hän antaa hänelle anteeksi. Miksi Jeesus sitten antoi hänelle anteeksi eikä tuominnut häntä lain mukaan? Siksi, että Jumala on oikeudenmukaisuuden ja rakkauden Jumala.

Lain mukaan naisen piti kuolla maksaakseen syntinsä rangaistuksen, mutta antamalla hänelle anteeksi Jeesus antoi hänelle tilaisuuden katua ja tehdä parannuksen tavoistaan. Jumalan tarkoitus Hänen lähettäessään ainokaisen Poikansa maailmaan ei ollut tuomita syntisiä ja surmata heitä, vaan antaa heille tilaisuus katua ja saada iankaikkinen elämä (Joh. 3:17, 12:47).

Niinpä antaessaan anteeksi naiselle Jeesus samalla painotti todellisen katumisen tärkeyttä, jolloin paha elämä jätetään lopullisesti. Jos otamme tavaksi jatkaa synnin tekemistä, vaikka tiedämme sen olevan syntiä, ja sitten kadumme jälkeen päin vain toistaaksemme saman toiminnan uudelleen, silloin se ei ole todellista katumista. Riippumatta siitä, minkälaisen synnin olemme tehneet, on hyvin tärkeää tehdä parannus siitä synnistä ja elää Jumalan sanan mukaan niin pian kuin mahdollista.

Jeesuksen sanoma juutalaisille

Ylipapit ja fariseukset pohtivat, miten he voisivat löytää vikaa Jeesuksesta, joten he usein heittivät Hänelle kysymyksiä, jotka saattaisivat saada Hänet kompastumaan ja lankeamaan heidän ansaansa. Kysymykset, mitä tehdä naiselle, joka oli saatu kiinni aviorikoksesta, ja onko oikein vai väärin maksaa veroja keisarille, ovat hyviä esimerkkejä tästä. He jopa neuvottelivat yhdessä, miten he voisivat saada Jeesuksen ansaan (Matt. 22:15).

Mutta joka kerta Jeesus antoi odottamattomia ja erittäin viisaita vastauksia ja vältti heidän ansansa, eikä siinä kaikki, vaan Hän aina valaisi heitä totuudella. Riippumatta tilanteesta, jossa Hän oli, Jumalan Poikana, joka on valkeus, Jeesus täytti lain rakkaudella ja toimi ainoastaan Jumalan tahdon mukaan.

Minä olen maailman valkeus

"Niin Jeesus taas puhui heille sanoen: 'Minä olen maailman valkeus; joka minua seuraa, se ei pimeydessä vaella, vaan hänellä on oleva elämän valkeus.' Niin fariseukset sanoivat hänelle: 'Sinä todistat itsestäsi; sinun todistuksesi ei ole pätevä.'" (8:12-13)

Valkeudella on voima karkottaa pimeys. Kun on valkeus, ei ole sijaa pimeydelle. Valkeus ohjaa, valloittaa ja hallitsee pimeyttä. 1. Joh. 1:5:een on tallennettu: "Jumala on valkeus." Siksi Jeesus, joka on yhtä Jumalan kanssa, on myös valkeus. Ja Jeesus kutsui itseänsä "maailman valoksi", koska maailma on pimeyden keskellä. Vain Jeesuksella on valta ajaa pois pimeys, ja Hän itse on valkeus. Miksi maailma siis on pimeyden keskellä? 1. Joh. 2:15-16 sanoo: *"Älkää rakastako maailmaa älkääkä sitä, mikä maailmassa on. Jos joku maailmaa rakastaa, niin Isän rakkaus ei ole hänessä. Sillä kaikki, mikä maailmassa on, lihan himo ja silmäin pyyntö ja elämän korskeus, se ei ole Isästä, vaan maailmasta."*

"Lihan himo" tarkoittaa syntistä luontoa, joka on vastakkainen Jumalan tahdolle ja saa ihmisen tekemään syntiä. Esimerkiksi laiskuus, aviorikos, irstailu, viha, mustasukkaisuus, kateus, ahneus, juoruilu jne. ovat kaikki sydämen haluja, jotka saavat ihmisen haluamaan tehdä syntiä. Jos lihan himosta ei hankkiudu eroon, se saattaa eräänä päivänä yltyä ja saada ihmisen tekemään syntiä teoin. Jos joku on esimerkiksi ahne ja näkee esineen, jonka todella haluaa, hän saattaa nähdä vaivaa saadakseen sen, vaikka se tarkoittaisi velkaantumista tai varastamista.

"Silmäin pyyntö" on syntisen luonnon tuntomerkki, joka saa ihmisen haluamaan jotain, kun sydän on kiihoittunut nähtyään jotakin silmillä tai kuultuaan jotakin korvilla. Joskus kuulemme uutisia jostakusta, joka on tehnyt rikoksen katsottuaan väkivaltaista elokuvaa, tai "silmäin pyyntö" yltyi hänessä yllyttäen rikoksen tekemiseen.

"Elämän korskeus" on syntinen luonto, joka laittaa ihmisen kerskaamaan itsestään tavoitellessaan kaikkia tämän maailman nautintoja. Useimmiten ihmiset haluavat mahtailla sukunimellään, koulutuksellaan tai kyvyillään. Mutta tämän tapaiset halut ovat pimeyden valtiaalta, viholliselta, paholaiselta. Siksi ihmiset, jotka seuraavat lihan himoa ja tavoittelevat tämän maailman nautintoja, saavat kerran Jumalan tuomion ja kohtaavat iankaikkisen kuoleman.

Valkeus on toisaalta pimeyden vastakohta. Se on elämä ja totuus ja edustaa Jumalan sanaa. Aivan kuten valkeus kirkastaa pimeyden, Jumalan sanan valaistessa meitä synnistä, vanhurskaudesta ja tuomiosta voimme kulkea kohti totuuden, elämän ja vanhurskauden tietä, vaikka kerran elimmekin valheen keskellä. Siksi Jeesus sanoi: "Joka minua seuraa, se ei pimeydessä vaella, vaan hänellä on oleva elämän valkeus." Hän tarkoittaa tällä, että ihmiset, jotka jättävät pimeyden ja elävät valkeudessa Jumalan sanan mukaan, Jeesuksen opetusten mukaan, voivat saada iankaikkisen elämän.

Valkeus tarkoittaa myös Kristuksen tuoksua. Siinä määrin kuin jättää pimeyden ja elää enemmän valkeudessa, niin paljon enemmän voi johtaa muita ihmisiä valkeuteen ja totuuteen (Matt. 5:14-15). Aivan kuten perhoset haistavat kukkien tuoksun ja kerääntyvät kukkien ympärille, ihmiset, jotka rakastavat ja tavoittelevat totuutta, kerääntyvät valkeuden ympärille.

Kun Jeesus sanoi, että Hän on maailman valkeus, fariseukset tuomitsivat Hänet sanoen, että Hänen todistuksensa ei ollut pätevä, koska Hän todisti itsestään. Israelissa todistajan todistuksella oli hyvin tärkeä rooli tuon ajan oikeudenkäyntiprosessissa. Jos todistaja saatiin joskus kiinni väärän todistuksen antamisesta, tuon todistajan tuli kärsiä rangaistus syytetyn sijaan. Niin kovasti todistajalta vaadittiin totuutta ja vastuullisuutta. Todistajalla täytyi olla objektiivinen asema suhteessa syytettyyn ja syyttäjään, joten useimmissa tapauksissa oikeus hyväksyi vain kolmannen osapuolen todistajat. Näin tehtiin, että saatiin esiin vain reilut ja luotettavat todistukset vailla mitään ennakkoluuloja.

Juuri tästä syystä fariseukset tuomitsivat Jeesuksen todistuksen. Jeesuksen julkisen toiminnan alussa ei ollut kuitenkaan monia ihmisiä, jotka tunsivat Jeesuksen. Tietysti Johannes Kastaja valmisti tietä Herralle, mutta pian sen jälkeen kuningas Herodes mestasi Johanneksen. Tämä oli myöskin ennen Pyhän Hengen tuloa, joten ei ollut ketään Hengen johdattamaa levittämässä sanaa Jeesuksesta. Siksi Jeesus osoitti, että Hän oli Jumalan Poika, levittäessään taivaan evankeliumia.

Minä en tuomitse ketään

"Jeesus vastasi ja sanoi heille: 'Vaikka minä todistankin itsestäni, on todistukseni pätevä, sillä minä tiedän, mistä minä olen tullut ja mihin minä menen; mutta te ette tiedä, mistä minä tulen, ettekä, mihin minä menen. Te tuomitsette lihan mukaan; minä en tuomitse ketään. Ja vaikka minä tuomitsisinkin, niin minun tuomioni olisi oikea, sillä minä en ole yksinäni, vaan minä ja hän, joka on minut lähettänyt.'" (8:14-16)

Useimmat ihmiset tekevät harvoin, mitä he sanovat aikovansa tehdä. Kun joku siis sanoo: "Minä olen tällainen ihminen", muut ihmiset eivät usko häntä, koska he olettavat tämän henkilön olevan aivan kuten he itse. Toisen henkilön kelvollisuutta tutkiakseen ihmiset katsovat hänen saavutuksiaan tai menneen toimintansa jälkiä.

Kuitenkin Jeesus kertoi aina totuuden. Hän ei koskaan lisännyt tai jättänyt mitään pois siitä, mitä itse asiassa näki. Hän kertoi ihmisille, että Hän tuli Jumalalta, ja Hän näytti heille tien pelastukseen. Hän ei käyttäyt vain sanojaan, vaan Hän myös teki tunnustekoja ja ihmeitä, jotka ovat inhimillisesti katsoen mahdottomia, ja todisti sanojensa pätevyyden. Minne tahansa Hän meni, todisteet Hänen totuudenmukaisuudestaan näkyivät. Kun Hän antoi anteeksi syntisille, paransi heidän sairautensa tai vammansa, kaikkien Hänen tapaamiensa ihmisten elämä muuttui ikuisesti. Jeesus tiesi myös, mistä Hän tuli ja minne Hän oli menossa. Hän tiesi alun ja lopun, alkuperän ja tapahtumasarjan ja kaiken päätöksen.

Entä fariseukset? He eivät tienneet, mistä Jeesus oli tullut tai miksi Hän tuli. Sen lisäksi he yrittivät ymmärtää Hänen hengellisiä viestejään maallisella logiikallaan ja tiedollaan, joten he eivät yksinkertaisesti voineet ymmärtää. Niinpä heistä itsestään tuli tuomari ja he alkoivat arvostella ja tuomita Jeesusta.

Jeesus kertoi heille tarkasti, mikä heidän ongelmansa oli. Hän kertoi heille, että he arvioivat lihan perusteella. Lihan perusteella arvioiminen tarkoittaa jonkun luonteen tai arvon arvioimista ulkoisen olemuksen tai edellytysten perusteella. Se on johtopäätösten tekemistä jonkun luonteesta ulkonäön, omaisuuden tai aseman perusteella tai sen perusteella, mitä muut ihmiset sanovat heistä.

Siksi nähtyään pelkästään aviorikoksesta kiinni jääneen naisen ulkoiset toimet fariseukset tulivat siihen tulokseen, että lain mukaan hänet oli kivitettävä. He eivät olleet lainkaan kiinnostuneita siitä, millaisia vaikeuksia naisella oli ehkä ollut tai millaisissa ympäröivissä olosuhteissa tai tilanteissa hän oli ehkä ollut. He pitivät lakia arvokkaampana kuin ihmistä ja tuomitsemista oikeampana ja arvokkaampana kuin anteeksiantoa ja rakkautta. Samoin lihan ihmiset näkevät kaiken logiikkaansa ja ajatuksiinsa perustuen, joten he päätyvät antamaan vääriä tuomioita ja tekemään pahaa.

Sitä vastoin kaikki Jeesuksen tuomiot olivat oikeita. Hän on Sana, joka tuli lihaksi. Hän on totuus itse. Siksi Hän ei voisi olla, tehdä tai puhua mitään muuta kuin totuutta. Jeesuksen tuomio oli oikea, sillä aivan kuten Hän sanoi: "Sillä minä en ole yksinäni, vaan minä ja hän, joka on minut lähettänyt", Jumala oli Hänen kanssaan. Vaikka Hänellä oli valta tuomita, Jeesus sanoi tämän, koska lopullinen kaiken tuomari on Jumala ja vain Jumala.

Jeesus ei tullut tähän maailmaan ollakseen sen tuomari, vaan ottaakseen kaikki ihmiskunnan synnit päälleen ja saadakseen kuoleman rangaistuksen koko ihmiskunnan puolesta. Koska Hän joutui kantamaan ristin saadakseen osakseen kaikki kiroukset, jotka syntisten olisi pitänyt saada, Hän ei sanonut: "Minä olen alun perin yhtä Jumalan kanssa, siksi minun tuomioni on tosi." Jos Hän olisi sanonut: "Minä olen Jumala, joten minun tuomioni on oikea", mitä olisi tapahtunut? Jeesus tiesi, miten juutalaiset reagoivat. Sen vuoksi Hän puhui viisaasti estääkseen heitä ymmärtämästä väärin tai joutumasta kiusaukseen.

Jos te tuntisitte minut, niin te tuntisitte myös minun Isäni

>"'Onhan teidän laissannekin kirjoitettuna, että kahden ihmisen todistus on pätevä. Minä olen se, joka todistan itsestäni, ja minusta todistaa myös Isä, joka on minut lähettänyt.' Niin he sanoivat hänelle: 'Missä sinun isäsi on?' Jeesus vastasi: 'Te ette tunne minua ettekä minun Isääni; jos te tuntisitte minut, niin te tuntisitte myös minun Isäni.' Nämä sanat Jeesus puhui uhriarkun ääressä, opettaessaan pyhäkössä; eikä kukaan ottanut häntä kiinni, sillä hänen hetkensä ei

ollut vielä tullut." (8:17-20)

Oikeudenmukaisen oikeudenkäynnin toteuttamiseksi lain mukaan tarvitaan vähintään kaksi todistajaa (5. Moos. 17:6, 19:15). Siksi Jeesus todisti itsestään tunnusteoin ja ihmein, että Hän oli Jumalan Poika, ja koska Jumala oli Hänen toinen todistajansa, Hän totesi, että lain mukaan Hänen todistuksensa oli pätevä.

Miten Jumala toimi Jeesuksen todistajana? Jos katsotaan Matteuksen evankeliumin 3. lukua, siinä on tapahtuma, jossa Jeesus oli tulossa vedestä kasteen jälkeen. Tuolloin ääni taivaasta sanoi: *"Tämä on minun rakas Poikani, johon minä olen mielistynyt"* (j. 17). Ja Jeesuksen julkisen toiminnan aikana Jumala toi julki monia ihmeitä, joita ainoastaan Hän voisi tehdä voidakseen todistaa, että Jeesus on Hänen Poikansa ja että kaikki, mitä Hän sanoi, oli totta.

Ymmärtämättä kuitenkaan Jeesuksen sanoja fariseukset kysyivät: "Missä on sinun isäsi?" Kun Jeesus puhui "Isästä, joka lähetti minut", fariseukset luulivat Jeesuksen puhuvan fyysisestä isästään. He eivät tienneet Jeesuksen sanojen takana olevaa hengellistä merkitystä eivätkä he voineet ymmärtää, miksi Jeesus kutsui Jumalaa "Isäkseen."

Tässä vaiheessa ylipapit ja fariseukset yrittivät pidättää Jeesuksen, kunhan saisivat pienimmänkin tilaisuuden. Vaikka Jeesus opetti kansaa ja esiintyi julkisissa paikoissa kuten pyhäkössä, vieläkään kukaan ei uskaltanut ottaa Häntä kiinni. Tämä johtui siitä, ettei ollut vielä Hänen aikansa kärsiä ristillä. Koska kaikki on Jumalan vallassa, kukaan ei voinut pidättää Jeesusta ennen kuin Jumala salli sen.

Profetia Jeesuksen kuolemasta ristillä, Hänen ylösnousemuksestaan ja taivaaseen astumisestaan

"Niin Jeesus taas sanoi heille: 'Minä menen pois, ja te etsitte minua, ja te kuolette syntiinne. Mihin minä menen, sinne te ette voi tulla.' Niin juutalaiset sanoivat: 'Ei kai hän aikone tappaa itseänsä, koska sanoo: "Mihin minä menen, sinne te ette voi tulla"?'" (8:21-22)

Todistettuaan, että Hän oli Jumalan Poika, Jeesus sanoi sitten jotain hieman hengellisesti syvällisempää. Hän kertoi heille kuolemastaan ristillä, ylösnousemuksestaan ja taivaaseen astumisestaan. "Minä menen pois, ja te etsitte minua, ja te kuolette syntiinne."

"Te" viittaa tässä juutalaisiin, jotka olivat Häntä vastaan. He etsivät hartaasti Messiasta, mutta vaikka Messias seisoi aivan heidän edessään, he eivät edes tunnistaneet Häntä! He ennemminkin pilkkasivat Häntä, vaikka Hän oli Messias, ajatellen, että Hän oli köyhän puusepän poika ja heikkojen ja syntisten ystävä.

Siksi, kuten Jeesus sanoi: "Minä menen pois, ja te etsitte minua, ja te kuolette syntiinne", Hän oli hyvin surullinen heidän [juutalaisten] puolestaan. Kun Jeesus sanoi, että he kuolevat syntinsä takia, Hän oli kertomassa heille, että he eivät olleet vain hengellisesti hyvin tietämättömiä, vaan heidän sydämensä olivat täynnä kateutta ja pahaa, ja koska he kielsivät Kristuksen, he kuolisivat kivun ja epätoivon keskellä.

Jeesus sanoi myös: "Mihin minä menen, sinne te ette voi

tulla", kertoen heille taivaaseen astumisestaan ristin kuoleman jälkeen. Juutalaiset eivät kuitenkaan ymmärtäneet tätä ja he luulivat Jeesuksen aikovan tappaa itsensä. Heille se, että Jeesus, joka näytti vain köyhän puusepän pojalta, nousisi ylös taivaaseen, oli mielikuvituksen ulottumattomissa. Samalla tavalla lihan ihminen keksii spekulaatioita toisensa perään.

Minä olen juuri Se, jota minä puhunkin teille

> "Ja hän sanoi heille: 'Te olette alhaalta, minä olen ylhäältä; te olette tästä maailmasta, minä en ole tästä maailmasta. Sentähden minä sanoin teille, että te kuolette synteihinne; sillä ellette usko minua siksi, joka minä olen, niin te kuolette synteihinne.' Niin he sanoivat hänelle: 'Kuka sinä olet?' Jeesus sanoi heille: 'Juuri se, mitä minä puhunkin teille.'" (8:23-25)

Kun Jeesus käytti tässä sanaa "alhaalta", Hän viittasi maahan ja "te olette alhaalta" tarkoittaa, että he [juutalaiset] olivat syntyneet tähän maailmaan lihan vanhemmista, ja oppivat lihan asioita, jotka he varastoivat tietona. Tästä syystä he eivät voineet ymmärtää eikä uskoa asioita, jotka Jeesus sanoi liittyen neljänteen ulottuvuuteen tai hengelliseen maailmaan. Toisin kuin he, Jeesus oli syntynyt ylhäältä. Koska Hän oli syntynyt Pyhästä Hengestä Jumalan voimasta, Hänen syntymästään alkaen kaikki tapahtui hengessä. Joh. 7:15:ssä juutalaiset kysyivät: *"Kuinka tämä osaa kirjoituksia, vaikkei ole oppia saanut?"* Ihmisten oppien sijaan Jeesus toimi vain totuuden ja Jumalan sanan mukaan, mikä näyttää, ettei Hän ole tästä maailmasta.

Kun Jeesus sanoi: "Ellette usko minua siksi, joka minä olen, niin te kuolette synteihinne", juutalaiset kysyivät: "Kuka sinä olet?" Tähän Jeesus vastasi sanomalla: "Juuri se, mitä minä puhunkin teille." Jeesus yritti muistuttaa heitä siitä, mitä Hän oli kertonut heille koko ajan; että Hän on Messias, josta Vanha testamentti ennusti, Se, jota juutalaiset olivat odottaneet koko tämän ajan.

Katsotaanpa nyt, miten Vanha testamentti ennusti Messiaasta, ja tutkitaan, miten Uusi testamentti on ollut näiden profetioiden täyttymys.

Jos katsotaan 1. Moos. 3:15:tä, se sanoo: *"Ja minä panen vainon sinun ja vaimon välille ja sinun siemenesi ja hänen siemenensä välille; se on polkeva rikki sinun pääsi, ja sinä olet pistävä sitä kantapäähän."* Näin Jumala sanoi käärmeelle, joka houkutteli Eevaa syömään hyvän ja pahan tiedon puun hedelmää. Käärme edustaa tässä vihollista, perkelettä ja saatanaa, ja nainen edustaa Israelia. Tämä on profetia, joka sanoo Messiaan syntyvän Israelissa ja voittavan vihollisen, perkeleen. Juuri näin tapahtui (Gal.4:4-5). Jeesus Kristus syntyi Israelin kansakunnasta naisen sukulinjasta. Hän murskasi kuoleman, joka oli vihollisen, perkeleen ja saatanan alaisuudessa, vallan ja nousi kuolleista ja näin Hän lopulta saattoi päätökseen Jumalan pelastussuunnitelman.

Kuten on myös kirjoitettu Jes. 7:14:ssä: *"Sentähden Herra itse antaa teille merkin: Katso, neitsyt tulee raskaaksi ja synnyttää pojan"*, Jeesus syntyi neitsyt Mariasta. Kuten on kirjattu Jer. 31:15:ssä, sen lisäksi kuningas Herodes vuodatti lukemattomien lasten verta Jeesuksen syntymän aikaan (Matt. 2:16).

Se, että Jeesus suorittaisi paljon tunnustekoja osoittaakseen Jumalan voiman, on kirjattu Jes. 35:5-6:ssä ja jopa se, että Juudas Iskariot myisi Jeesuksen kolmestakymmenestä hopearahasta, on ennustettu Sak. 11:12:ssä. Ja Jeesuksen ylösnousemus ja taivaaseen astuminen on ennustettu myös muualla Raamatussa (Ps. 16:10, 68:18).

Historia vahvistaa, että kaikki profetiat Jeesuksesta tapahtuivat siis juuri niin kuin ne olivat sanoneet. Vain muutaman Raamatun jakeen lukeminen kertoo meille ja uskomme, että Jeesus on Vapahtaja, joka tuli pelastamaan ihmiskunnan. Messiaana Jeesus jopa tiesi, mitä oli syvällä juutalaisten sydämissä. Siksi Hän pystyi tuomitsemaan heidät totuudella. Hän ei kuitenkaan tuomitse heitä pahalla mielellä. Hän yritti sen sijaan kaiken voitavansa johtaakseen heidät totuuteen.

Hän, joka on minut lähettänyt, on minun kanssani

"'Paljon on minulla teistä puhuttavaa ja teissä tuomittavaa; mutta hän, joka on minut lähettänyt, on totinen, ja minkä minä olen kuullut häneltä, sen minä puhun maailman kuulla.' Mutta he eivät ymmärtäneet, että hän puhui heille Isästä. Niin Jeesus sanoi heille: 'Kun olette ylentäneet Ihmisen Pojan, silloin te ymmärrätte, että minä olen se, joka minä olen, ja etten minä itsestäni tee mitään, vaan puhun tätä sen mukaan, kuin minun Isäni on minulle opettanut. Ja hän, joka on minut lähettänyt, on minun kanssani; hän ei ole jättänyt minua yksinäni, koska minä aina teen sitä, mikä hänelle on otollista.' Kun hän näin puhui, uskoivat monet häneen." (8:26-30)

"Hän, joka on minut lähettänyt" viittaa Jumalaan ja "minkä minä olen kuullut häneltä" viittaa totuuteen. Juutalaiset eivät kuitenkaan tajunneet, että persoona, josta Jeesus puhui, oli Isä Jumala. Jakaakseen totuutta niin paljon kuin mahdollista ja pelastaakseen ainakin yhden sielun, oli aikoja, jolloin Jeesus saarnasi taivaan evankeliumia syömättä tai nukkumatta. Hän teki aina sitä, mikä oli otollista Jumalalle, ja siksi Jumala ei koskaan jättänyt Häntä.

Jumalaa miellytti Jeesuksessa se, että Hän alensi itsensä ja oli täydellisesti kuuliainen Jumalan tahdolle kaikessa, mitä Hän teki. Samasta syystä niin monet ihmiset uskoivat ja seurasivat Jeesusta, lukuun ottamatta fariseuksia ja saddukeuksia, joilla oli pahat sydämet.

Vapaus totuudessa

Maailman mukaan totuus on muuttunut ja muuttuu ajan ja olosuhteiden muuttumisen mukaan. Aikoinaan ajateltiin, että geosentrinen teoria oli totuus. Mutta tieteen edistyessä heliosentrisestä teoriasta tuli uusi totuus. Kuitenkin on olemassa totuus, joka on muuttumaton. Ja se totuus on Jumalan Sana. Tämän totuuden tunteminen ei tarkoita vain Jumalan Sanan oppimista ja tuntemista, vaan se tarkoittaa myös Jumalan tahdon ymmärtämistä, pahan karkottamista ja toimimista totuudessa.

Totuuden vapaus: Totuuden tunteminen antaa teille vapauden

"Niin Jeesus sanoi niille juutalaisille, jotka uskoivat

häneen: 'Jos te pysytte minun sanassani, niin te totisesti olette minun opetuslapsiani; ja te tulette tuntemaan totuuden, ja totuus on tekevä teidät vapaiksi.'" (8:31-32)

Juutalaiset ajattelivat, että niin kauan kuin he tottelivat lakia, heitä pidettäisiin Jumalan kansana ja he saisivat pelastuksen. Kuitenkaan he eivät hyljänneet pahaa sydämestään. Niin Jeesus sanoi heille: "Jos te pysytte minun sanassani, niin te totisesti olette minun opetuslapsiani" kertoen heille, mitä todellinen pelastus on. Pelastus on mahdollista vain silloin, kun uskoo Jeesukseen Kristukseen. Kun me uskomme Jeesukseen Kristukseen, saamme syntimme anteeksi ja kun toimimme totuuden mukaan, meistä tulee todellisia Herran opetuslapsia ja voimme päästä taivaaseen.

"Pysy minun sanassani" tarkoittaa rakastamista, rukoilemista ja kateuden, mustasukkaisuuden ja vihan jne. pois heittämistä Sanan mukaan, ja se tarkoittaa käskyjen noudattamista. Vasta kun me pysymme Jeesuksessa, etsimme totuutta ja toimimme valkeudessa, voimme tulla todelliseksi Jeesuksen opetuslapseksi ja sanoa todella "tuntevamme totuuden." Sijoittamalla Jumalan Sanan ovenpieliinsä ja portteihinsa ja sitomalla Sanan ranteisiinsa meditoidakseen ja noudattaakseen sitä päivin ja öin, juutalaiset kehuivat tuntevansa totuuden. He noudattivat kuitenkin lakia todella ymmärtämättä Jumalan tahtoa.

Jumalan lakien noudattaminen fyysisesti todella ymmärtämättä Jumalan hyvää ja täydellistä tahtoa, joka on näiden lakien sisällä, on kuin heittäisi pois jyvän ja söisi kuoren. Koska juutalaiset eivät tunteneet Jumalan tahtoa esimerkiksi sapatin antamisesta ihmiselle, he tuomitsivat Jeesuksen hyvän teon tekemisestä sapattina. He eivät noudattaneet lakia ilosta. He noudattivat lakia velvollisuuden tunteesta tai peläten rangaistusta, jos he eivät noudattaisi lakia. Heidän elintapansa olivat yksinkertaisesti sidottuja vanhoihin tapoihin ja perinteisiin, jotka he saivat perintönä esi-isiltään. Kuinka surullinen Jeesuksen täytyi olla tietäen kaiken tämän! Siksi Hän sanoi heille: "Te tulette tuntemaan totuuden, ja totuus on tekevä teidät vapaiksi."

Päivittäisessä elämässä kukaan ei muista jokaisen lain jokaista kriteeriä ja tarkista, onko noudattanut lakia joka askeleella. Ihmiset yleensä vain elävät luonnollisesti noudattaen lakia. Siis niin kauan kuin laki ei rajoita meitä ja elämme vapaudessa. Samoin on hengellisessä elämässämme. Kun sydämissämme on valhetta, yhtä paljon meillä ei ole vapautta ja jatkamme elämistä synnin orjina. Yhtä paljon kuin sydämissämme on pahuutta, niin paljon me olemme Jumalan Sanaa vastaan, joten meidän on jatkuvasti tutkittava, mitä sisällämme on. Kuinka vaikeaa olisi kyseenalaistaa, onko jokin syntiä vai ei, ennen jokaista siirtoa? Jos kuitenkin heitämme pois valheen sydämestämme ja täytämme sen totuudella, vaikka emme sitten kyseenalaista ja perustele jokaista lakia ja yksityiskohtaa, meitä ei tuomita.

Aivan kuin jos kunnostautuu lain noudattamisessa eikä laki koskaan rajoita, kun noudatamme Jumalan Sanaa, totuus vapauttaa meidät. Jos meillä ei ole vihaa, kateutta, mustasukkaisuutta tai epäsopua emmekä lankea missään oloissa ja voimme olla rauhassa kaikkien kanssa, niin elämässämme on tosi rauha ja voimme olla iloisia. Tätä tarkoittaa vapauden saavuttaminen tuntemalla totuuden.

Jokainen, joka tekee syntiä, on synnin orja

"He vastasivat hänelle: 'Me olemme Aabrahamin jälkeläisiä emmekä ole koskaan olleet kenenkään orjia. Kuinka sinä sitten sanot: "Te tulette vapaiksi"?' Jeesus vastasi heille: 'Totisesti, totisesti minä sanon teille: jokainen, joka tekee syntiä, on synnin orja. Mutta orja ei pysy talossa iäti; Poika pysyy iäti. Jos siis Poika tekee teidät vapaiksi, niin te tulette todellisesti vapaiksi.'" (8:33-36)

Jeesus sanoi, että ilo ja onni, jonka saa, kun elää totuudessa, on "vapautta" hengellisessä mielessä. Kuitenkin juutalaiset ottivat tämän kirjaimellisesti ja luulivat Hänen puhuvan jonkun orjaksi tulemisesta ja sitten vapautumisesta. Siksi he heti sanoivat, että Aabrahamin jälkeläisinä he eivät koskaan ole olleet kenenkään orjia.

Tähän Jeesus vastasi: "Jokainen, joka tekee syntiä, on synnin orja" ja kertoi näin heidän olevan syntisiä. Vaan miksi meistä tulee synnin orjia? Hengellinen järjestys sanoo: *"Sen palvelijoita te olette, jota te tottelette"* (Room. 6:16). Jos tottelemme vihollista, perkelettä ja saatanaa, joka on synnin kaitsija, ja teemme syntiä, niin meistä tulee perkeleen ja saatanan orja ja synnin orja.

Orjien täytyy alistua isännälleen. Vaikka heitä ostetaan ja myydään kuin eläimiä, he eivät voi vastustella. Ja vihollisen, perkeleen ja saatanan, syytösten takia synnin orjat kokevat monia ongelmia ja sairaudet hiipivät heidän elämäänsä. Koska synnin palkka on kuolema, loppujen lopuksi he sitten päätyvät helvettiin, jossa tuli ei koskaan sammu.

Isännän poika nauttii toisaalta kaikista hyvistä asioista isänsä kanssa ja saa myöhemmin perintönsä. Kun vapautuu synnin orjuudesta ja tulee Jumalan lapseksi, sitten ei vain saa jatkaa vapaata elämää Isän Jumalan rakkaudessa, joka haluaa antaa meille kaikki hyvät asiat, vaan lopulta saa myös taivaan perinnökseen.

Jeesus ei ollut tähän saakka suoraan paljastanut, kuka Hän oli. Jeesus tiesi, että jos Hän kertoisi ihmisille, että Hän tuli tähän maailmaan Jumalan Poikana, joku olisi voinut joko langeta kiusaukseen tai syyttää Häntä, ja Hän ei löytänyt perusteluja yllyttää tämän tyyppiseen ristiriitaan. Kuitenkin tässä osassa tekstiä Hän selvästi kertoo kaikille, että hän on se, joka antaa vapauden, ja että hän on Jumalan Poika. Miksi Hän teki tämän? Hän teki tämän, koska niiden joukossa, jotka olivat kuuntelemassa Häntä tuolloin, moni oli tullut uskoon.

Pelastaakseen koko ihmiskunnan synnistä, Jeesus kuoli ristillä. Ja kukistamalla kuoleman vallan, Hän nousi kuolleista. Aivan kuten on kirjoitettu Room. 8:1-2:ssä, koska Jeesus vapautti meidät synnin ja kuoleman laista, niin kauan kuin olemme Kristuksessa Jeesuksessa, emme enää ole syytettynä, vaan meillä on todellinen vapaus.

Jos olisitte Aabrahamin lapsia

"'Minä tiedän, että te olette Aabrahamin jälkeläisiä; mutta te tavoittelette minua tappaaksenne, koska minun sanani ei saa tilaa teissä. Minä puhun, mitä minä olen nähnyt Isäni tykönä; niin tekin teette, mitä olette kuulleet omalta isältänne.' He vastasivat ja sanoivat hänelle: 'Aabraham on meidän isämme.' Jeesus sanoi heille: 'Jos olisitte Aabrahamin lapsia, niin te tekisitte Aabrahamin tekoja. Mutta nyt te tavoittelette minua tappaaksenne, miestä, joka on puhunut teille totuuden, jonka hän on kuullut Jumalalta. Niin ei Aabraham tehnyt.'" (8:37-40)

Juutalaiset olivat tuohon aikaan hyvin ylpeitä siitä, että he olivat Aabrahamin jälkeläisiä. He eivät myöskään olleet kovin ihastuneita Jeesukseen. Jos Jeesus tällä kertaa olisi sanonut: "Teillä ei ole pätevyyttä olla Aabrahamin jälkeläisiä", he olisivat tulleet entistä tyytymättömimmiksi. Siksi Jeesus ensin tunnusti heidän asemansa sanoen: "Minä tiedän, että te olette Aabrahamin jälkeläisiä" ja sitten hän jatkoi heidän opettamistaan. Sanomalla: "Mutta te tavoittelette minua tappaaksenne, koska minun sanani ei saa tilaa teissä" Jeesus yritti auttaa heitä kääntymään omilta vääriltä teiltään.

Suoruuden sijaan Jeesus käytti epäsuoraa lähestymistapaa osoittaakseen heidän vääryytensä, ja tehdessään näin, Hän kertoi heille, että kaikki Hänen sanansa tulivat Jumalalta (Joh. 5:19-20, 12:49). Sitten Hän kertoi heille, että he tekivät asioita, jotka tulivat viholliselta, perkeleeltä ja saatanalta. He kuitenkin vastasivat: "Aabraham on meidän isämme."

Juutalaiset toimivat pyhinä ja puhtaina ulkoisesti näyttääkseen oikeamielisiltä ihmisten edessä, mutta syvällä sydämessään he olivat täynnä mahtailua, laittomuutta, ahneutta ja irstailua. Kuitenkin Aabraham osoitti täydellistä alistumista

Jumalan Sanalle ja hän seurasi Jumalan ohjausta, siihen pisteeseen asti, että tuli kutsutuksi Jumalan ystäväksi. Hän antoi siihen pisteeseen asti, että antoi veljenpojalleen Lootille paremman maan antamalla hänen valita ensin. Ja kun Sodoman ja Gomorran olivat tuhon partaalla, hän pyysi Jumalalta armoa rukoillen siellä asuvien ihmisten puolesta. Hän oli tosi uskon mies, joka oli valmis uhraamaan jopa poikansa Iisakin, jonka hän sai sadan vuoden iässä, kun Jumala pyysi häntä.

Jos juutalaiset olivat niin ylpeitä tällaisesta esi-isästä, heidän olisi pitänyt yrittää seurata hänen toimiaan. He kutsuivat Aabrahamia "isäkseen" ja silti he yrittivät tappaa Jeesuksen, joka kertoi heille totuuden, jonka hän oli kuullut Isä Jumalalta. Jeesus yritti näyttää juutalaisille tämän hyvin ristiriitaisen kuvan heistä itsestään.

Jos Jumala olisi teidän Isänne

"'Te teette isänne tekoja.' He sanoivat hänelle: 'Me emme ole aviorikoksesta syntyneitä; meillä on yksi Isä, Jumala.' Jeesus sanoi heille: 'Jos Jumala olisi teidän Isänne, niin te rakastaisitte minua, sillä minä olen Jumalasta lähtenyt ja tullut; en minä ole itsestäni tullut, vaan hän on minut lähettänyt.'" (8:41-42)

Tässä sana "isä" tarkoittaa kirjaimellisesti vanhempaa, mutta hengellisesti se tarkoittaa perkelettä. Langenneen ihmisen isäntä on vihollinen perkele. 1. Joh. 3:8 sanoo: *"Joka syntiä tekee, se on perkeleestä, sillä perkele on tehnyt syntiä alusta asti. Sitä varten Jumalan Poika ilmestyi, että Hän tekisi tyhjäksi perkeleen teot."* "Perkeleen teot" tarkoittaa kaikkea eri kokoista ja muotoista pahuutta, joka tulee synnin seurauksena. Jumalan kansa iloitsee, kun se näkee jotain oikeamielistä, ja noudattaa iloisesti sitä, mikä on oikein. Juutalaiset yrittivät kuitenkin tappaa Jeesuksen ja siksi Jeesus sanoi, että he tekivät perkeleen tekoja.

Juutalaiset puolustivat itseään sanoen: "Me emme ole aviorikoksesta syntyneitä; meillä on yksi Isä, Jumala." Juutalaiset tarkoittavat "aviorikoksella" muiden jumalien kumartamista ja väärien epäjumalien palvomista. Kun katsomme Vanhaa testamenttia, aina kun varoitetaan palvomasta vääriä epäjumalia, käytetään sanoja kuten "haureus" tai "prostituutio" (Tuom. 2:17, Hes. 23:30). Koska juutalaiset olivat varmoja siitä, että he elivät pitäytyen tiukasti laissa toisin kuin nämä esi-isät, jotka vastustivat Jumalaa, he rohkeasti kutsuivat Jumalaa "Isäkseen."

Sitten Jeesus opetti heille, mitä heidän piti tehdä voidakseen todella kutsua Jumalaa "Isäkseen." Jeesus sanoi: "Jos Jumala olisi teidän Isänne, niin te rakastaisitte minua." Miksi luulet Jeesuksen sanoneen näin? Koska Jumala lähetti Jeesuksen. Ihmiset, jotka todella rakastavat Jumalaa, eivät noudata lakia muodollisuutena, vaan he noudattavat todellisella halulla totella Jumalaa sydämensä pohjasta. Koska heillä on hyvyyttä sydämissään, tällaiset ihmiset tunnistivat Jeesuksen, joka tuli Kristuksena (Luuk. 2:25-38). Juutalaiset noudattivat lakia, mutta koska he tekivät sen muodollisuutena eivätkä heittäneet pois kaikkea pahaa sydämestään, vaikkakin Jeesus oli aivan heidän silmiensä edessä, he eivät tunnistaneet Häntä.

Minkätähden te ette ymmärrä?

"Minkätähden te ette ymmärrä minun puhettani? Sentähden, että te ette kärsi kuulla minun sanaani. Te olette isästä perkeleestä, ja isänne himoja te tahdotte noudattaa. Hän on ollut murhaaja alusta asti, ja totuudessa hän ei pysy, koska hänessä ei totuutta ole. Kun hän puhuu valhetta, niin hän puhuu omaansa, sillä hän on valhettelija ja sen isä." (8:43-44)

Juutalaiset olivat niin juuttuneita teorioihinsa ja mielipiteisiinsä, että he eivät edes yrittäneet kuunnella Jeesuksen Sanoja. Vaikka ne vahvistivat Jeesuksen kautta toimivan Jumalan voiman, he eivät tunnustaneet sitä, ja vaikka Jeesus sanoi heille, että Hän oli Kristus, he eivät uskoneet Häntä. Jos se ei hyödyttänyt heitä, he eivät halunneet hyväksyä sitä, vaikka se oli oikein. Jos heillä oli itsekäs himo johonkin, josta oli hyötyä heille, he tekivät mitä tahansa voidakseen saada sen, piittaamatta mitä tapahtui muille ihmisille. Jeesus opetti heille, että tämä johtui itsekkäistä himoista, jotka tulivat perkeleeltä.

Sanat "murhaaja alusta asti" ja "valhettelija" selvästi yksilöivät vihollisen, perkeleen ja saatanan, ominaisuudet. Vihollinen, perkele ja saatana, houkuttelivat käärmeen käyttämään ovelia valheita vietelläkseen Eevan olemaan tottelematon Jumalan Sanalle. Saatana henkäisi lihan himon, silmäin pyynnön ja tämän elämän ylpeyden ihmiseen. Saatana myös sytytti Kainin mustasukkaisuuden, joka lopulta sai hänet tappamaan nuoremman veljensä. Saatana vain jatkoi siitä lähtien ihmisten houkuttelemista tulemaan synnin tahraamiksi. Juutalaiset ajattelivat itse, että heillä oli vahva usko Jumalaan, ja he pitivät Jeesusta valehtelijana, joka väitti olevansa Jumalan poika. Siksi Jeesus käytti totuuden sanoja paljastaakseen heidän sydämensä sisuksen. Hän auttoi heitä näkemään sen, että koska he olivat täynnä valheita ja itsekkäitä himoja, jotka herättivät heitä tavoittelemaan asioita, jotka hyödyttävät vain heitä itseään, he olivat perkeleestä.

Kuka teistä voi näyttää minut syypääksi syntiin?

"Mutta minua te ette usko, sentähden että minä sanon totuuden. Kuka teistä voi näyttää minut syypääksi syntiin? Jos minä totuutta puhun, miksi ette minua usko? Joka on Jumalasta, se kuulee Jumalan sanat. Sentähden te ette kuule, koska ette ole Jumalasta." (8:45-47)

Totuuden ihminen tunnistaa toisen ihmisen vilpittömyyden ja uskoo tätä ihmistä. Juutalaiset eivät uskoneet Jeesusta, vaikka Hän puhui totta, koska he itse eivät olleet totuudenmukaisia. Aina kun heillä oli mahdollisuus, ylipappi, papit ja fariseukset testasivat Häntä heittämällä ovelia kysymyksiä Hänelle yrittäen tuomita Jeesuksen. He joutuivat kuitenkin joka kerta turhauttavaan tilanteeseen, jossa he eivät keksineet hyvää vastausta Jeesuksen totuuden sanoihin. Jeesus kysyi tähän: "Jos minä totuutta puhun, miksi ette minua usko?"

Jumalan ihminen uskoo Jumalan Sanaan ja toimii hyvyydessä. 1. Joh. 4:7 sanoo: *"Sillä rakkaus on Jumalasta."* Rakkauden lisäksi hyvyyden ominaisuudet, oikeudenmukaisuus, totuus, usko jne. ovat kaikki myös Jumalasta. Jumala on aina valkeudessa. Hän on myös hyvä ja vanhurskas. Kun Jumalan kansa tulee Hänen eteensä, he muuttuvat. Kuitenkaan rakkautta, hyvyyttä ja vanhurskautta ei löytynyt juutalaisista. Se, etteivät he uskoneet Jeesukseen, joka puhui totta, osoittaa, etteivät he olleet Jumalasta.

Juutalaiset yrittävät kivittää Jeesuksen

Yksi julkisen teloituksen muoto, jota juutalaiset käyttivät tuohon aikaan, oli kivittäminen. Kivittämistä sovellettiin lain mukaan rangaistuksena seitsemäntoista rikokseen, joita olivat mm. häpäiseminen, epäjumalan palvonta, sapatin rikkominen, noituus, aviorikos jne. Ymmärtämättä Jeesuksen sanoja, he ajattelivat Hänen syyllistyneen häpäisemiseen. Niinpä he luulivat voivansa kivittää Jeesuksen lain mukaan.

Minussa ei ole riivaajaa

"Niin juutalaiset vastasivat ja sanoivat hänelle: 'Emmekö ole oikeassa, kun sanomme, että sinä olet samarialainen ja että sinussa on riivaaja?' Jeesus vastasi:

'Minussa ei ole riivaajaa, vaan minä kunnioitan Isääni, ja te häpäisette minua. Mutta minä en etsi omaa kunniaani; yksi on, joka etsii ja tuomitsee.'" (8:48-50)

Kun Jeesus selvästi paljasti juutalaisten hengellisen tilan avoimesti, he alkoivat vääntelehtiä sisäisestä vihasta. Siksi he tiuskaisivat pahat sanat Jeesusta vastaan. "Emmekö ole oikeassa, kun sanomme, että sinä olet samarialainen ja että sinussa on riivaaja?"

Juutalaisessa yhteiskunnassa niinä päivinä jonkun kutsuminen "samarialaiseksi" oli erittäin halventavaa. Kun ihmiset riitelevät toistensa kanssa ja tunteet lämpenevät, he yleensä kutsuvat toisiaan asioiden nimillä, joiden he normaalisti ajattelevat olevan huonoja tai negatiivisia heidän arjessaan. Jotkut ihmiset sanovat: "Olet koira!" tai "Olet roisto!" Nyt kun juutalaiset kutsuivat Jeesusta "samarialaiseksi", tämä oli sama asia.

He syyttivät Jeesusta lisäksi "riivatuksi." Tämä osoittaa, että paha heidän sydämissään oli saavuttanut maksimin. Kuitenkin jopa heidän pahoihin kommentteihinsa, Jeesus sanoi vain: "Minussa ei ole riivaajaa, vaan minä kunnioitan Isääni, ja te häpäisette minua." Hän opetti heille, että kaikki mitä Hän teki, Hän teki sydämellä, joka kunnioittaa Isää, ei omaa kunniaansa etsivällä sydämellä.

Oli aikoja, jolloin Jeesus tarvittaessa näytti olevansa Jumalan Poika, ja oli aikoja, jolloin Hän antoi anteeksi syntejä. Tämän nähdessään juutalaiset luulivat Häntä sellaiseksi, joka etsii omaa kunniaansa. Siksi Hän sanoi: "Mutta minä en etsi omaa kunniaani." Ja kun Hän sanoi: "Yksi on, joka etsii ja tuomitsee", se tarkoittaa, että kun Jeesus etsii Jumalan kunniaa, Jumala myös antaa kunnian Jeesukselle.

Keneksi sinä itsesi teet?

"'Totisesti, totisesti minä sanon teille: jos joku pitää minun sanani, hän ei ikinä näe kuolemaa.' Juutalaiset sanoivat hänelle: 'Nyt me ymmärrämme, että sinussa on riivaaja. Aabraham on kuollut ja profeetat, ja sinä sanot: "Jos joku pitää minun sanani, hän ei ikinä maista kuolemaa." Oletko sinä suurempi kuin isämme Aabraham, joka on kuollut? Ja profeetat ovat kuolleet; keneksi sinä itsesi teet?'" (8:51-53)

Jeesuksen sanan pitäminen vaikuttaa elääpä tai kuoleepa henkemme. Jos uskomme Jeesukseen, joka on ylösnousemus ja elämä, ja elämme Hänen sanansa mukaan, saamme iankaikkisen elämän taivaassa (Joh. 11:25-26). Siksi Jeesus sanoi: "Jos joku pitää minun sanani, Hän ei ikinä maista kuolemaa."

Juutalaiset eivät käsittäneet lainkaan, mitä tämä tarkoitti. Ja taas kerran he vertasivat Jeesusta Aabrahamiin ja syyttivät Häntä sitten riivatuksi. He sanoivat: "Sinä sanot: 'Jos joku pitää minun sanani, hän ei ikinä maista kuolemaa.' Oletko sinä suurempi kuin isämme Aabraham, joka on kuollut? Ja profeetat ovat kuolleet; keneksi sinä itsesi teet?" Nämä juutalaiset olivat kyllä Aabrahamin jälkeläisiä, mutta Jumala ei tunnustanut heitä. Jumala ei tunnusta ketään verilinjan tai pelkän lain noudattamisen perusteella. Hän tunnustaa ne ihmiset, jotka itseasiassa elävät vanhurskaudessa todellisessa uskossa (Room. 4:13, 16).

Minun Isäni on se, joka joka minulle kunnian antaa

"Jeesus vastasi: 'Jos minä itse itselleni otan kunnian, niin minun kunniani ei ole mitään. Minun Isäni on se, joka minulle kunnian antaa, hän, josta te sanotte: "Hän on meidän Jumalamme", ettekä tunne häntä; mutta minä tunnen hänet. Ja jos sanoisin, etten tunne häntä, niin minä olisin valhettelija niinkuin tekin; mutta minä tunnen hänet ja pidän hänen sanansa.'" (8:54-55)

Niiden, jotka ylpeilevät itsestään tai korostavat itseään, on vaikea ansaita ympärillä olijoiden luottamusta. Ihmiset usein luulevat heidän joko liioittelevan tai valehtelevan täysin. Siksi Jeesus sanoi myös: "Jos minä itse itselleni otan kunnian, niin minun kunniani ei ole mitään" ja hän paljasti, että Jumala on se, joka antaa Hänelle kunnian. Vaan kun Hän sanoi tämän, hän ei kutsunut Jumalaa "Jumalaksi", vaan "minun Isäkseni", "Josta te sanotte: 'Hän on meidän Jumalamme.'"

Juutalaiset raivostuivat tällä kertaa Jeesukselle ja pitivät Häntä henkilönä, jolla ei ollut mitään tekemistä Jumalan kanssa, ja he väittivät, että Hän oli riivattu. He vaistosivat kriisin ja olivat valmiita uhkaamaan Häntä suoraan.

Jos tässä tilanteessa Jeesus olisi ollut kauhuissaan, astunut sivuun ja sanonut: "En tunne Jumalaa", niin Hänestä tulisi valehtelija, aivan kuten he. Kuitenkaan ei ollut mitenkään mahdollista, ettei Jeesus, joka on Jumala itse, tuntenut Jumalaa. Ja lopullisena vahvistuksena siitä, että Hänen sanansa on totta, Hän sanoi: "Minä tunnen Hänet ja pidän Hänen sanansa." Nyt Jeesus selitti, mitä Hän halusi sanoa, hyvin selkeällä ja ytimekkäällä tavalla.

Juutalaiset yrittävät kivittää Jeesuksen

"'Aabraham, teidän isänne, riemuitsi siitä, että hän oli näkevä minun päiväni; ja hän näki sen ja iloitsi.' Niin juutalaiset sanoivat hänelle: 'Et ole vielä viidenkymmenen vuoden vanha, ja olet nähnyt Aabrahamin!' Jeesus sanoi heille: 'Totisesti, totisesti minä sanon teille: ennenkuin Aabraham syntyi, olen minä ollut.' Silloin he poimivat kiviä heittääksensä häntä niillä; mutta Jeesus lymysi ja lähti pyhäköstä." (8:56-59)

Koska juutalaiset puhuivat Aabrahamista, Jeesus yritti saada kosketuksen heihin puhumalla myöskin Aabrahamista. 1. Moos 22:18:ssa Jumala teki liiton Aabrahamin kanssa sanoen: *"Sinun siemenessäsi tulevat siunatuiksi kaikki kansakunnat maan päällä."* Kuitenkaan Aabrahamin perillisiä ei olla suvun tai lain kautta, vaan uskonvanhurskauden kautta (Room. 4:13). Joten täyttääkseen tämän, Jeesuksen piti saattaa loppuun pelastussuunnitelma.

Aabraham, jolla oli aiemmin ollut syvällisiä keskusteluja Jumalan kanssa, tiesi, että hänen Jumalalta saamansa liitto täytettäisiin Jeesuksen Kristuksen kautta pitkän ajan kuluttua hänen oman elinaikansa jälkeen. Niinpä tietysti hän iloitsi ja kaipasi Jeesuksen tuloa! Juutalaisista, joilla ei kuitenkaan ollut tietoa hengellisestä maailmasta, tämä oli uskomatonta! Niin he kysyivät, kuinka ihminen, joka ei ole vielä viidenkymmenen, on nähnyt Aabrahamin, joka eli 2000 vuotta sitten.

Tähän Jeesus vastasi: "Totisesti, totisesti minä sanon teille: ennenkuin Aabraham syntyi, olen minä ollut." Tämä on totta. Vaikka Jeesus syntyi lihassa kaksituhatta vuotta Aabrahamin jälkeen, Hän oli olemassa hengessä paljon ennen. Tämä johtuu siitä, että Jeesus oli Jumalan kanssa aivan ajan alusta asti. Niinpä Jeesus vain kertoi heille totuuden niin kuin se oli, mutta juutalaiset eivät voineet enää pidätellä vihaansa ja he poimivat kiviä heittääksensä Jeesusta. He raivostuivat ja yrittivät tappaa Hänet, koska he ymmärsivät väärin Hänen hengelliset sanansa. Koska ei kuitenkaan ollut Hänen aikansa vielä, Jeesus jätti pyhäkön välttääkseen nämä pahuutta täynnä olevat miehet.

Luku 9

Jeesus parantaa sokean miehen

1. Mene ja peseydy Siiloan lammikossa
(9:1-12)

2. Sokea mies, joka parannettiin, ja fariseukset
(9:13-34)

3. Hengellinen sokeus
(9:35-41)

Mene ja peseydy Siiloan lammikossa

Raamatussa on ihmisiä, joiden elämä muuttui 180 astetta Jeesuksen tapaamisen jälkeen. Kahdentoista opetuslapsen lisäksi oli nainen, joka oli kärsinyt verenvuototaudista 12 vuotta, ja mies, joka oli sokea kerjäläinen Bartimeus. Yksi niistä ihmisistä, joiden elämä muuttui, oli mies, joka oli ollut sokea syntymästään saakka.

Sairauden syy

"Ja ohi kulkiessaan hän näki miehen, joka syntymästään saakka oli ollut sokea. Ja hänen opetuslapsensa kysyivät häneltä sanoen: 'Rabbi, kuka teki syntiä, tämäkö vai hänen vanhempansa, että hänen piti sokeana syntymän?'" (9:1-2)

Jeesuksen kävellessä Hän tapasi eräänä päivänä sokean miehen. Hän oli ollut sokea syntymästään saakka. Koska Hän tuli köyhästä perheestä, hän eli päivästä päivään kerjäläisenä. Opetuslapset tulivat uteliaiksi nähdessään hänet ja kysyivät Jeesukselta: "Rabbi, kuka teki syntiä, tämäkö vai hänen vanhempansa?" Joka kerta, kun Jeesus paransi sairaan, ramman tai riivatun, Hän mainitsi jotain synnistä. Kun Hän paransi Beetsaidan lammikolla miehen, joka oli ollut rampa 38 vuotta, Hän käski häntä olla syntiä enää tekemättä. Kun Hän paransi halvaantuneen, Hän sanoi: *"Sinun syntisi annetaan anteeksi"* (Mark. 2:5). Tiedämme Markuksen evankeliumin toisesta luvusta, että Jeesus ratkaisi ensin synnin ongelman. Niinpä opetuslapset tulivat oppimaan näiden tapahtumien kautta, että sairaudet, vajavuudet ja vammat tulivat synnin seurauksena.

"Sairaus" on Raamatun mukaan yleensä myrkyn tai jonkinlaisen viruksen aiheuttama poikkeavuus ruumiissa, joka sairastuttaa ruumiin. "Heikkous" tarkoittaa sitä, kun ruumis ei pysty hoitamaan normaaleja toimintoja, koska yksi elimistön elin on joko halvaantunut tai vammainen johtuen joko tuon ihmisen tai hänen vanhempiensa tekemästä virheestä tai onnettomuudesta. Tämän tyyppiset vammat luokitellaan joko synnynnäisiin tai hankittuihin vammoihin. 5. Moos. 28. luku esittelee usean tyyppisiä kirouksia, jotka voivat tulla ihmisen päälle, jos Hän ei tottele Jumalan sanaa eikä noudata Hänen käskyjään ja säädöksiään. Tämä on siksi, koska ihmisen tehdessä syntiä, vihollinen, perkele ja saatana, syyttävät häntä synnin seurauksena.

Seuraavat jakeet antavat Raamatun kokonaismääritelmän synnille: *"Sillä kaikki, mikä ei ole uskosta, on syntiä"* (Room. 14:23), *"Joka siis ymmärtää tehdä sitä, mikä hyvää on, eikä tee, hänelle se on synniksi"* (Jaak. 4:17) ja *"Sillä sitä hyvää, mitä minä tahdon, minä en tee, vaan sitä pahaa, mitä en tahdo, minä teen. Jos minä siis teen sitä, mitä en tahdo, niin sen tekijä en enää ole minä, vaan synti, joka minussa asuu"* (Room. 7:19-20). Ja syntiä ovat "lihan teot" (Gal. 5:19-21) ja "lihan mieli" (Room. 8:5-6).

Onko sairaus sitten aina synnin aiheuttama? Ei aina. Aivan kuten opetuslasten kysely, on monia tapauksia, joissa sairaus on aiheutunut synnistä, joka on vastoin Jumalaa, mutta on olemassa myös poikkeuksia.

On tapauksia, joissa ihminen sairastuu syötyään väärän tyyppistä ruokaa tai ylirasitettuaan ruumistansa ilman varovaisuutta tai itsehillintää. Sairaudet voivat myös olla seurauksena ahdistuksesta, henkisestä stressistä tai saatanalle alistumisesta johtuvasta riivaajasta. On myös harvinaisia tapauksia, joissa viallinen sperma tai muna hedelmöittyy.

Kuitenkin useimmat sairaudet tai synnynnäiset vammat taphtuvat, koska henkilö itse tai hänen vanhempansa ja/tai hänen esi-isänsä ovat palvelleet epäjumalia ja/tai tehneet monia muita syntejä. Sokean miehen tapaus oli kuitenkin harvinainen. Miehen sokeus ei johtunut jostakin synnistä, vaan se oli Jumalan kirkkauden paljastamiseksi hänen kauttansa.

Miksi Hän oli sokea syntymästä saakka?

"Jeesus vastasi: 'Ei tämä tehnyt syntiä eivätkä hänen vanhempansa, vaan Jumalan tekojen piti tuleman hänessä julki.'" (9:3)

Jeesus vastasi opetuslasten kyselyyn: "Jumalan tekojen piti tuleman hänessä julki." Jos otamme tämän vastauksen kirjaimellisesti, kuulostaa kuin Jumala olisi tarkoituksella aiheuttanut tämän miehen sokeuden syntymästä saakka. Näin ei kuitenkaan ole. Tekisikö niin rakkautta täynnä oleva Jumala, joka uhrasi ainokaisen Poikansa pelastaakseen syntiset, tarkoituksella jonkun sokeaksi syntymästä saakka? Ei mitenkään! Mitä Jeesus sitten tarkoitti tässä?

Luukkaan evankeliumin 4. luvussa on kohtaus, jossa Jeesukselle annettiin ja Hän avasi Jesajan kirjan ja luki profeetta Jesajan ennustuksen. Tämä ennustus puhuu epäsuorasti Jeesuksen tehtävästä maan päällä ja minkälaista työtä hän tekisi täällä. Ja aivan kuten Jesajan ennustus sanoi, Jeesus herätti kuolleista, paransi sairaita, avasi sokeiden silmät ja sai mykät puhumaan.

Kun Jeesus aloitti julkisen toimintansa, Hän luki kirjoituksia: *"Herran Henki on minun päälläni, sillä hän on voidellut minut julistamaan evankeliumia köyhille; hän on lähettänyt minut saarnaamaan vangituille vapautusta ja sokeille näkönsä saamista, päästämään sorretut vapauteen, saarnaamaan Herran otollista vuotta"* (Luuk. 4:18-19).

Sokea mies oli myös valittu tuomaan julki Jumalan kirkkautta. Kuitenkaan häntä ei ollut valittu ilman syytä. Tämä mies tuli tähän maailmaan viallisen sperman ja munan hedelmöityttyä. Tämä ei tapahtunut synnin takia. Kuitenkin tämän haitan takia hän vietti monta päivää sekasorrossa, mikä ansaitsi hänelle Jumalan myötätunnon. Hänen tunnustuksensa ja toimensa sen jälkeen, kun hänet oli parannettu, näyttää meille, miksi hänet valittiin (Joh. 9:17, 27).

> "Niin kauan kuin päivä on, tulee meidän tehdä hänen tekojansa, joka on minut lähettänyt; tulee yö, jolloin ei kukaan voi työtä tehdä. Niin kauan kuin minä maailmassa olen, olen minä maailman valkeus."
> (9:4-5)

Raamatussa on monia esimerkkejä, joissa käytetään yötä ja päivää. 1. Tess. 5:5 sanoo: *"Sillä kaikki te olette valkeuden lapsia ja päivän lapsia; me emme ole yön emmekä pimeyden lapsia."* Room. 13:13 sanoo: *"Vaeltakaamme säädyllisesti niin kuin päivällä, ei mässäyksissä ja juomingeissa, ei haureudessa ja irstaudessa, ei riidassa ja kateudessa."* Raamatun mukaan siis päivä symboloi kaikkea, joka on osa totuutta ja yö symboloi pimeyttä ja kaikkea, mikä on valhetta.

Jotakuinkin vanhanaikaisesta näkökulmasta päivä on normaalin työajan symboli. Tänä päivänä teollisuuden ja teknologian kehityttyä on kuitenkin monia ihmisiä, jotka työskentelevät myöhäisillan vuoroissa. Kuitenkin Jeesuksen aikana useimmat ihmiset työskentelivät päivällä. Niinpä päivä tarkoittaa työaikaa tai aikaa tehdä Jumalan työtä. Ja "Hänen tekojansa, joka on minut lähettänyt" viittaa Jumalalle kunniaa antavaan hengelliseen työhön ja monen ihmisen johtamiseen uskomaan Jumalaan.

Niinpä Jeesus paransi sokean miehen antaen kunnian Jumalalle ja auttaen monia ihmisiä uskomaan Jumalaan. Aivan kuten työmme päättyy, kun aurinko laskee ja hämärä kattaa maan, Jeesus opetti meille, että lopun aika tulee, kun emme voi tehdä enempää hengellistä työtä Jumalalle. Viimeiset päivät viittaa tässä Jeesuksen toiseen tulemiseen.

Jeesus sanoi: "Niin kauan kuin minä maailmassa olen, olen minä maailman valkeus." Hän sanoi tämän, koska Hän tuli maailmaan valaisemaan pimeyden (Luuk. 2:32, Joh. 1:4). Aivan kuten valkeus ajaa pois pimeyden, ihmiset, jotka tunnistivat Jeesuksen, tajusivat itsekseen, että he olivat syntisiä ja muuttuivat. Ja Jeesus levitti taivaan evankeliumia tai totuuden sanoja ja teki tunnustekoja ja ihmeitä (Matt. 4:23-24). Sairaille Hänestä tuli parantamisen valo, kärsiville Hänestä tuli rauhan valo ja koko maailmalle Hänestä tuli totuuden valo valaisten tien taivaaseen.

Jeesus teki syljestä tahtaan ja siveli sen miehen silmille

"Tämän sanottuaan hän sylki maahan ja teki syljestä tahtaan ja siveli tahtaan hänen silmilleen ja sanoi hänelle: 'Mene ja peseydy Siiloan lammikossa' – se on käännettynä: lähetetty. – Niin hän meni ja peseytyi ja palasi näkevänä." (9:6-7)

Opetettuaan opetuslapsilleen totuudella, Hän aloitti sokean miehen parantamisen. Hän sylki maahan ja teki syljestä tahtaan ja siveli tahtaan hänen silmilleen. On myös olemassa ihmisiä, jotka luulevat virheellisesti, että Jeesus käytti maallista tapaa parantamaan tämän miehen. He luulevat, että savi oli jotain parantavaa materiaalia. Jeesus herätti kuitenkin jopa kuolleen miehen kuolleista yhdellä käskyllään. Miksi Hänen tarvitsisi käyttää apuvälinettä parantamiseen? Puhumattakaan siitä, että savessa ei ole mitään, mikä voisi parantaa jonkun näön! Ainoa syy, miksi Jeesus käytti sylkeänsä, oli pelkästään tahtaan tekeminen.

Kuitenkin parantaessaan sokean miehen Beetsaidassa, Jeesus itseasiassa sylki suoraan miehen silmiin (Mark. 8:22-26). Tällä on hengellinen merkitys. Ihmiset pitävät sylkeä likaisena. Kun joku sylkee heitä, he pitävät sitä suurena loukkauksena. Syy, miksi Jeesus sylki näin, oli auttaa miestä tajuamaan, että hänen heikkoutensa tuli likaisista synneistä ja kirouksista.

Miksi Jeesus sitten teki syljestä tahtaan miehelle, joka oli ollut sokea syntymästä saakka ja laittoi sen hänen silmilleeen? Tämä otti huomioon hänen uskonsa. Joitakin ihmisiä voidaan rohkaista yksinkertaisesti sanoilla saamaan vahvempi usko, mutta joidenkin ihmisten tarvitsee saada näkyviä merkkejä saadakseen vahvemman uskon.

Koska tämä sokea mies ei koskaan päässyt näkemään Jeesuksen tekemiä tunnustekoja, hänen oli vaikea saada usko. Tietäen tämän Jeesus halusi rohkaista häntä tavalla, joka auttaisi häntä saamaan ehdottomamman uskon ja auttaisi häntä tottelemaan. Vaikka hän ei voinut nähdä, jos hän tuntisi jotain silmissään, hän voisi ajatella: "Voi, ehkä tämä lopulta auttaa minua näkemään" ja saisi enemmän uskoa.

Sokean Bartimeuksen tapaus Jerikossa oli hieman erilainen

(Mark. 10:46-52). Pelkät Jeesuksen sanat paransivat hänet. Tämä johtui siitä, että hänen sydämensä ja hänen uskonsa olivat erilaiset kuin kenelläkään muulla. Vaikka ihmiset hänen ympärillään toruivat häntä ja käskivät häntä olemaan hiljaa, hän huusi hartaasti ja sitäkin äänekkäämmin: *"Jeesus, Daavidin Poika, armahda minua"* (j. 47). Heittäen syrjään vaippansa, mikä oli kaikki mitä hän omisti, hän laittoi jopa uskonsa käytäntöön ja tuli Jeesuksen luo. Vaikka Jeesus ei koskaan laittanut mitään hänen silmiinsä, hän avasi silmänsä välittömästi Jeesuksen sanoessa sanat: *"Mene; sinun uskosi on sinut pelastanut"* (j. 52).

Tällä sokealla miehellä oli vähän uskoa Bartimeukseen verrattuna. Siksi Jeesus laittoi tahtaan hänen silmilleen istuttaakseen häneen vahvemman uskon ja sanoi sitten: "Mene ja peseydy Siiloan lammikossa." Kun hän totteli ja meni Siiloan lammikolle ja peseytyi, tapahtui hämmästyttävä asia! Kaikki kirkastui hänen silmiensä edessä ja hän pystyi näkemään valon ja kauniin maailman ympärillänsä! Se oli kiehtova hetki hänelle ja hänestä tuntui aivan kuin hän syntyisi uudelleen. Hän oli elänyt elämänsä pimeässä ilman mitään toivoa. Kuitenkin kun hän tapasi Jeesuksen, hänen koko elämänsä mullistui!

Jos hän olisi viivytellyt Siiloan lammikolle menoa tai pitänyt sitä vaivana ja peseytynyt muualla, hän ei luultavasti olisi parantunut. Näin tärkeää on totella ja laittaa kuuliaisuus käytäntöön tekoina (Jaak. 2:22). Jos vesi symboloi hengellisesti Jumalan sanaa, sitten "menemisen ja pesemisen teko" symboloi uskoa. Koska hän otti uskon ja peseytyi sanalla, hän avasi silmänsä ja pystyi näkemään.

: : Siiloan lammikko, jonka vesi tulee Giihonin lähteestä

Sokean miehen tunnustus

"Silloin naapurit ja ne, jotka ennen olivat nähneet hänet kerjääjänä, sanoivat: 'Eikö tämä ole se, joka istui ja kerjäsi?' Toiset sanoivat: 'Hän se on', toiset sanoivat: 'Ei ole, vaan hän on hänen näköisensä.' Hän itse sanoi: 'Minä se olen.' Niin he sanoivat hänelle: 'Miten sinun silmäsi ovat auenneet?' Hän vastasi: 'Se mies, jota kutsutaan Jeesukseksi, teki tahtaan ja voiteli minun silmäni ja sanoi minulle: "Mene ja peseydy Siiloan lammikossa"; niin minä menin ja peseydyin ja sain näköni.' He sanoivat hänelle: 'Missä hän on?' Hän vastasi: 'En tiedä.'" (9:8-12)

Kun sokea mies oli parantunut tavattuaan Jeesuksen, ihmiset hänen ympärillään alkoivat puhua hämmästyneenä. Kuinka ihmeellistä oli, että mies, joka oli elänyt koko elämänsä pimeässä kerjäten ansaitakseen elantonsa, sai takaisin näkönsä ja toivon elämässä?! Hänen ympärillään kuitenkin kaikki reagoivat eri tavoin.

Ihmiset, jotka sanoivat: "Ei, hän ei ole se, joka oli sokea", olivat niitä umpimielisiä. Heidän ajatustensa puitteissa ei ollut mitenkään mahdollista, että sokea ihminen voisi saada näkönsä. Ne ihmiset, jotka sanoivat: "Hän se on", olivat päinvastoin niitä hyväsydämisiä, jotka myönsivät, että hän oli parantunut. Voimme erottaa, kuinka paljon hyvää ihmisellä on sydämessään, vain muutamista sanoista, joita hän sanoo. Henkilö, joka oli sokea, meni sekaisin kaikista erilaisista reaktioista, joita hän sai ihmisiltä. Ja ihmisille, jotka eivät uskoneet, hän sanoi: "Minä se olen" ja hän todisti ylpeästi henkilöllisyytensä.

Jopa tänään, kun Jumalan voima esiintyy, on ihmisiä, jotka osoittavat epävarmuutta ja yrittävät varmistaa, että se on totta. Epäilevin silmin he yrittävät etsiä virheellisyyttä. Ihmiset alkoivat tungeksia ympärillä yksi kerrallaan kysyen: "Miten sinun silmäsi ovat auenneet?"

He eivät pelkästään pyytäneet saada selville, mitä menetelmää käytettiin parantamaan hänet. He yrittivät löytää jotain vikaa tilanteesta, koska he ajattelivat mielessään: "Sokea ihminen ei mitenkään voi tulla näkeväksi!" Tietysti siis mies, joka oli parantunut, tunsi kuin hän olisi tehnyt jotain väärin ja alkoi pelätä. Kun joutuu tällaiseen tilanteeseen, ihmiset yleensä valehtelevat tai sanovat sitä ja tätä välttääkseen vastakkainasettelun tai jonkinlaisen negatiivisen kokemuksen. Tällä miehellä oli tosi sydän, joten hän selitti rehellisesti, kuinka hän parantui. Hän sanoi: "Se mies, jota kutsutaan Jeesukseksi, teki tahtaan ja voiteli minun silmäni ja sanoi minulle: 'Mene ja peseydy Siiloan lammikossa'; niin minä menin ja peseydyin ja sain näköni."

Kuitenkaan ihmisten kaikki reaktiot eivät olleet niin positiivisia. Hänen kanssaan iloitsemisen sijaan he kysyivät, missä Jeesus oli. Ja päivä, jona Jeesus paransi sokean, sattui olemaan sapatti (Joh. 9:14). Juutalaiset pitivät sokean miehen silmien aukaisua työnä ja he ajattelivat, että Jeesus rikkoi sapatin. Vasta silloin mies ymmärsi, mitä oli tekeillä ja ajatellen, että Jeesus saattaisi joutua vaikeuksiin hänen tähtensä, hän nopeasti kertoi kansalle, että hän ei tiennyt, missä Hän oli.

Sokea mies, joka parannettiin, ja fariseukset

Fariseukset arvostivat suuresti Mooseksen lakia, siinä määrin, että osasivat ulkoa joka sanan. He kuitenkin viipyivät vain lain muodollisuuksissa ja koska Jeesus paransi sairaita sapattina, he kohtelivat häntä syntisenä. Heidän standardinsa mukaan Jeesus kyllä rikkoi sapattia, mutta Jeesus teki vain hyviä tekoja, jotka toivat elämän sieluille. Ja näin oli, koska Jeesus todella ymmärsi Jumalan sydämen syvyydet, joka antoi meille lain alunperin.

Fariseusten riita

"Niin he veivät hänet, joka ennen oli ollut sokea, fariseusten luo. Ja se päivä, jona Jeesus teki tahtaan ja avasi hänen silmänsä, oli sapatti. Niin myöskin fariseukset kysyivät häneltä, miten hän oli saanut näkönsä. Ja hän sanoi heille: 'Hän siveli tahtaan minun silmilleni, ja minä peseydyin, ja nyt minä näen.' Niin muutamat fariseuksista sanoivat: 'Se mies ei ole Jumalasta, koska hän ei pidä sapattia.' Toiset sanoivat: 'Kuinka voi syntinen ihminen tehdä senkaltaisia tunnustekoja?' Ja he olivat keskenänsä eri mieltä." (9:13-16)

Ihmiset, jotka olivat vihamielisiä Jeesusta kohtaan, veivät parannetun miehen fariseusten luo. Heillä oli näyttöä siitä, että Jeesus rikkoi sapatin, mutta he eivät itse voineet yksinään kuulustella Häntä tai syyttää Häntä tästä rikoksesta. He tarvitsivat jonkun, jolla oli enemmän auktoriteettia ja valtaa. Kun fariseukset taas kysyivät mieheltä, miten hän sai näkönsä, hän selitti jälleen kerran koko prosessin, miten hän oli parantunut. Kun ihmisille lauotaan kysymyksiä näin toisen kerran, he tulevat täriseviksi ja joko muuttavat sitä, mitä sanoivat ensimmäisellä kerralla tai antavat vähemmän yksityiskohtaisia vastauksia loppua kohti. Hän ei kuitenkaan taivuttanut totuutta. Vastakkaiset mielipiteet aiheesta: "Se mies ei ole Jumalasta, koska hän ei pidä sapattia" aiheuttivat lopulta suuren kiistan fariseusten keskuudessa.

Syy siihen, miksi he tuomitsivat Jeesuksen, oli että lakiin kirjatun muodollisuuden ja menettelytapojen mukaan Hän rikkoi sapattia. Kun fariseukset puhuvat laista, he puhuvat viidestä Mooseksen kirjasta ja vanhinten perinnnäissäännöistä, jotka olivat periytyneet sukupolvelta toiselle suullisesti. Siksi Jeesus torui heidän olevan ulkokullattuja ja valkeiksi kalkittuja hautoja (Matt. 23:27). Kuitenkin oli toisaalta ihmisiä, jotka vastustivat kaikkien muiden väitteitä.

"Kuinka voi syntinen ihminen tehdä senkaltaisia tunnustekoja?" he kysyivät. Fariseusten joukossa oli muutama hyväsydäminen mies, jotka pohtivat ja kyselivät, miten syntinen voisi tehdä tunnustekoja. Jeesus kyllä rikkoi sapatin heidän standardiensa mukaan, mutta he joutuivat tunnustamaan, että Hän teki jotain, joka on inhimillisesti mahdotonta.

Juutalaiset kyselevät parannetun miehen vanhemmilta

"Niin he taas sanoivat sokealle: 'Mitä sinä sanot hänestä, koskapa hän avasi sinun silmäsi?' Ja hän sanoi: 'Hän on profeetta.' Mutta juutalaiset eivät uskoneet hänestä, että hän oli ollut sokea ja saanut näkönsä, ennenkuin kutsuivat sen näkönsä saaneen vanhemmat ja kysyivät heiltä sanoen: 'Onko tämä teidän poikanne, jonka sanotte sokeana syntyneen? Kuinka hän sitten nyt näkee?'" (9:17-19)

Kiistan jatkuessa ihmisten perustellessa ja väitellessä, mikä on oikein ja mikä on väärin, joku heitti kysymyksen parantuneelle miehelle: "Mitä sinä sanot hänestä?"

Kaikkien silmät kiinnittyivät häneen. Hänen vastauksestaan riippuen fariseusten viha voisi lisääntyä vieläkin enemmän tai se voisi laantua. Hän vastasi epäröimättä.

"Hän on profeetta."

Hän uskoi, että ellei tämä mies ollut Jumalasta, Hän ei olisi voinut parantaa hänen silmiään. Jeesus ei todellisuudessa tullut tähän maailmaan profeettana, vaan Messiaana tai Kristuksena, mutta sille, joka ei tiennyt tätä totuutta vielä, hän halusi kutsua Jeesusta millä tahansa nimellä, joka osoitti hänen äärimmäisen kunnioituksensa.

Fariseusten negatiiviset tunteet Jeesusta vastaan kuitenkin syvenivät tämän vastauksen takia. Jopa kuultuaan parannetun miehen selvän vastauksen, juutalaiset eivät hyväksyneet sitä. Lopulta he kutsuivat miehen vanhemmat ja alkoivat kuulustella heitä ja sanoivat: "Onko tämä teidän poikanne, jonka sanotte sokeana syntyneen? Kuinka hän sitten nyt näkee?" Hänen vanhempansa, jotka kutsuttiin äkillisesti fariseusten eteen, eivät tienneet mitä tehdä. He pelkäsivät, että jotain pahaa voisi tapahtua heille ja heistä tuli hyvin hermostuneita.

"Hänellä on kyllin ikää, kysykää häneltä."

"Hänen vanhempansa vastasivat ja sanoivat: 'Me tiedämme, että tämä on meidän poikamme ja että hän on sokeana syntynyt; mutta kuinka hän nyt näkee, emme tiedä; emme myöskään tiedä, kuka on avannut hänen silmänsä. Kysykää häneltä; hänellä on kyllin ikää, puhukoon itse puolestansa.' Näin hänen vanhempansa sanoivat, koska pelkäsivät juutalaisia. Sillä juutalaiset olivat jo sopineet keskenään, että se, joka tunnusti hänet Kristukseksi, oli erotettava synagoogasta. Sentähden hänen vanhempansa

sanoivat: 'Hänellä on kyllin ikää, kysykää häneltä.'"
(9:20-23)

Vanhemmat vahvistavat, että heidän poikansa syntyi sokeana. Koska he pelkäsivät juutalaisia, he eivät kuitenkaan voineet sanoa totuudenmukaisesti enempää ja he välttivät vastaamasta kysymykseen ohjaamalla vastuun pojalleen. "Mutta kuinka hän nyt näkee, emme tiedä; emme myöskään tiedä, kuka on avannut hänen silmänsä. Kysykää häneltä; hänellä on kyllin ikää, puhukoon itse puolestansa."
Vanhemmilla oli syy, minkä takia he yrittivät välttää kysymykseen vastaamista. Juutalaiset olivat päättäneet, että se, joka tunnusti, että Jeesus oli Kristus, oli erotettava synagoogasta. "Synagoogasta erottaminen" tarkoittaa siteiden katkaisemista synagoogan kanssa ja ihmisen erottamista rikkomuksen tekemisen tähden.

Henkilö voi saada kolmenlaisia rangaistuksia rikkomuksen vakavuudesta riippuen.

Ensimmäinen tyypin rangaistuksena uskonnollinen auktoriteetti nuhtelee ankarasti henkilöä ja häneltä riistetään kaikki uskonnolliset oikeudet 7-30 päiväksi.

Toisen tyypin rangaistuksena henkilölle annetaan porttikielto sosiaalisiin kokoontumisiin ainakin 30 päiväksi. Jos tämä rangaistusmuoto on tehoton, laitetaan täytäntöön kolmannen tyypin rangaistus.

Kolmannen tyypin rangaistuksena henkilöltä riistetään kaikki uskonnolliset oikeudet. Kun ihminen saa tämän rangaistuksen loppuelämäkseen, hän joutuu eristetyksi ja ihmiset halveksuvat häntä ja hänen talonsa, työnsä ja jopa elämänsä saattavat olla uhattuna.

Synagoogasta erottaminen tarkoittaa siis kaiken menettämistä. Niinpä parannetun miehen vanhempiin tarttui pelko, että he voisivat mahdollisesti saada tällaisen rangaistuksen. Juutalaisten uhkaavien sanojen painostamana he jättivät poikansa tehtäväksi vastata kysymykseen.

Miltä luulet heistä tuntuneen syntymästään sokean pojan vanhempina? He olivat luultavasti olleet pitkiä aikoja hyvin surullisia ja pahoillaan poikansa puolesta. Ja nyt, kun hän sai näkönsä, heidän olisi pitänyt olla loppuelämänsä kiitollisia Jeesukselle! Kuitenkin heti kun he huomasivat, että heidän elämänsä voisi olla vaarassa, he välttelivät totuutta pelkurimaisella tavalla. Vaikka heidän poikansa oli tilanteessa, jossa häntä voitaisiin vahingoittaa, he siirsivät vastuun hänelle. Tällaista on lihallinen rakkaus, oman edun tavoittelemista ensin.

"Tahdotteko tekin ruveta hänen opetuslapsiksensa?"

"Niin he kutsuivat toistamiseen miehen, joka oli ollut sokea, ja sanoivat hänelle: 'Anna kunnia Jumalalle; me tiedämme, että se mies on syntinen.' Hän vastasi:

'Onko hän syntinen, sitä en tiedä; sen vain tiedän, että minä, joka olin sokea, nyt näen.' Niin he sanoivat hänelle: 'Mitä hän sinulle teki? Miten hän avasi sinun silmäsi?' Hän vastasi heille: 'Johan minä teille sanoin, ettekä te kuulleet. Miksi taas tahdotte sitä kuulla? Tahdotteko tekin ruveta hänen opetuslapsiksensa?'" (9:24-27)

Kun parannetun miehen vanhemmat eivät vastanneet heille, fariseukset kutsuivat miehen taas ja käskivät hänen antaa kunnian Jumalalle. Koska he ovat kansa, joka on palvonut Jumalaa sukupolvesta toiseen, tietysti he antavat kunnian Jumalalle joka asiasta. Miksi sitten fariseukset käskivät miehen "antaa kunnian Jumalalle" niin peittelemättömällä tavalla? Ei ollut kyse todella Jumalasta heidän kannaltaan. He olivat huolissaan siitä, että miehen jatkaessa ylistäen Jeesusta, jota he vihasivat, enemmän ihmisiä alkaisi seurata Häntä.

Fariseukset käskivät miestä vain antamaan kunnian Jumalalle, koska he luulivat Jeesusta syntiseksi. Tämä on kuitenkin ristiriidassa järjen kanssa. Miten syntinen voisi avata sokean miehen silmät ja siten ylistää Jumalaa? Ei ole väliä miten sitä katsoo, tämä oli vain väärin. Parannetun miehen näkökulmasta nämä ihmiset kertoivat hänelle, että mies, joka paransi hänet ja antoi hänelle uuden elämän ja toivon, oli syntinen, niin miten tukahduttava tämä koko tilanne oli! Niinpä mies yritti kertoa heille epäsuorasti, että Jeesus oli Jumalan mies. "Onko hän syntinen, sitä en tiedä; sen vain tiedän, että minä, joka olin sokea, nyt näen."

Mieluummin kuin yrittämällä kohdata ihmiset, jotka

kutsuivat Jeesusta syntiseksi, sanomalla: "Ei, hän ei ole", mies korosti totuutta, joka toimi selkeämpänä ja tehokkaampana argumenttina. Tämä mies ei kyyristynyt vainossa tai uhkissa. Hänellä oli tosi sydän, joten hän ei unohtanut armoa, jonka hän sai. Siksi, vaikka hän ei pyytänytkään Jeesusta avaamaan silmiänsä, Jeesus tuli ja paransi hänet.

Kun fariseukset eivät saaneet vastausta, jonka he halusivat, synkistä motiiveistaan eroon pääsemisen sijaan he jatkoivat jotenkin Jeesuksen syyttämistä syntiseksi. Niinpä he jatkoivat miehen kuulustelua: "Mitä hän sinulle teki? Miten Hän avasi sinun silmäsi?"

Nämä kysymykset eivät olleet kysymyksiä, jotka pyysivät totuutta. Nämä kysymykset tulivat fariseusten pahoista aikeista. Koska he eivät uskoneet mihinkään Jeesukseen liittyvään tekoon, he halusivat löytää syyn torjua Jeesus. Mutta mies, joka oli parantunut sokeudestaan, ei vältellyt tai kyllästynyt vastaamaan näihin kaksiteräisiin kysymyksiin. "Johan minä teille sanoin, ettekä te kuulleet. Miksi taas tahdotte sitä kuulla? Tahdotteko tekin ruveta hänen opetuslapsiksensa?"

Mies ihmetteli: "Kerroin heille kaiken. Sen pitäisi riittää auttamaan heitä ymmärtämään. Ihmettelen, miksi he kysyvät minulta taas." Hän ei voinut käsittää, mitkä heidän aikomuksensa olivat, joten hän ajatteli, että ehkä he myös halusivat tulla Jeesuksen opetuslapsiksi. Koska hänellä oli hyvä sydän, hän otti heidän pahat kysymyksensä myönteisellä tavalla.

Fariseukset herjasivat sokeaa miestä, joka parannettiin

"Niin he herjasivat häntä ja sanoivat: 'Sinä olet hänen opetuslapsensa, mutta me olemme Mooseksen opetuslapsia. Me tiedämme Jumalan puhuneen Moosekselle, mutta mistä tämä on, sitä emme tiedä.' Mies vastasi ja sanoi heille: 'Sehän tässä on ihmeellistä, että te ette tiedä, mistä hän on, ja kuitenkin hän on avannut minun silmäni.'" (9:28-30)

Parannetun miehen ystävälliset sanat herättivät viime kädessä enemmän suuttumusta fariseuksissa. He kohottivat äänensä sanoen: "Sinä olet hänen opetuslapsensa, mutta me olemme Mooseksen opetuslapsia. Me tiedämme Jumalan puhuneen Moosekselle, mutta mistä tämä on, sitä emme tiedä."

Fariseukset opettivat pinnallisesti Mooseksen lakia, jotta he voisivat väittää, että he olivat Mooseksen opetuslapsia. He eivät kuitenkaan totelleet lakia sydämellään. Jos he olisivat olleet Mooseksen tosia opetuslapsia, niin heidän olisi pitänyt tunnistaa Jeesus ja antaa kunnia Jumalalle. Väittämällä, että heillä oli suhde Moosekseen, joka sai lain suoraan Jumalalta, he yrittivät väittää, että heidän sanansa olivat vanhurskaita. Tämä on tavallaan kuin joku yrittäisi tehdä vaikutusta yhdellä kuuluisalla esi-isällään ja harhauttaa itsestään.

Mies, joka oli kerran sokea, ei ollut kovin oppinut ja hän ei omistanut mitään, mutta hän tiesi, että siinä, mitä fariseukset sanoivat, ei ollut paljon järkeä. Mikä sai hänet entistäkin enemmän ymmälleen, oli se, että näillä miehillä oli tietoa, jota ei voinut verrata häneen itseensä ja he olivat koko kansansa opettajia, ja silti he eivät tunteneet Jeesusta. Hän ei vain voinut ymmärtää, sanoen: "Sehän tässä on ihmeellistä, että te ette tiedä, mistä hän on, ja kuitenkin hän on avannut minun silmäni."

Vaikka hänellä ei ollut paljon tietoa, eikä kukaan opettanut häntä, koska hän oli hyvä totuuden mies, hän tiesi, mikä oli totta. Vaikka hän ei ollut lakien tai vanhinten perinnäissääntöjen asiantuntija, hän pystyi hengellisesti tuntemaan, millainen mies Jeesus oli, ja hän tajusi kuka Hän oli. Vaikkakin hän vain koki Jumalan eikä tiennyt paljoakaan Hänen teoistaan, hän sai hengellisen valaistumisen niin nopeasti, koska hänen sydämensä oli niin puhdas.

Aivan kuten fariseuksille, meille on saattanut vielä nykyäänkin kasaantua paljon tietoa uskostamme ja hengellisyydestämme ja me saatamme jopa näyttää pyhiltä ulkoisesti, mutta on tapauksia, joissa se, mitä me tiedämme, saattaa hyvinkin tulla meille puitteiksi tai juuri siksi asiaksi, joka vangitsee meidät. Koska opeista ja kirkkokunnista tulee puitteita, jopa samassa kristillisessä yhteisössä ihmiset väittävät: "Tämä on oikein tai tämä on väärin" ja syntyy epäsopua ja on tapauksia, joissa ihmiset tuomitsevat toisiaan. Raamattu sanoo esimerkiksi: "Huuda rukouksessa." Jos kuitenkin ihmiset jossakin seurakunnassa rukoilevat ääneen ja huutavat rukouksessa, ihmiset sanovat: "Se on outo seurakunta." Ja kun parantuminen tapahtuu seurakunnassa, jotkut ihmiset sanovat: "Se seurakunta harjoittaa mystiikkaa." Nämä ihmiset tuomitsevat itseasiassa Jumalan työtä ihmisten luomien sääntöjen ja määräysten perusteella.

Parannetun miehen luja sydän

>"'Me tiedämme, ettei Jumala kuule syntisiä; vaan joka on jumalaapelkääväinen ja tekee hänen tahtonsa, sitä hän kuulee. Ei ole maailman alusta kuultu, että kukaan on avannut sokeana syntyneen silmät. Jos hän ei olisi Jumalasta, ei hän voisi mitään tehdä.' He vastasivat ja sanoivat hänelle: 'Sinä olet kokonaan synneissä syntynyt, ja sinä tahdot opettaa meitä!' Ja he ajoivat hänet ulos." (9:31-34)

Kuvittele kohtaus, jossa sokea mies, joka parannettiin, on pahaa täynnä olevien miesten ympäröimänä heidän kuulusteltavanaan. Miehen täytyi täristä pelosta. Joka sana, jonka he heittivät hänelle, oli piikikäs ja tuntui luultavasti lähes uhkaukselta. Kaikki hänen edessään seisovat miehet olivat syntyneet yhteiskunnan kunnioittamiin eliittiperheisiin, maineikkaita ja arvokkaita miehiä. Hän oli toisaalta pelkkä kerjäläinen, joka kerjäsi kadulla ansaitakseen elantonsa. Mutta hän ei säikähtänyt heidän väkivaltaista ja valtavaa läsnäoloaan. Hän kertoi totuuden katkeraan loppuun asti. Miten luja sydän hänellä oli!

Mies myös tunnusti, että maailman alusta tämä oli ensimmäinen kerta, kun sokeana syntyneen miehen silmät oli avattu. Sillä tosiasialla, että Jeesus avasi sokean miehen silmät, oli tässä suuri hengellinen merkitys. Se merkitsee, että Jeesuksella ei ole vain valta pelkästään tehdä tunnustekoja, vaan että Hänellä on myöskin valta avata hengelliset silmät.

Koko ihmiskunta syntyy hengellisesti sokeana. Kuitenkin

uskomalla Jeesukseen Kristukseen hengelliset silmämme aukaistaan ja tulemme näkemään hengellisen maailman ja taivaan. Se, että Jeesus aukaisi sokeana syntyneen miehen silmät, on tämän hengellisen merkityksen esikuva.

Aivan kuten parannettu mies sanoi, kuinka voisi mies, joka ei ole Jumalasta, avata sokean miehen silmät? Vain Jumala, jolla on suurempi valta kuin ihmisellä tehdä sellainen teko. Vaikka tiede ja teknologia kuinka kehittyy, tätä ihminen ei vain pysty tekemään. Tämä on yksi niistä asioista, mitkä vain Jumalan voima voi tehdä. Siksi parannettu mies todisti, että Jeesus tuli Jumalalta. Fariseukset eivät kuitenkaan kuunnelleet häntä loppuun asti.

Hengellinen sokeus

Sana levisi nopeasti sokean miehen silmien aukaisemisesta ja siitä, että fariseukset ajoivat sokean miehen ulos. Antaakseen miehelle suurempia siunauksia kuin se siunaus, jonka hän oli jo saanut, kun hänet parannettiin, Jeesus kohtasi miehen vielä yhden kerran. Ja syy, miksi Jeesus tuli miehen luo aluksi ja tapasi hänet kahdesti, ei vain kerran, on ilmeinen miehen toiminnasta tähän mennessä.

"Uskotko sinä Jumalan Poikaan?"

"Ja Jeesus sai kuulla heidän ajaneen hänet ulos; ja hänet tavatessaan hän sanoi hänelle: 'Uskotko sinä Jumalan Poikaan?' Hän vastasi ja sanoi: 'Herra, kuka hän on, että minä häneen uskoisin?' Jeesus sanoi hänelle: 'Sinä olet hänet nähnyt, ja hän on se, joka sinun kanssasi puhuu.' Niin hän sanoi: 'Herra, minä uskon'; ja hän kumartaen rukoili häntä." (9:35-38)

Jeesus tapasi sokean miehen, joka oli parannettu ja kysyi: "Uskotko sinä Jumalan Poikaan?" Tällä Hän tarkoittaa: "Uskotko Jumalan Poikaan, Messiaaseen, joka antoi anteeksi syntisi ja pelasti sinut?" Mies ei tiennyt, että se, joka avasi hänen silmänsä, oli Messias, jota hänen kansansa oli odottanut niin kauan. Hän luuli yksinkertaisesti Hänen olevan joku Jumalalta. "Herra, kuka hän on, että minä häneen uskoisin?"

Niinpä vastauksena hän sanoi haluavansa uskoa Jumalan Poikaan, joka antoi anteeksi hänen syntinsä ja joka johtaa hänet pelastukseen. Hän tunnusti, että vaikka hän ei tiennyt ennen kuin nyt, hän haluaa uskoa. Tietäen miehen sydämen, Jeesus paljasti, että hän oli Messias, joka avasi hänen silmänsä, kun Hän sanoi: "Sinä olet hänet nähnyt, ja hän on se, joka sinun kanssasi puhuu." Mies, joka oli ollut sokea, vastasi: "Herra, minä uskon."

Jeesus ei sanonut paljon, mutta mies ymmärsi. Hän kumarsi ja palvoi Jeesusta ja tunnusti uskonsa. Palvominen on teko, joka osoittaa äärimmäistä kunnioitusta ja kiitollisuutta. Mies uskoi, että Jeesus oli Messias, ei vain huulillaan, vaan sydämellään.

Fariseukset, jotka olivat hengellisesti sokeita

"Ja Jeesus sanoi: 'Tuomioksi minä olen tullut

tähän maailmaan, että ne, jotka eivät näe, näkisivät, ja ne, jotka näkevät, tulisivat sokeiksi.' Ja muutamat fariseukset, jotka olivat siinä häntä lähellä, kuulivat tämän ja sanoivat hänelle: 'Olemmeko mekin sokeat?' Jeesus sanoi heille: 'Jos te olisitte sokeat, ei teillä olisi syntiä; mutta nyt te sanotte: "Me näemme"; sentähden teidän syntinne pysyy.'" (9:39-41)

Jeesus sanoi Nikodeemukselle, joka tuli Hänen luokseen yöllä: *"Sillä ei Jumala lähettänyt Poikaansa maailmaan tuomitsemaan maailmaa, vaan sitä varten, että maailma hänen kauttansa pelastuisi"* (Joh. 3:17). Kuitenkin tässä kohdassa Jeesus sanoi: "Tuomioksi minä olen tullut tähän maailmaan." Saattaa tuntua, että Jeesus on ristiriidassa itsensä kanssa, mutta ei Hän ole. Hän kertoo heille tarkalleen, mitä "tuomio" tarkoittaa Jumalan mukaan. Jeesuksen perimmäisenä tavoitteena on pelastaa meidät tulemalla tähän maailmaan, ei tuomita meitä ja lähettää meitä helvettiin. Ne ihmiset, jotka kuitenkaan eivät usko, saavat lopulta tuomion, koska synnin palkka on kuolema (Room. 6:23).

Mitä Jeesus tarkoitti, kun Hän sanoi: "Tuomioksi minä olen tullut tähän maailmaan, että ne, jotka eivät näe, näkisivät, ja ne, jotka näkevät, tulisivat sokeiksi"? Kun vertaamme sokeaa miestä fariseuksiin, voimme ymmärtää, mitä tämä tarkoittaa. Vaikkakin joku saattaa olla fyysisesti sokea, jos hänen sydämensä etsii Jumalaa ja hän on hyvä ihminen, hän tunnistaa Messiaan ja saa pelastuksen ja iankaikkisen elämän. Jollakulla saattaa olla kaksi silmää, kuten fariseuksilla, jotka näkevät fyysisesti hyvin, mutta jos hänen hengelliset silmänsä kuitenkin ovat hänen sydämessään olevan pahan sokeuttamia, he eivät voi saada pelastusta. Fariseukset, jotka olivat Jeesuksen kanssa, kysyivät Häneltä: "Olemmeko mekin sokeat?"

He olivat vastakkain Jeesuksen kanssa, koska Hän sanoi: "Ne, jotka näkevät, tulisivat sokeiksi." He eivät kysyneet tätä kysymystä, koska he eivät todella tietäneet. Koska he voivat nähdä, he halusivat huomauttaa, etteivät he olleet sokeita. Fariseukset eivät vain voineet ymmärtää Jeesuksen sanoja. Nähdessään heidän reaktionsa, Jeesus oli lohduton. "Jos te olisitte sokeat, ei teillä olisi syntiä; mutta nyt te sanotte: 'Me näemme'; sentähden teidän syntinne pysyy."

Jos joku on sokea, voimme olettaa, että hän ei tiedä, koska hän ei näe. Fariseukset eivät kuitenkaan olleet sokeita. He käyttivät niin paljon aikaa lain tutkimiseen ja opettamiseen ja silti he eivät ymmärtäneet. Siksi Jeesus sanoi: "Sentähden teidän syntinne pysyy."

Luku 10

"Minä olen hyvä paimen"

1. Hyvän paimenen vertaus
(10:1-21)

2. "Minä ja Isä olemme yhtä"
(10:22-42)

Hyvän paimenen vertaus

Vuoristoisessa Israelin maassa on monia jyrkkiä rinteitä ja kallioita, joten lampaita kasvattaessa täytyy olla erityisen varovainen kyseisellä alueella. Lähistön tasangot eivät ole kovin ruohoisia, joten paimenten täytyy liikkua pitkiä matkoja lampaita hoitaessaan. Hyvä paimen tekee kaikkensa johtaakseen lampaansa viheriäisille niityille ja virvoittavien vetten tykö. Jeesus opetti usein hengellisiä totuuksia käyttäen esimerkkejä, joihin ihmiset pystyivät helposti samaistumaan, ja lampaat ja paimen olivat Jeesuksen opetuksissa yleisimmin käytetty esimerkki.

Lampaat ja paimen

"Totisesti, totisesti minä sanon teille: joka ei mene ovesta lammastarhaan, vaan nousee sinne muualta, se on varas ja ryöväri. Mutta joka menee ovesta sisälle, se on lammasten paimen." (10:1-2)

Paimen siirtyy päivällä paikasta toiseen etsien hyvää laidunta lampailleen. Kun päivä päättyy, hän laittaa lampaat turvalliseen tarhaan. Tarhana voitiin käyttää luolaa tai kivimuuria. Paimenen käyttäessä luolaa tarhana, hän tekee pienen oven muutaman metrin päähän luolan suun eteen ja hän kasaa kiviä molemmin puolin ovea kattamaan luolan suun. Sisäänkäynti on hyvin kapea ja hän laittaa piikkejä sen yläpuolella pitääkseen sudet ja varkaat loitolla. Tietenkin paimen, joka hoitaa lampaita, kulkee sisään ja ulos tarhan ovesta. Jos joku tulee tarhaan kiipeämällä muurin yli, niin hän todennäköisesti yrittää varastaa lampaita.

Miksi Jeesus kertoisi meille jotain niin itsestään selvää? Tämä johtuu siitä, että lampaat, paimen, karsina, ovi, varas ja ryöväri symboloivat jotakin, joka on hengellisesti merkittävää. Ensinnäkin, "lampaat" symboloivat Jumalan lapsia. Uutta uskovaa, joka on juuri ottanut vastaan Jeesuksen, tai monta vuotta uskossa ollutta, uskossaan vahvaa, uskossaan heikkoa, ketä tahansa ihmistä, joka on saanut pelastuksen, pidetään "lampaana." "Lammastarha" symboloi paikkaa, jossa lampaat kokoontuvat lepäämään. Toisin sanoen "tarha" on seurakunta, missä Jumalan lapset voivat kokoontua ottamaan vastaan todellisen sapatin ja rauhan.

1. Kor. 1:2 kuvailee: *"Korintossa olevalle Jumalan*

seurakunnalle, Kristuksessa Jeesuksessa pyhitetylle, jotka ovat kutsutut ja pyhät, ynnä kaikille, jotka avuksi huutavat meidän Herramme Jeesuksen Kristuksen nimeä kaikissa paikkakunnissa, niin omissaan kuin meidänkin." Seurakunta, kirkko, tarkoittaa rakennusta ja kaikkia uskovia. Niinpä lammaskarsina voi myös tarkoittaa Jumalan lasten kokoontumista. Aivan kuten Jeesus sanoi Joh. 10:7:ssä: *"Minä olen lammasten ovi"*, ovi symboloi Jeesusta Kristusta.

Ketä sitten symboloi "lammasten paimen"? Hepr. 13.20 sanoo: *"Mutta rauhan Jumala, joka on kuolleista nostanut hänet, joka iankaikkisen liiton veren kautta on se suuri lammasten paimen, meidän Herramme Jeesuksen Kristuksen"* ja 1. Piet. 5:4 sanoo: *"Niin te, ylipaimenen ilmestyessä, saatte kirkkauden kuihtumattoman seppeleen."* Niinpä voimme nähdä, että Jeesus Kristus on sekä "suuri paimen" että "ylipaimen."

Oletetaan, että olisi kymmenentuhatta lammasta. Jos jaamme lampaat kymmeneen ryhmään ja nimitämme yhden paimenen joka ryhmälle, silloin ylipaimen johtaa kymmentä paimenta. Herra Jeesus on hengellinen ylipaimen. Ja Jumala nimittää palvelijat jokaista Jumalan seurakuntaa varten ja kaikkia palvelijoita, jotka hoitavat sieluja kirkon piirissä, voidaan kutsua "paimeniksi."

Viimeiseksi, keitä ovat "varas ja ryövärit"? Jokainen, joka johdattaa uskovia harhaan kutsumalla itseään Jumalaksi tai ylösnousseeksi Kristukseksi, antikristus, joka kieltää, että Jeesus Kristus tuli tähän maailmaan lihassa ja kaikki harhaoppiset kultit, jotka kieltävät Herran, joka lunasti meidät maksamalla syntiemme rangaistuksen, on "varas" ja "ryöväri" (2. Piet. 2:1).

Lampaat, jotka kuulevat paimenensa äänen

"Hänelle ovenvartija avaa, ja lampaat kuulevat hänen ääntänsä; ja hän kutsuu omat lampaansa nimeltä ja vie heidät ulos. Ja laskettuaan kaikki omansa ulos hän kulkee niiden edellä, ja lampaat seuraavat häntä, sillä ne tuntevat hänen äänensä. Mutta vierasta ne eivät seuraa, vaan pakenevat häntä, koska eivät tunne vierasten ääntä. Tämän kuvauksen Jeesus puhui heille; mutta he eivät ymmärtäneet, mitä hänen puheensa tarkoitti." (10:3-6)

Kun aamu tulee, paimen seisoo ovella ja kutsuu lampaitansa nimeltä viedäkseen ne paikkaan, jossa on vettä ja laidunta. Lampaat, jotka lepäsivät rauhassa paimenen suojeluksessa, kuulevat hänen äänensä ja tulevat ulos tarhasta. Mitä tapahtuisi, jos joku toinen laittaisi paimenen vaatteet päällensä ja yrittäisi matkia paimenen ääntä? Sanotaan, että lampaat huomaavat eron ja yrittävät paeta. Käyttämällä esimerkkinä näitä lampaiden erityispiirteitä, Jeesus antoi hengellistä opetusta.

"Ovenvartija", joka aukaisee oven paimenelle, on Pyhä Henki. Jokaiselle, joka ottaa vastaan Jeesuksen Kristuksen, Jumala antaa Pyhän Hengen lahjaksi. Pyhä Henki, joka asuu meissä, auttaa meitä kommunikoimaan Jumalan kanssa ja elämään Jumalan sanan mukaan. Niinpä kun Raamattu sanoo: "Ovenvartija avaa oven paimenelle", se viittaa näihin Pyhän Hengen rooleihin. Ja tässä jakeessa "ovi" eroaa "ovesta", joka mainitaan aiemmissa jakeissa. Tässä "ovi" symboloi ajatustemme ja sydäntemme ovea Jumalan lapsina.

Aivan kuten lampaat voivat tarkasti erottaa paimenensa äänen muista äänistä, uskovainen, joka on saanut Pyhän Hengen, voi myös erottaa Herran äänen. Ihminen voi totuudessa selvästi tunnistaa, jos muut Herran palvelijat ovat yhtä ylipaimen kanssa tai eivät. Kun juutalaiset eivät voineet ymmärtää näiden esimerkkien hengellistä merkitystä, Jeesus selitti jälleen soveltamalla käsitettä itseensä.

"Minä olen lammasten ovi"

"Niin Jeesus vielä sanoi heille: 'Totisesti, totisesti minä sanon teille: minä olen lammasten ovi. Kaikki, jotka ovat tulleet ennen minua, ovat varkaita ja ryöväreitä; mutta lampaat eivät ole heitä kuulleet.'" (10:7-8)

Ymmärtääksemme, miksi Jeesus sanoi, että Hän oli "lammasten ovi", meidän täytyy palata maastapaon aikaan, joka tapahtui 400 vuotta sen jälkeen, kun israelilaisten esi-isä, Jaakob, ja hänen koko perheensä muuttivat ja asettuivat Egyptiin välttääkseen nälänhädän.

Kun Jaakobin perhe, joka koostui alunperin noin 70 henkilöstä, kasvoi niin paljon, että sitä voitiin kutsua nimellä "kansakunta", heistä tuli uhka Egyptin faaraolle. Siksi hän teki heistä orjia ja alkoi vainota heitä. Kova työ oli tarpeeksi vaikea kestää, mutta faaraon väärinkäytösten pahentuessa yhä enemmän, israelilaiset huusivat Jumalaa pelastamaan heidät.

Niinpä Jumala valitsi Mooseksen pyytämään faaraota

päästämään israelilaiset menemään, mutta faarao ei antanut heidän mennä kovin helposti. Kun faarao alkoi muuttaa sanaansa ja olla Jumalan tahtoa vastaan, Egyptin kansa sai kaikenlaisia vitsauksia. Ne alkoivat verivitsauksella, sitten tulivat sammakot, sääsket, paarmat, karjarutto, paiseet, rakeet, heinäsirkat ja jopa pimeyden vitsaus. Koko maa oli uupumassa. Ja koko ajan, kun egyptiläiset kokivat kaikkia näitä vitsauksia, Jumala suojasi israelilaisia.

Juuri ennen viimeistä vitsausta, jossa jokaisen egyptiläisen perheen esikoinen ja jokaisen eläimen esikoinen kuoli, Jumala kertoi Israelin kansalle, miten pysytellä turvassa tältä vitsaukselta. Hän käski teurastaa nuoren karitsan iltahämärissä ja sivellä verta talonsa ovenpäällisiin ja pieliin, paistaa lihan tulessa ja syödä sen pysyen talossa sisällä. Ovenpielet ovat pilareita, jotka tukevat ovea ja päälliset puusta tai kivestä tehtyjä tukia, jotka makaavat vaakatasossa oven yläpuolelle pitämässä seinää pystyssä. Sysimustassa yössä kuoleman varjo ei mennyt niiden israelilaisten taloihin, jotka tottelivat Jumalaa ja laittoivat nuoren karitsan verta kotinsa ovenkarmeihin.

Nuoren karitsan veri merkitsee tässä hengellisesti Jeesuksen Kristuksen verta. Aivan kuten kuoleman varjo ei mennyt taloihin, joiden ovenkarmeissa oli verta, joka uskoo, että Jeesus kuoli ristillä ja vuodatti verensä, ja Hänen veressään me saimme syntimme anteeksi, pakenee kuolemalta ja pääsee iankaikkiseen elämään. Vaikka he eivät tienneet tätä tekemänsä takana olevaa hengellistä merkitystä, he pelastuivat viimeiseltä vitsaukselta.

Mutta huonekunnat, jotka eivät sivelleet karitsan verta ovenpieliinsä ja päällisiin, kokivat esikoispoikiensa kuoleman. Ja jotkut, jotka olivat sivelleet verta ovenkarmeihin, eivät silti pystyneet välttämään kuoleman varjoa, koska he eivät pysyneet sisällä talossa kuten Jumala kehotti heitä tekemään. Tämä on vertauskuva ihmisestä, joka otti vastaan Herran, mutta menetti pelastuksensa, koska lähti jälleen kerran pelastuksen piiristä. Aivan kuten israelilaiset pelastuivat vain, jos he sivelivät karitsan verta ovenpieliinsä ja päällisiin ja pysyivät sisällä talossa, voimme pelastua vain, jos pysymme Jeesuksessa Kristuksessa, joka pelasti meidät vuodattamalla verensä meidän syntiemme tähden. Siksi Jeesus sanoi: "Minä olen lammasten ovi."

Jeesus sanoi myös: "Kaikki, jotka ovat tulleet ennen minua, ovat varkaita ja ryöväreitä." Kenestä Jeesus voisi tässä puhua? Sanat "tulleet ennen" eivät tässä jakeessa viittaa vain johonkin aikaan ennen. Aika, jona Jeesus tuli tähän maailmaan pelastamaan ihmiskunnan synneistään, oli jo asetettu Jumalan kaitselmuksessa. Hän tuli noin 2000 vuotta sitten, sopivimpaan aikaan suorittamaan Jumalan tahdon. Rooman valtakunnan vauraus oli tuolloin sellainen, että ihmiset jopa nykyään käyttävät yleisesti ilmaisua: "Kaikki tiet vievät Roomaan." Rooman valtakunnan hyvinvointi ja hellenistisen sivilisaation kehitys toimivat loistavasti mekanismina levittäen nopeasti Jeesuksen Kristuksen evankeliumin koko maailmalle.

Jos joku olisi ilmestynyt ja sanonut: "Minä olen Kristus" ilman oikeaa ajoitusta, niin se olisi valhe. Sama koskee Herran toista tulemista. Jumalan aika ei anna tilaa edes lievälle virhemarginaalille. Jos joku tulee aikaan, joka eroaa tästä asetetusta ajasta ja sanoo: "Minä olen Kristus" tai toinen sanoo: "Tämä on tie pelastukseen", silloin nämä ihmiset ovat varkaita ja ryöväreitä.

"Jos joku minun kauttani menee sisälle"

"Minä olen ovi; jos joku minun kauttani menee sisälle, niin hän pelastuu, ja hän on käyvä sisälle ja käyvä ulos ja löytävä laitumen. Varas ei tule muuta kuin varastamaan ja tappamaan ja tuhoamaan. Minä olen tullut, että heillä olisi elämä ja olisi yltäkylläisyys." (10:9-10)

Jokainen, joka uskoo ja seuraa Jeesusta, lammasten ovea, ei saa vain pelastusta, vaan aina kun hän käy sisälle ja tulee ulos, hän saa myös ravintoa. Kuitenkin lauseke: "Jos joku minun kauttani menee sisälle" on ehdoton edellytys. Vasta kun ihminen elää Herran sanan mukaan, joka on totuus itse, voi kyseinen ihminen sitten saada pelastuksen ja siunauksia. Kun me kuulemme Jumalan sanaa ja elämme sen mukaan, Jumala lupaa asettaa meidät korkeammaksi kaikkia kansoja maan päällä ja olet siunattu tullessasi ja siunattu olet lähtiessäsi (5. Moos 28:1-14).

Keitä ovat sen sijaan ne ihmiset, joita verrataan "varkaaseen"? He teeskentelevät olevansa Kristus ja he käskevät muita seuraamaan heitä pelastuksen saadakseen. Kuitenkin sen tien päässä on kuolema. Niinpä varas tulee varastamaan ja tappamaan, mutta Jeesus tuli antamaan meille elämän ja rikkaan elämän. Aivan kuten on kirjoitettu 3. Joh. 1:2:ssa, kun sielumme menestyy, meillä on hyvä terveys ja kaikki menee hyvin. Jeesus tuli, jotta me voimme saada tällaisen elämän. Kun Raamattu sanoo, että "sielu menestyy", se tarkoittaa, että sydämemme on täynnä totuutta. Ja kun sydämemme on täynnä totuutta, meidän toimemme osoittavat sen selvästi. Pystymme tottelemaan Jumalan sanaa täysin, iloitsemme aina, rukoilemme jatkuvasti ja kiitämme kaikissa olosuhteissa. Kun teemme tämän, vihollinen, perkele ja saatana, pakenevat meitä ja kaikki koetukset, koettelemukset ja sairaudet pakenevat niiden kanssa, jotta voimme saada hyvän terveyden siunauksen.

Hyvä paimen ja palkkalainen

"Minä olen se hyvä paimen. Hyvä paimen antaa henkensä lammasten edestä. Mutta palkkalainen, joka ei ole paimen ja jonka omia lampaat eivät ole, kun hän näkee suden tulevan, niin hän jättää lampaat ja pakenee; ja susi ryöstää ja hajottaa ne. Hän pakenee, sillä hän on palkattu eikä välitä lampaista." (10:11-13)

Kuningas Daavid oli paimen nuorena miehenä. Lampaita paimentaessa on hetkiä, jolloin leijonat tai karhut tulevat ja sieppaavat lampaan tai kaksi. Kuitenkin aina kun tämä tapahtui, Daavid jahtasi petoa, tappoi sen ja pelasti lampaat. Jeesus puhui juutalaisille käyttäen tätä esimerkkinä. Hyvä paimen karkottaisi pedon vaarantaen jopa oman elämänsä pelastaakseen lampaiden elämän. Jos palkkalaisen elämä on vaarassa, hän kuitenkin jättää lampaat heitteille ja pakenee henkensä edestä. Voimme siis erottaa hyvän paimenen ja palkkalaisen tarkastelemalla hedelmää, jota he kantavat (Matt. 7:17).

Koska Jeesus ei säästäisi edes omaa elämäänsä, kun hän tuli sovitusuhriksi ihmisen syntien puolesta, Hän voisi pelastaa ihmiskunnan kulkemasta kuoleman tietä. Jeesus kesti kärsimyksen ristillä voidakseen johdattaa meidät pelastuksen tielle. Hän on ainoa hyvä paimen ja se todellinen paimen. Toisin kuin Herra, joka palveli meitä koko elämällään, palkkalainen haluaa muiden palvelevan häntä. Palkkalainen tekee mitä vain voi pöyhkeilläkseen ja tehdäkseen itsensä tunnetuksi. Jos jokin ei sovi hänelle, hän hautoo negatiivisia tunteita ja saa aikaan vihamielisyyttä. Jos hän on tilanteessa, joka ei hyödytä häntä itseään tai hän joutuu jonkinlaisiin vaikeuksiin, hän pakenee, etsien tapaa pelastaa itsensä.

"Minä annan henkeni lammasten edestä"

> "Minä olen se hyvä paimen, ja minä tunnen omani, ja minun omani tuntevat minut, niinkuin Isä tuntee minut ja minä tunnen Isän; ja minä annan henkeni lammasten edestä." (10:14-15)

Hyvä paimen tietää, milloin hänen lampaansa ovat nälkäisiä ja milloin hänen täytyy ruokkia ne. Hän ruokkii ne, laittaa ne nukkumaan ajoissa ja hän suojelee niitä vahingoilta, jotta hänen lampaansa kasvavat vahvoiksi ja terveiksi. Ahkera paimen tietää tarkalleen, missä kunnossa kukin lammas on ja hän tarjoaa tehokkaan ratkaisun kaikkiin ongelmiin, joita lampailla saattaa syntyä. Ja käyttäen tätä esimerkkinä Jeesus sanoi: "Minä tunnen omani ja minun omani tuntevat minut."

Mitä tarkoittaa jonkun tunteminen tämän Raamatun kohdan mukaan? Se tarkoittaa niiden sielujen tuntemista, jotka Jumala on uskonut meille; ei vain heidän nimensä, perhetaustansa, perhetilanteensa ja työnsä, jotka liittyvät heidän fyysisiin olosuhteisiinsa, vaan myöskin heidän hengellisen tilansa. Meidän pitäisi tietää, jos meille uskotut sielut saavat riittävästi hengellistä ravintoa ja varmistaa, etteivät he ole aliravittuja, ja meidän täytyy tarkastaa, onko heillä mitään sairauksia. Pelkästään ongelman tietäminen ei riitä. Jos henkilöllä ei ole uskoa, meidän on autettava häntä uskomaan. Jos henkilöllä on syntiä, meidän täytyy auttaa häntä ymmärtämään, mitkä hänen syntinsä ovat ja auttaa häntä elämään vanhurskaudessa. Jos henkilö ei tiedä miten rukoilla, meidän täytyy auttaa häntä rukoilemaan. Nämä ovat hyvän paimenen vastuut.

Voimme nähdä todella hyvän paimenen sydämen apostoli Paavalin tunnustuksessa: *"Ollut työssä ja vaivassa; paljon valvonut, kärsinyt nälkää ja janoa, paljon paastonnut, kärsinyt vilua ja alastomuutta. Ja kaiken muun lisäksi jokapäiväistä tunkeilua luonani, huolta kaikista seurakunnista. Kuka on heikko, etten minäkin olisi heikko? Kuka lankeaa, ettei se minua polttaisi?"* (2. Kor. 11:27-29).

Kun paimenella on tällainen sydän ja hän pitää vilpittömästi huolta lampaistaan, antamalla heille oikeat ohjeet ja opetukset lampaat luonnollisesti rakastavat ja luottavat paimeneensa. Koska he rakastavat paimentaan, he kuuntelevat hänen ääntänsä ja seuraavat häntä. Hyvänä paimenena Jeesus tuli kutsumaan syntisiä ja johtamaan heidät parannukseen, joten Hän auttaa syntisiä tajuamaan syntinsä, heittämään pois ne synnit ja elämään vanhurskauden keskellä. Hän opettaa totuutta jokaisen henkilön uskon mitan mukaan ja antaa hänelle voimaa ja toivoa elää sanan mukaan.

"Minä annan sen itsestäni"

"Minulla on myös muita lampaita, jotka eivät ole tästä lammastarhasta; myös niitä tulee minun johdattaa, ja ne saavat kuulla minun ääneni; ja on oleva yksi lauma ja yksi paimen. Sentähden Isä minua rakastaa, koska minä annan henkeni, että minä sen jälleen ottaisin. Ei kukaan sitä minulta ota, vaan minä annan sen itsestäni. Minulla on valta antaa se, ja minulla on valta ottaa se jälleen; sen käskyn minä olen saanut Isältäni." (10:16-18)

Kuten on kirjoitettu Luuk. 5:32:ssä: *"En minä ole tullut kutsumaan vanhurskaita, vaan syntisiä parannukseen"*, Jeesuksen tehtävänä oli tähän maailmaan tullessa pelastaa mahdollisimman monta sielua, jotka eivät ole pelastuksen piirissä. Kun Jeesus sanoo: "Minulla on myös muita lampaita, jotka eivät ole tästä lammastarhasta", Hän puhuu ihmisistä, jotka eivät usko Jumalaan eivätkä ole ottaneet vastaan Jeesusta Kristusta. Jeesus sanoo, että nämä ihmiset täytyy johtaa Hänen luokseen ja tulla osaksi pyhää laumaa, toisin sanoen uskoviksi.

Siksi Jumalan lasten, jotka ovat jo pelastettuja, täytyy levittää evankeliumia. Kuten Jeesus Kristus käskee Ap.t. 1:8:ssa: *"Vaan kun Pyhä Henki tulee teihin, niin te saatte voiman, ja te tulette olemaan minun todistajani sekä Jerusalemissa että koko Juudeassa ja Samariassa ja aina maan ääriin saakka",* olipa meillä aikaa tai ei, meidän on löydettävä aikaa ja pyrittävä kaikin tavoin evankeliumin levittämisen edistämiseen.

Jeesus antoi elämänsä pelastaakseen meidät ja johtaakseen meidät taivaaseen. Hän ei antanut elämäänsä vastahakoisesti vain, koska se oli Jumalan tahto. Aivan kuten lapsi, joka rakastaa ja ymmärtää vanhempiensa sydäntä ja vapaaehtoisesti tottelee heidän tahtoaan, Jeesus totteli ilolla. Jeesus tiesi paremmin kuin kukaan muu Jumalan sydämellä olevan surun sieluista, jotka ovat kulkemassa kohti ikuista kuolemaa.

Siksi Jeesus valitsi tien, joka johti antamaan Hänen elämänsä. Vaikka tämän tien päässä odotti kunnia, tämä tie ei ollut helppo, se oli jatkuvaa kärsimystä. Kuitenkin Hän vapaaehtoisesti valitsi lunastaa tämän tuomion, joten miten iloinen Jumalan on täytynyt olla! Kuinka ihanalta Jeesuksen on täytynyt näyttää Jumalasta! Siksi Hän soi Jeesukselle valtaa ja näytti Hänelle vielä suurempia tekoja, että kaikki näkisivät ja ihmettelisivät (Joh. 5:20). Merkit, ihmeet ja hämmästyttävät voimateot, joita näytettiin Jeesuksen kautta, ovat osoitus Jumalan rakkaudesta Jeesukseen.

Jumala antoi meille myös valtuuden tulla Hänen lapsikseen. Niin kuin on kirjoitettu Mark. 16:17:ssä: *"Nämä merkit seuraavat niitä, jotka uskovat"*, Jumala lupaa meille, että Hänen lapsinaan, niin kauan kuin meillä on puhdas usko, Hän on meidän kanssamme merkkien kautta, aivan kuten hän oli Jeesuksen kanssa.

Juutalaisten kiista

"Niin syntyi taas erimielisyys juutalaisten kesken näiden sanain tähden. Ja useat heistä sanoivat: 'Hänessä on riivaaja, ja hän on järjiltään; mitä te häntä kuuntelette?' Toiset sanoivat: 'Nämä eivät ole riivatun sanoja; eihän riivaaja voi avata sokeain silmiä?'" (10:19-21)

Sen sijaan, että olisivat iloinneet ja kiittäneet sokean miehen kanssa, joka oli parannettu, juutalaiset joutuivat riitaan keskenään ja pakottivat lopulta miehen lähtemään. Ja kuultuaan Jeesuksen esimerkin lampaista ja paimenesta Hänen yrittäessään valistaa heitä, syntyi toinen riita. Ihmisten alettua syyttää Jeesusta riivatuksi, he alkoivat riidellä keskenään. Jotkut sanoivat: "Hänessä on riivaaja, ja hän on järjiltään. Mitä te häntä kuuntelette?" kun taas toiset sanoivat: "Nämä eivät ole riivatun sanoja; eihän riivaaja voi avata sokeain silmiä?"

Heidän kuumentunut erimielisyytensä ja kiistansa kiihtyi tasaisesti, kunnes he lopulta päättivät "tappaa" Jeesuksen. Heidän sydämensä olivat pohjimmiltaan pahat, joten he eivät epäröineet tuomita toisia eivätkä pidättäytyneet puhumasta ja toimimasta pahuuttaan. He kutsuivat itseään Jumalan kansaksi ja he olivat lain tutkimus- ja opetusasemassa. Kuitenkin koska heidän silmänsä olivat sokeat totuudelle, he syyttivät Jeesusta järjettömäksi ja riivatuksi, vaikka he näkivät kaikki Jumalan teot, jotka ilmenivät Jeesuksen Kristuksen kautta.

Kuitenkaan kaikki eivät tuominneet Jeesusta pahuuttaan. Joukossa oli joitakin hyväsydämisiä, jotka kysyivät, miten riivaaja voisi avata sokean silmät. Nämä ihmiset uskoivat ja hyväksyivät Jeesuksen teot Jumalan voiman ilmentyminä. Ei riivaajalla voisi mitenkään olla valtaa avata sokean silmiä.

Raamatussa näemme ihmisiä, jotka tulevat mykiksi ja kuuroiksi riivattuina. Riivaajat tuovat sairauksia, onnettomuuksia, kiusauksia, ahdistuksia ja kärsimyksiä. Riivaajilla ei ole mitään tekemistä hyvien tekojen kanssa, kuten sokean silmien avaaminen, jotta hän voisi antaa kunnian Jumalalle (Mark. 9:25, Luuk. 6:18, 9:42). Sokean silmien avaaminen oli Jumalan teko ja Hän tekee tällaisia tekoja Hänen valittujensa kautta, joihin Hän on mielistynyt (Ps. 146:8, Jes. 42:1-7).

"Minä ja Isä olemme yhtä"

Aivan kuten millä tahansa kansakunnalla, Israelin kansakunnalla on erityisiä juhlapäiviä. Juutalaisten kolme suurta juhlapäivää ovat: pääsiäinen, viikkojuhla ja lehtimajanjuhla. Näiden juhlapäivien lisäksi on olemassa muita juhlapäiviä kuten juutalainen uusi vuosi (Rosh Hashanah), suuri sovituspäivä (Jom Kippur), purim ja temppelin vihkimisen muistojuhla (hanukka).

Näistä juhlapäivistä temppelin vihkimisen muistojuhla, joka tunnetaan myös hanukkana, on juhlapäivä, joka juhlistaa pyhän temppelin uudelleen vihkimistä. Vuonna 165 eKr. juutalainen johtaja Makkabeus otti Jerusalemin takaisin Syyrialta ja vihki uudelleen Jerusalemin temppeliin, joka tuhoutui, kun Jerusalem vallattiin. Tapahtuman kunniaksi juutalaiset juhlivat hanukkaa tänäkin päivänä. Juutalaisen kalenterin syyskuun 25. päivästä (joulukuun tienoilla) alkaen noin kahdeksan päivää juutalaiset juhlivat juhlallisuuksin. Se on suunnilleen samaan aikaan kuin joulu, joka juhlistaa Jeesuksen syntymää. Juutalaiset eivät tunnusta Jeesusta Kristukseksi ja juhlivat sen sijaan hanukkaa.

"Jos sinä olet Kristus, niin sano se meille suoraan"

"Sitten oli temppelin vihkimisen muistojuhla Jerusalemissa, ja oli talvi. Ja Jeesus käyskeli pyhäkössä, Salomon pylväskäytävässä. Niin juutalaiset ympäröivät hänet ja sanoivat hänelle: 'Kuinka kauan sinä pidät meidän mieltämme kiihdyksissä? Jos sinä olet Kristus, niin sano se meille suoraan.'" (10:22-24)

Oli temppelin vihkimisen muistojuhlan aika. Oli talvi ja koska Jeesus lunasti kärsimyksen ristillä seuraavan vuoden huhtikuussa, tämä oli Hänen viimeinen talvensa maan päällä. Temppelin vihkimisen muistojuhlan aikoihin Jeesus oli temppelissä Salomon pylväskäytävässä. Temppelin ulkomuurilla sijaitsevassa Salomon pylväskäytävässä ei ollut seiniä sulkemaan pois tuulta. Nyt jos katsomme jotain kirkkoa, siinä on kirkkorakennus, kirkon piha ja sitten kirkon aita. Jos me vertailisimme temppeliä kirkkoon, Salomon pylväikkö olisi kuin temppelirakennuksen ulkopuolella sijaitseva kirkon aita. Tätä paikkaa käyttivät usein rabbit, jotka opettivat siellä opetuslapsiaan.

Jeesus ja Hänen opetuslapsensa menivät sinne jakamaan evankeliumia, opettamaan, parantamaan sairauksia ja näyttämään Jumalan voiman kansalle. Ryhmä juutalaisia tuli ja kerääntyi eräänä päivänä Jeesuksen ympärille aivan kuin he olisivat suunnitelleet tekevänsä niin ja he alkoivat satunnaisesti kysellä Häneltä kysymyksiä kuten "Kuinka kauan sinä pidät meidän mieltämme kiihdyksissä?" ja "Jos sinä olet Kristus, niin sano se meille suoraan!"

Juutalaiset odottivat Jeesuksen säikähtävän heidän läsnäoloaan ja sanovan, että hän ei ollut Kristus. He tekivät tämän, koska he eivät tunnustaneet Jeesusta Jumalan Pojaksi ja pitivät Häntä pelkkänä ihmisenä. He itse olivat Israelin nimekkäitä ja voimakkaita johtajia. He olivat niitä, joilla oli lain perusteellinen tuntemus. Heistä Jeesus näytti aivan köyhän puusepän pojalta, joka kiersi ympäriinsä kalastajat opetuslapsinaan. Siksi, vaikka Jeesus näytti heille runsaasti merkkejä ja ihmeitä antaakseen heille todisteita nähdä ja uskoa, he kieltäytyivät uskomasta. Miten Jeesus vastasi näille ihmisille, jotka vaativat, että hän sanoisi heille suoraan, jos Hän olisi Kristus?

"Te ette usko, sillä te ette ole minun lampaitani"

"Jeesus vastasi heille: 'Minä olen sanonut sen teille, ja te ette usko. Ne teot, joita minä teen Isäni nimessä, ne todistavat minusta. Mutta te ette usko, sillä te ette ole minun lampaitani. Minun lampaani kuulevat minun ääntäni, ja minä tunnen ne, ja ne seuraavat minua.'" (10:25-27)

Jumala käytti monia tapoja näyttääkseen, että Jeesus oli Vapahtaja. Hän kertoi kansalle Johannes Kastajan kautta. Jeesus itse kertoi heille. Ja kaikkien voimatekojen kautta, jotka tehtiin Jumalan nimessä, Hän myös todisti itsestään. Kuitenkaan juutalaiset eivät tunnustaneet Häntä loppuun saakka.

"Minä olen sanonut sen teille, ja te ette usko. Ne teot, joita minä teen Isäni nimessä, ne todistavat minusta."

Juutalaiset eivät vain suostuneet uskomaan: he arvostelivat, tuomitsivat ja juonittelivat, miten he voisivat tappaa Jeesuksen. Aivan kuten lammas tuntee paimenen äänen ja seuraa häntä, Jumalan lasten pitäisi pystyä uskomaan kaikki, mitä Jumala tekee Jeesuksen Kristuksen kautta.

"Minä ja Isä olemme yhtä"

"Ja minä annan heille iankaikkisen elämän, ja he eivät ikinä huku, eikä kukaan ryöstä heitä minun kädestäni. Minun Isäni, joka on heidät minulle antanut, on suurempi kaikkia, eikä kukaan voi ryöstää heitä minun Isäni kädestä. Minä ja Isä olemme yhtä." (10:28-30)

Jeesus sanoi: "Minä annan heille iankaikkisen elämän", koska ne, jotka uskovat Jeesukseen Vapahtajana, saavat Pyhän Hengen ja niiden henki, joka oli kerran kuollut, herää jälleen eloon. Kun Pyhä Henki synnyttää hengen ja kun alamme elämään Jumalan sanassa yhä enemmän, sitten pikku hiljaa totuus muuttaa meitä.

Tämä on ikuisen elämän tie. Koska ei ole kuolemaa Jeesuksessa Kristuksessa, joka on iankaikkinen elämä, kun uskomme Häneen, saamme todellisen elämän. Siksi emme huku ja voimme nauttia todellista onnea ikuisesti taivaassa.

Jeesus sanoi myös: "Eikä kukaan ryöstä heitä minun kädestäni." Tämä kohta näyttää, miten paljon Jeesus rakastaa meitä. Jeesus tarkoittaa tässä kohdassa, että koska Jumala oli uskonut lampaansa Hänelle, Hän rakastaa lampaitaan elämällään, ja riippumatta tulevista vaaroista, hän ei luovu lampaistaan. Niinpä kukaan ei voi ottaa lampaita Jeesuksen käsistä.

"Kuka voi meidät erottaa Kristuksen rakkaudesta? Tuskako, vai ahdistus, vai vaino, vai nälkä, vai alastomuus, vai vaara, vai miekka?" (Room. 8:35).

Kaiken lisäksi Jumala on suurempi kuin kaikki luomakunnassa. "Kaikki luomakunnassa" tarkoittaa kaikkia asioita, jotka ovat olemassa maailmankaikkeudessa. Maailmankaikkeus itsessään on käsittämättömän laaja. Kuka sitten voi temmata meidät pois Jumalan käsistä, joka on jopa suurempi kuin valtava maailmankaikkeus? Korostettuaan, että kukaan ei voi ottaa meitä pois Jeesukselta niin kauan kuin uskomme Häneen ja seuraamme Häntä, Hän kertoo meille, miksi tämä on niin, sanoen: "Minä ja Isä olemme yhtä."

Jeesus ja Jumala ovat yhtä, koska Jeesus on Sana (Jumala), joka tuli lihaksi ja tuli tähän maailmaan (Joh. 1:14). Ja juuri se, että Jeesus sikisi Pyhästä Hengestä, kertoo meille, että hän on yhtä Jumalan kanssa.

Juutalaiset yrittävät kivittää Jeesuksen

"Niin juutalaiset ottivat taas kiviä maasta kivittääksensä hänet. Jeesus vastasi heille: 'Minä olen näyttänyt teille monta hyvää tekoa, jotka ovat Isästä; mikä niistä on se, jonka tähden te tahdotte minut kivittää?' Juutalaiset vastasivat hänelle: 'Hyvän teon tähden me emme sinua kivitä, vaan jumalanpilkan tähden, ja koska sinä, joka olet ihminen, teet itsesi Jumalaksi.'" (10:31-33)

Juutalaiset olivat raivoissaan, kun Jeesus sanoi, että Hän oli yhtä Jumalan kanssa. He olivat valmiita kivittämään Hänet. He uskoivat, että hän loukkasi Jumalaa, jota he palvoivat. Jos he olisivat ymmärtäneet, että hyviä tekoja, joita Jeesus teki, ei voinut tehdä ihmisvoimin, he olisivat tienneet, että Jumala oli Hänen kanssaan. Mutta he eivät olleet kiinnostuneita hyvistä töistä, he tuijottivat vain sanoja "yhtä Jumalan kanssa" ja näkivät sen vakavana ongelmana. Tuntien heidän sydämensä, Jeesus esitti viisaasti kysymyksen, joka paljasti heidän todellisen sydämensä: "Minä olen näyttänyt teille monta hyvää tekoa, jotka ovat isästä; mikä niistä on se, jonka tähden te tahdotte minut kivittää?"

Kun juutalaiset palauttivat mieliin yksitellen kaikki asiat, jotka Jeesus oli tehnyt siihen asti, he eivät löytäneet mitään syytä kivittää Häntä. Joten kun he eivät keksineet riittävää vastausta, he väittivät Hänen syyllistyneen jumalanpilkkaan sanoen: "Koska sinä, joka olet ihminen, teet itsesi Jumalaksi." Epäkunnioittava tai röyhkeä teko Jumalaa kohtaan on "jumalanpilkkaa." Se on sana, jota käytetään Raamatussa kuvaamaan jotain, jota pidetään häpäisemisenä.

"Kuinka te sanotte minulle: 'Sinä pilkkaat Jumalaa'?"

"Jeesus vastasi heille: 'Eikö teidän laissanne ole kirjoitettuna: "Minä sanoin: te olette jumalia"? Jos hän sanoo jumaliksi niitä, joille Jumalan sana tuli — ja Raamattu ei voi raueta tyhjiin — niin kuinka te sanotte sille, jonka Isä on pyhittänyt ja lähettänyt maailmaan: "Sinä pilkkaat Jumalaa", sentähden että minä sanoin: "Minä olen Jumalan Poika"?'" (10:34-36)

Jeesus käytti lakia, jolle juutalaiset antoivat suuren vallan ja auktoriteetin, valaistakseen juutalaisia. Hän käytti kohtaa Ps. 82:6 sanoen: *"Minä sanon: 'Te olette jumalia ja kaikki tyynni korkeimman poikia.'"*

Miksihän Jeesus sanoi: "Raamattu ei voi raueta tyhjiin"? Raamattu on Jumalan lupauksen sanaa meille. Jumala ei ole inhimillinen, näin ollen kaikki, mitä hän sanoo, on virheetöntä eikä ole koskaan mitään kaduttavaa. Hän tekee aina, mitä Hän sanoo tekevänsä. Ja koska Raamattu on vilpitön Jumalan lupaus, se ei voi raueta tyhjiin. Matt. 5:18 sanoo: *"Sillä totisesti minä sanon teille: kunnes taivas ja maa katoavat, ei laista katoa pieninkään kirjain, ei ainoakaan piirto, ennenkuin kaikki on tapahtunut."*

Jeesus sanoi, että lakiin on tallennettu, että ihmiset "joille

Jumalan sana tuli", ovat jumalia. Raamatussa on monia ihmisiä, jotka saivat erityisen ilmoituksen Jumalalta. Jumala puhui joko suoraan valitulle henkilölle tai puhutteli heitä unien kautta. Jaakobin yhdestoista poika, Joosef, tulkitsi faaraon unen, jota kukaan muu ei osannut tulkita, ja sitten faarao sanoi palvelijoilleen: *"Voisimmeko löytää ketään, jossa on Jumalan henki niinkuin tässä?"* (1. Moos. 41:38). Moosekselle, suuren maastapaon johtajalle, Jumala sanoi: *"Katso, minä asetan sinut jumalaksi faraolle"* (2. Moos. 7:1). Apostoli Paavali osoitti myös monia uskomattomia Jumalan tekoja ja monet pitivät myös häntä jumalana (Ap.t. 14:11, 28:6).

Kun Jeesus sanoi: "Minä ja Isä olemme yhtä", he luulivat, että Hän "väitti olevansa Jumala." Jeesus kutsui Jumalaa aina "Isäksi." Hän ei koskaan sanonut: "Minä olen Jumala." Perustuen kohtaan 3. Moos. 24:16: *"Ja joka Herran nimeä pilkkaa, rangaistakoon kuolemalla; koko kansa kivittäköön hänet kuoliaaksi"* he luulivat löytäneensä oikeamielisen syyn tappaa lain mukaan.

"Vaikka ette uskoisikaan minua, uskokaa minun tekojani"

"'Jos minä en tee Isäni tekoja, älkää uskoko minua. Mutta jos minä niitä teen, niin, vaikka ette uskoisikaan minua, uskokaa minun tekojani, että tulisitte tuntemaan ja ymmärtäisitte Isän olevan minussa ja minun olevan Isässä.' Niin he taas tahtoivat ottaa hänet kiinni, mutta hän lähti pois heidän käsistänsä." (10:37-

39)

Jeesus oli hyvin lohduton juutalaisten takia. Vaikka Hän oli näyttänyt heille Jumalan hämmästyttäviä tekoja useaan otteeseen, he eivät silti uskoneet Häntä heidän sydämissään olevan kateuden ja mustasukkaisuuden vuoksi. Jos he eivät todellakaan voineet uskoa, vaikka heidän olisi pitänyt uskoa, Jeesus kehotti heitä ainakin uskomaan tekoja, joita Hän oli tehnyt, sanomalla: "Jos minä en tee Isäni tekoja, älkää uskoko minua. Mutta jos minä niitä teen, niin, vaikka ette uskoisikaan minua, uskokaa minun tekojani, että tulisitte tuntemaan ja ymmärtäisitte Isän olevan minussa ja minun olevan Isässä."

Jeesuksen tekemiä tekoja ei voitu tehdä ihmisvoimin. Voi vain tunnustaa, että Hän teki niitä Jumalan voimalla. Jeesus halusi heidän uskovan ainakin näkemällä nuo asiat. Tämä kohta vangitsee Jeesuksen sydämen — sydämen, joka vilpittömästi kaipasi pelastaa vielä yhden sielun.

Mutta vaikka Jeesus kuinka yritti valaista heitä, he eivät ymmärtäneet. Juutalaiset tulivat vain sitäkin vihaisemmiksi ja yrittivät saada Jeesuksen käsiinsä. Jälleen kerran Jeesus viisaasti kuitenkin lähti heidän ulottuviltaan. Ei ollutkaan vielä Hänen aikansa tulla vangituksi, mutta vielä tärkeämpää oli, että Jeesuksen sanoilla oli tällaisia arvokkuutta ja auktoriteettia, että kukaan ei uskaltanut tulla nappaamaan Häntä.

Ihmiset, jotka uskoivat Jordanin tuolla puolen

"Ja hän meni taas Jordanin tuolle puolelle siihen

paikkaan, missä Johannes ensin kastoi, ja viipyi siellä. Ja monet tulivat hänen tykönsä ja sanoivat: 'Johannes ei tehnyt yhtäkään tunnustekoa; mutta kaikki, mitä Johannes sanoi tästä, on totta.' Ja monet siellä uskoivat häneen." (10:40-42)

Jeesus meni taas Jordanin tuolle puolen. Tämä oli Berean aluetta, missä Johannes Kastaja aluksi kastoi. Ihmisille, jotka kokoontuivat sinne kuultuaan uutiset Hänestä, Jeesus opetti taivaan evankeliumia ja teki monia ihmetekoja kuten sairaiden parantamisia. Kun ihmiset sillä alueella kohtasivat Jeesuksen sanan ja toiminnan suoraan, he sanoivat: "Johannes ei tehnyt yhtäkään tunnustekoa; mutta kaikki, mitä Johannes sanoi tästä, on totta."

Berean alueen ihmisten reaktiot poikkesivat suuresti juutalaisten reaktioista Jerusalemissa. Ihmisten sydämissä oleva hyvä ja paha on selvästi nähtävissä tässä. Hyvät ihmiset yrittävät uskoa hyvät ja ystävälliset sanat, jotka ovat totuudesta. Varsinkin kun joku perustelee sanansa tunnusteoilla ja ihmeillä kuten Jeesus, he uskovat. Tämä johtuu siitä, että ihmetekoja ei esiinny ihmisvoimin, ne ovat mahdollisia vain Jumalassa (Ps. 62:11).

Kirjailija:
Dr. Jaerock Lee

Dr. Jaerock Lee syntyi Muanissa, Jeonnamin maakunnassa, Korean tasavallassa vuonna 1943. Kaksikymppisenä Dr. Lee kärsi erilaisista parantumattomista sairauksista seitsemän vuoden ajan ja odotti kuolemaa ilman toivoa parantumisesta. Eräänä päivänä keväällä 1974 hänen siskonsa johdatti hänet kirkkoon, ja kun hän kumartui rukoilemaan, elävä Jumala paransi hänet välittömästi kaikista hänen sairauksistaan.

Siitä hetkestä lähtien, kun hän kohtasi elävän Jumalan tuon ihmeellisen tapahtuman kautta, Dr. Lee on rakastanut Jumalaa vilpittömästi koko sydämellään, ja vuonna 1978 hänet kutsuttiin Jumalan palvelijaksi. Hän noudatti Jumalan sanaa ja rukoili kuumeisesti saadakseen selvyyden Jumalan tahdosta voidakseen toteuttaa sitä. Vuonna 1982 hän perusti Manminin keskuskirkon Soulissa, Koreassa, ja siitä lähtien kirkossa on tapahtunut lukemattomia Jumalan töitä mukaan lukien parantumisia ja muita ihmeitä.

Vuonna 1986 Dr. Lee vihittiin papiksi Korean Jeesuksen Sungkyul-kirkon vuotuisessa kirkkokokouksessa ja neljä vuotta myöhemmin vuonna 1990 hänen saarnojansa alettiin lähettää Australiassa, Venäjällä, ja Filippiineillä ja useisiin muihin maihin Far East Broadcasting Companyn, Asia Broadcast Stationin ja Washington Christian Radio Systemin kautta.

Kolme vuotta myöhemmin vuonna 1993 *Christian World Magazine* (USA) valitsi Manminin keskuskirkon yhdeksi "maailman 50:stä huippukirkosta", ja hän vastaanotti kunniatohtorin arvonimen jumaluusopissa Christian Faith Collegesta Floridassa ja vuonna 1996 teologian tohtorin arvonimen Kingsway Theological Seminarysta Iowassa.

Vuodesta 1993 lähtien Dr. Lee on johtanut maailmanlaajuista missiota useiden kansainvälisten ristiretkien kautta, jotka ovat suuntautuneet Tansaniaan, Argentiinaan, Los Angelesiin, Baltimore Cityyn, Havaijille ja New Yorkiin Yhdysvalloissa, Ugandaan, Japaniin, Pakistaniin, Keniaan, Filippiineille, Hondurasiin, Intiaan, Venäjälle, Saksaan, Peruun, Kongon demokraattiseen tasavaltaan, Israeliin ja Viroon.

Vuonna 2002 Korean kristilliset sanomalehdet kutsuivat häntä "kansainväliseksi pastoriksi" hänen lukuisten ulkomaisten ristiretkien aikana tekemänsä työn johdosta. Varsinkin hänen maailmankuulussa

Madison Square Gardenissa järjestetty "New Yorkin Ristiretki 2006" lähetettiin yli 220 maahan. Jerusalemin kansainvälisessä kokouskeskuksessa järjestetyn vuoden 2009 "Israel United Ristiretken" aikana hän saarnasi rohkeasti siitä, kuinka Jeesus Kristus on Messias ja Pelastaja.

Hänen saarnojaan on lähetetty yli 176 maahan satelliittien välityksellä sekä GCN TV:n kautta. Vuosina 2009 ja 2010 suosittu venäläinen kristillinen lehti *In Victory* ja uutistoimisto *Christian Telegraphy* valitsi hänet yhdeksi maailman 10 vaikutusvaltaisimmasta kristillisestä johtajasta hänen voimallisten Tv-lähetystensä ja ulkomaille suuntautuneen työnsä tähden.

Lokakuussa 2017 Manminin keskuskirkko on seurakunta, joka muodostuu yli 120 000 jäsenestä sekä 11000 koti- ja ulkomaisesta jäsenkirkosta kautta maailman, mukaanlukien 56 kotimaista haarakirkkoa. Se on lähettänyt yli 102 lähetyssaarnaajaa 23 maahan, mukaan lukien Yhdysvaltoihin, Venäjälle, Saksaan, Kanadaan, Japaniin, Kiinaan, Ranskaan, Intiaan, Keniaan sekä useaan muuhun maahan.

Tähän päivään mennessä Dr. Lee on kirjoittanut 108 kirjaa, mukaan lukien bestsellerit *Ikuisen Elämän Maistaminen Ennen Kuolemaa, Elämäni ja Uskoni, Ristin Sanoma, Uskon Mitta, Henki Sielu ja Ruumis, Taivas I & II, Helvetti* sekä *Jumalan Voima*. Hänen teoksiaan on käännetty yli 76 kielelle.

Hän on kirjoittanut kristillisiä kolumneja useisiin sanomalehtiin, mukaanlukien *The Hankook Ilbo, The JoongAng Daily, The Dong-A Ilbo, The Chosun Ilbo, The Seoul Shinmun, The Kyunghyang Shinmun, The Hankyoreh Shinmun, The Korea Economic Daily, The Shisa New* ja *The Christian Press*.

Dr. Lee on tällä hetkellä usean lähetysorganisaation ja -seuran johdossa, mukaan lukien The United Holiness Church of Korea (presidentti), The World Christianity Revival Mission Association (pysyvä puheenjohtaja), Manmin TV (perustaja), Global Christian Network (GCN) (perustaja ja johtokunnan jäsen), The Worlds Christian Doctors Network (WCDN) (Perustaja ja puheenjohtaja), sekä Manmin International Seminary (MIS) (perustaja sekä johtokunnan jäsen.)

Muita saman tekijän voimakkaita kirjoja

Taivas I & II

Yksityiskohtainen kuvaus siitä ihmeellisestä elinympäristöstä josta taivaalliset kansalaiset saavat nauttia sekä taivaallisen kuningaskunnan eri tasoista.

Ristin Sanoma

Voimallinen herätysviesti kaikille niille jotka ovat hengellisesti nukuksissa. Tästä kirjasta sinä löydät Jumalan todellisen rakkauden ja syyn siihen että Jeesus on Pelastaja.

Helvetti

Vilpitön viesti koko ihmiskunnalle Jumalalta, joka ei tahdo yhdenkään sielun joutuvan helvetin syvyyksiin! Sinä löydät koskaan aikaisemmin paljastamattoman kuvauksen Helvetin julmasta todellisuudesta.

Henki, Sielu ja Keho I & II

Kirja selittää Jumalan alkuperän ja muodon, henkien tilat, ulottuvuudet sekä pimeyden ja kirkkauden, jakaen meille salaisuuksia joiden avulla me voimme tulla hengen täyteyden ihmisiksi jotka voivat ylittää ihmisten rajoituksia.

Uskon Mitta

Minkälainen asuinsija sinulle on valmistettu taivaaseen ja minkälaiset palkkiot odottavat sinua siellä? Tämä kirja antaa sinulle viisautta ja ohjeistusta jotta sinä voisit mitata uskosi määrän ja kasvattaa uskostasi syvemmän ja kypsemmän.

Herää, Israel

Miksi Jumala on pitänyt katseensa Israelissa aina aikojen alusta tähän päivään saakka? Minkälainen suunnitelma on laadittu Messiasta odottavan Israelin viimeisiä päiviä varten?

Elämäni ja Uskoni I & II

Uskomaton hengellisyyden aromi elämästä joka puhkesi vertaistaan vailla olevaan rakkauteen Jumalaa kohtaan tummien aaltojen, kylmien ikeiden ja syvän epätoivon keskellä.

Jumalan Voima

Välttämätön teos joka opastaa kuinka omata aitoa uskoa ja kuinka kokea Jumalan ihmeellinen voima.

www.urimbooks.com

www.ingramcontent.com/pod-product-compliance
Lightning Source LLC
LaVergne TN
LVHW041743060526
838201LV00046B/893